集人文社科之思　刊专业学术之声

集 刊 名：中国刑事辩护
主办单位：西北政法大学刑事辩护高级研究院
主　　编：刘仁琦
副 主 编：步洋洋

CRIMINAL DEFENSE IN CHINA No.2

第2辑

集刊序列号：PIJ-2018-320
中国集刊网：www.jikan.com.cn /中国刑事辩护
集刊投约稿平台：www.iedol.cn

刑事辩护高级研究院

中国刑事辩护

第2辑

CRIMINAL DEFENSE IN CHINA

No.2

刘仁琦　主编
步洋洋　副主编

基础理论研究

刑事辩护行为合法性研究

——基于典型案例的分析

韩　旭*

【内容摘要】 实践中律师进行的刑事辩护行为合法与否容易引发争议，除了控辩双方诉讼立场的对立外，这也与我国辩护制度不发达、相关规则缺失有关。梳理近年来的典型案例可以发现，争议型刑事辩护行为涉及以下六方面问题：一是辩护律师将法律文书交给被追诉人阅览，二是辩护律师将案卷材料交与被追诉人家属查阅，三是核实证据的范围和方式，四是辩护律师提供正当法律帮助的界限，五是辩护律师向公权力机关提交刑事案件委托协议，六是一辩护人受数辩护人委托代为发表辩护意见。对争议型刑事辩护行为的处理，可采用“法理解释原则”“谦抑原则”“程序正当原则”，不能动辄对辩护律师进行刑事追诉。

【关键词】 辩护行为　合法性　典型案例　谦抑　程序正当

我国《律师法》颁布较晚，且较粗疏，相关规则不明确，这导致实践中刑事辩护行为合法与非法的界限较为模糊。应从基础性、技术性角度对刑事辩护的合法与非法进行厘清，从而为律师执业提供遵循。基于此，本文从刑事辩护行为合法性研究的必要性、争议型刑事辩护行为之表征、争议型刑事辩护行为合法性辨析、争议型刑事辩护行为的司法处理原则四个方面进行论述，以期丰富我国的辩护理论，为辩护实践和司法实务提供理论支持。

一　刑事辩护行为合法性研究的必要性

刑事辩护行为合法性问题研究在我国学界尚处于“盲区”，理论研究

---

* 韩旭，四川大学法学院教授、博士生导师。

的匮乏导致现实中律师执业权利的保障不足。加强刑事辩护行为合法性研究，乃形势所迫、当务之急。

（一）相关规则建立之必要性

有关刑事辩护的规则，散见于刑事诉讼法和律师法中。我国《刑事诉讼法》于1979年制定，第一部《律师法》于1996年颁布，距今不足30年的历史。上述两部法律，不仅颁布时间短，而且相关规则主要集中于律师作为辩护人依法享有的会见权、阅卷权和调查取证权问题上，内容简单，规定概括，缺乏可操作性。域外刑事辩护制度和律师制度，动辄有上百年的历史。因此，与域外刑事辩护制度相比，我国的辩护制度尚处于"年幼"阶段。即便是2012年《刑事诉讼法》修改，增加规定辩护律师核实证据制度，也仅笼统规定辩护律师"自案件移送审查起诉之日起，可以向犯罪嫌疑人、被告人核实有关证据"。尽管该法条有明显的进步性，但是"有关证据"是否包括言词证据？核实证据的方式是什么？这些问题仍未得到解决，实践中检察机关和律师"各取所需"，作出不同的解释。此外，法律虽然规定了律师享有阅卷权，但是律师作为辩护人可否将起诉意见书交给被追诉人查阅？再如，律师可否将阅卷、会见和调查取证的材料交与被追诉人家属浏览？现行规则也并不明确。由于规则缺失，辩护律师在执业时也是如履薄冰。因此，加强包括刑事辩护行为合法性问题在内的辩护规则研究，既有助于促进我国辩护规则的完善，防范和减少律师执业风险，也是我国辩护制度发达的标志。

（二）辩护律师执业权利保障之必要性

律师执业权利保障不充分并不鲜见。尽管相关部门陆续颁行了保障律师执业权利的规定，但是辩护律师的执业环境并未得到极大改善。例如，辩护律师在会见、阅卷和调查取证方面阻力重重；再如，刑事辩护面临执业风险，而风险的来源在于规则的缺失和不明。因此，各种各样的律师执业权利保障规定，与其重复相关法律的宏大规则，不如实实在在地从一些技术性规则入手，明确辩护律师行为的界限和尺度，为律师开展刑事辩护业务提供遵循和规则。这是化解辩护律师执业风险，保障辩护律师执业权利的重要举措。

（三）有效辩护之必要性

随着刑事案件律师辩护全覆盖试点的全面推开，刑事案件律师辩护的数量将有大幅增加。但是，辩护质量将会取代辩护数量，成为公众关注的话题。“有效辩护”概念的提出，因应了辩护质量提升的现实需求。在提供辩护服务的过程中，如果律师心存顾虑，就起诉意见书指控的犯罪事实不与犯罪嫌疑人交流，或者就内心存疑的证据该核实的不核实，该调查取证的不去调查取证，而是满足于从侦控方的证据链条中寻找漏洞，那么辩护质量必然不高，又何谈有效辩护呢？加强刑事辩护行为合法性研究，意在为律师行使正当的辩护权划定边界，消除其内心顾虑，为其履职尽责提供遵循，有助于其完成应该完成的“规定动作”，从而为当事人提供符合行业基本标准的高质量的辩护服务。如果律师以违法手段进行辩护，不但达不到有效辩护目的，而且辩护的无效性可能导致裁判被推翻。

二　争议型刑事辩护行为之表征

（一）将法律文书交给被追诉人阅览之非法性

某检察院以某律师将起诉意见书交给犯罪嫌疑人（其当事人）涉嫌违反《刑事诉讼法》《律师法》《律师办理刑事案件规范》的相关规定而认定其违规，并要求当地律师协会对其进行处理。① 虽然律师协会是否对其进行了处理不得而知，但是检察院认为其行为具有“非法性”确定无疑。由此引发的思考是，侦查阶段的辩护律师将起诉意见书交给当事人查阅是否合法。

（二）将案卷材料交与被追诉人家属查阅之非法性

虽然辩护律师有阅卷权，经 2018 年修正的《刑事诉讼法》第 40 条规定“辩护律师自人民检察院对案件审查起诉之日起，可以查阅、摘抄、复制本案的案卷材料”，但是，对于其可否将案卷材料内容告知当事人家属

① 《律师复制〈起诉意见书〉给家属，泄漏国家秘密，被判刑六个月》http://www.360doc.com/content/20/0508/23/41531109_911068913.shtml，最后访问日期：2023 年 9 月 28 日。

或者直接将案卷材料交由当事人家属查阅，立法上并不明确。实践中，有律师因此而获罪。例如，河南省焦作市律师于某因故意泄露国家秘密而被一审法院判刑一年。2000 年 8 月 21 日，于某与助理律师卢某（另案处理）共同担任马某甲贪污案的一审辩护人。同年 11 月 3 日，于某为准备出庭辩护安排卢某去沁阳市人民法院复印了马某甲贪污案的有关案卷材料。马某甲的亲属知道后，向卢某提出看看复印材料的要求。卢某在电话请示于某后，将有关复印材料留给了马某甲的亲属朱某某、马某、马某乙等人。当晚，朱某某、马某、马某乙详细翻看了复印的案卷材料，并针对起诉书进行研究。次日，朱某某根据案卷材料反映的情况，逐一寻找和联系有关证人，并做了工作。后于某到沁阳市进行调查、取证时，证人张某某、吕某某等人均出具了虚假的证明材料。与此同时，朱某某又根据于某交给他的部分复印的案卷材料找到证人王某某做工作，致使王某某也出具了虚假证明。检察机关认为，由于于某故意泄露了国家秘密，马某甲贪污案开庭审理时，有关证人作了虚假证明，扰乱了正常的诉讼活动，造成马某甲贪污案两次延期审理的严重后果。于某的行为触犯了《刑法》第 398 条的规定，构成故意泄露国家秘密罪。[①] 无独有偶，甘肃白银市律师王某某到白银市人民检察院公诉处，经办案人员同意对其辩护的陈某某的案件材料中重要的笔录拍了照，后在关某某所住的宾馆将拍到的案卷材料复制给了关某某。2011 年 11 月，王某某又将何某某从白银市人民检察院用照相机拍的补充侦查笔录复制给了关某某。经甘肃省国家保密局鉴定，被告人王某某复制给关某某的陈某某案件材料中的《白银市公安局起诉意见书》属于秘密级国家秘密。白银市平川区人民法院以王某某犯故意泄露国家秘密罪，判处其有期徒刑六个月。[②] 上述两案给我们带来的问题是：起诉意见书和其他案卷材料是否属于“国家秘密”？辩护律师可否将其披露给当事人家属？

（三）核实证据之非法性

在重庆李某案中，重庆市江北区人民检察院起诉书指控李某的罪状中

① 于某故意泄露国家秘密案，载《中华人民共和国最高人民法院公报》2004 年第 2 期。

② 王某某故意泄露国家秘密案，甘肃省白银市中级人民法院刑事判决书（2013）白中刑二终字第 10 号。

就有一条是“向龚某某宣读同案人樊某某等人的供述”，并据此认定其构成“辩护人伪造证据、妨害作证罪”。[①] 虽然该案发生在2012年《刑事诉讼法》修改之前，但律师可否核实“人证”，尤其是可否将同案人的供述内容告知当事人，一直是极富争议的问题。

（四）提供法律帮助之非法性

某律师事务所律师林某某被控为“套路贷”恶势力犯罪集团重要成员，并被西宁检方以诈骗罪和敲诈勒索罪提起公诉，林某某受聘于青海某汽车服务有限公司，系该公司法律顾问。因该公司涉嫌“套路贷”，并被控涉恶势力犯罪集团，林某某因此成为恶势力犯罪集团的共犯。[②] 林某某在担任该公司法律顾问期间，主要行为包括代理公司通过民事诉讼向罗某追讨债务、为企业提供法律咨询、参与调解等。该案虽以当地检察院撤回起诉而告终，但是在“扫黑除恶”专项斗争中，律师为涉案单位提供法律帮助、履行法律顾问的职责是否构成“共犯”，涉及正常履职与犯罪的界限，是需要厘清的问题。否则，律师人人自危，刑事辩护制度将不复存在，冤假错案将难以避免。

（五）向公权力机关提交刑事案件委托协议之非法性

尽管《刑事诉讼法》第48条规定，“辩护律师对在执业活动中知悉的委托人的有关情况和信息，有权予以保密。但是，辩护律师在执业活动中知悉委托人或者其他人，准备或者正在实施危害国家安全、公共安全以及严重危害他人人身安全的犯罪的，应当及时告知司法机关”，《律师法》第38条也作了类似规定，“律师应当保守在执业活动中知悉的国家秘密、商业秘密，不得泄露当事人的隐私。律师对在执业活动中知悉的委托人和其他人不愿泄露的有关情况和信息，应当予以保密。但是，委托人或者其他人准备或者正在实施危害国家安全、公共安全以及严重危害他人人身安全的犯罪事实和信息除外”，但长期以来，以公安机关为代表的公权力机关比较强势，加之“官贵民轻”的传统思维，公权力机关在向律师事务所

---

① 李某伪证案，重庆市江北区人民法院刑事判决书（2009）江法刑初字第711号。

② 林某某诈骗及敲诈勒索案，青海省西宁市城中区人民法院刑事裁定书（2019）青0103刑初59号。

调取包括刑事案件委托协议在内的证据材料时，几乎都是“有求必应”。2019年，湖北省黄石市公安局下陆分局调取某律师事务所律师郭某某办理案件的委托辩护合同和授权委托书等相关业务材料，遭到该律师事务所的拒绝。[①] 该事件之所以一时成为新闻，就在于它不同于之前的传统思维和普遍做法，律师事务所敢于依法向公权力机关说“不”。该事件也反证了实践中一种较为普遍的现象：对记载收费事项的协议，律师或者律师事务所未经委托人同意，擅自将其交与侦控机关，从而破坏了双方之间的信任关系。而信任，又是有效辩护的前提。此种做法，合法性存疑。

（六）一辩护人受托代为数辩护人发表辩护意见之非法性

安徽省芜湖市一起涉嫌诈骗案件，共有63名被告人、80余名辩护律师，在发表第二轮辩护意见时，竟然出现了80余名辩护律师共同委托1名律师发表意见的场景。此种情形，无论是《律师法》还是《律师办理刑事案件规范》，均未涉及，纯属“实践性问题”。此种做法，可能会提升效率，但是否合法合理，仍有讨论的必要。

三　争议型刑事辩护行为合法性辨析

（一）辩护律师向当事人出示起诉意见书是否违规

由于立法和相关解释性文件并未对律师向当事人出示起诉意见书作出明确规定，公安检察机关基于诉讼利益的考虑，倾向于将此种行为视为违规甚至违法行为。然而，随着诉讼人权保障的加强和司法文明的进步，此种办案思维和办案模式遭到越来越多的质疑。辩护律师向当事人出示起诉意见书，既符合诉讼法理，也符合司法改革的要求，更是有效辩护的需要。第一，被追诉人有知悉指控性质和理由的权利。起诉意见书作为记载指控罪名、事实认定和法律适用的侦查成果，乃公权力机关正式的法律文书，通常是起诉书的“预演”。既然犯罪嫌疑人有权获得起诉书，当然也有权获得起诉意见。知悉起诉意见，是被追诉人进行自我辩护的前提和基

---

① 《长沙一律所依法拒绝公安调取辩护手续》，财新网，http://dingjinkun.blog.caixin.com/archives/216248，最后访问日期：2023年9月28日。

础。第二，辩护协商的需要。《律师办理刑事案件规范》第 24 条规定："辩护律师会见时应当与犯罪嫌疑人、被告人就相应阶段的辩护方案、辩护意见进行沟通。"通过会见交流，律师和当事人可以协调辩护立场，明确辩护思路和辩护策略。在被追诉人收到起诉书之前，双方交流的内容当是起诉意见书记载的事项。如果不允许律师披露起诉意见书内容或者不将该文书展示给当事人，上述活动几乎无法进行。第三，认罪认罚从宽制度实施的需要。认罪认罚从宽制度实施没有阶段的限制，为了保障被追诉人认罪认罚的明智性，应当让被追诉人提前知晓拟指控的罪名、认定的事实和适用的法律。在侦查阶段认罪认罚，一般是承认起诉意见书记载的内容。若限制犯罪嫌疑人知悉起诉意见书的内容，认罪认罚从宽制度就不可能顺利实施。第四，律师进行有效辩护的需要。《刑事诉讼法》第 173 条第 1 款规定："人民检察院审查案件，应当讯问犯罪嫌疑人，听取辩护人或者值班律师、被害人及其诉讼代理人的意见，并记录在案。辩护人或者值班律师、被害人及其诉讼代理人提出书面意见的，应当附卷。"为保障辩护人或者值班律师提出有效的意见，其需要就起诉意见书记载的内容征求犯罪嫌疑人意见，并在犯罪嫌疑人认罪认罚的情况下就接下来的控辩量刑协商作准备。第五，律师向当事人出示起诉意见书并不会影响侦查利益。起诉意见书的制作，意味着侦查活动已经结束，主要证据已经收集完毕，因知悉起诉意见书内容而妨碍侦查利益、影响侦查进行的可能性已不存在。《刑事诉讼法》第 162 条第 1 款规定："公安机关侦查终结的案件，应当做到犯罪事实清楚，证据确实、充分，并且写出起诉意见书，连同案卷材料、证据一并移送同级人民检察院审查决定；同时将案件移送情况告知犯罪嫌疑人及其辩护律师。"既然"犯罪事实清楚，证据确实、充分"，那么限制被追诉人知悉侦查成果的必要性就不复存在。

（二）辩护律师向当事人家属披露案卷材料的合法性问题

我国司法实践中，被追诉人审前羁押率比较高，辩护人大多由其家属代为聘请。由于家属代为签订辩护委托协议，且支付律师费，当家属提出包括查阅案卷材料在内的要求时，辩护律师较难拒绝。这确实是一个需要平衡的问题。在笔者看来，律师为了证明自己付出的劳动，同时满足家属对案情的关切，可以采取"概括告知"或者"告以要旨"的方式披露阅卷或者调查取证材料，而不应将法律文书和证据材料直接或者通过拍照、复印等方式交与家属查阅。理由如下。第一，家属并非案件当事人，辩护律师无须与其进行“辩护协商”。基于此，辩护律师没有与其进行充分交流的理由。第二，虽然被追诉人大多处于羁押状态，但其家属人身自由并未受到限制。而且家属与案件结局有利害关系，被追诉人的司法结果与其休戚相关，对案件的关切在所难免。为此，家属有可能销毁证据、采取影响证人如实作证的手段，以期获得对被追诉人有利的结局。然而，司法利益既要考虑辩护权保障，也要防止证据的灭失、伪造和篡改，查明案件真实是司法的最高价值追求。为了避免家属在知悉证据详情后妨害证人如实陈述，律师不应将证人证言的详细内容告知家属，更不应将证言材料交与家属查阅。我国《律师法》第 2 条第 2 款规定：“律师应当维护当事人合法权益，维护法律正确实施，维护社会公平和正义。”第 3 条第 2 款规定：“律师执业必须以事实为根据，以法律为准绳。”据此，可推论出律师在担任辩护人时应当承担的义务和应遵守的规则。《律师办理刑事案件规范》第 44 条规定：“调查取证时犯罪嫌疑人、被告人的亲友不得在场。”该条规定也体现了前述旨趣。第三，根据有关规定，侦查和审查起诉期间的案卷材料属于“国家秘密”，对案件当事人以外的第三人，律师应当保守秘密。根据《保守国家秘密法》第 9 条第 6 项，“维护国家安全活动和追查刑事犯罪中的秘密事项”属于“国家秘密”。《人民检察院办案工作中的保密规定》第 27 条规定：“受理审查批捕、审查起诉、抗诉案件移送的案卷材料，要严格登记和履行交接手续。阅卷笔录、补充侦查材料、答辩提纲、检察委员会会议和集体讨论记录等应严格保密，未经批准，不得向他人提供。在审查办理阶段，案卷材料由承办人负责保管，案件审查结束后，按规定订卷归档。”可见，“案卷材料”也属于保密范围。《律师办理刑事案件规范》第 37 条第 1 款规定：“律师参与刑事诉讼获取的案卷材料，不得向犯罪嫌疑人、被告人的亲友以及其他单位和个人提供，不得擅自向媒体或社会公众披露。”即便从律师遵守执业规范的意义上讲，也不得将案卷材料提供给被追诉人的家属。

诉讼文书和案卷材料通常不会标明“秘密”“机密”等文字，即便如此，律师也不应将其提供给当事人家属。否则，轻者可能因违规而遭受执业惩戒，重者可能会被追究刑事责任。

（三）辩护律师核实证据的范围和方式

有人认为，《刑事诉讼法》规定了律师会见不被监听，辩护律师核实证据就没有执业风险。然而，江西南昌的熊某案证明律师会见时的执业风险依然存在。辩护律师有权核实实物证据应无争议，毕竟《刑事诉讼法》第39条第4款作了规定。现在存在争议的是辩护律师能否核实言词证据和核实证据的方式。反对核实言词证据的观点，主要担心律师借核实证据之机串供、串证进而导致被追诉人翻供，由此给定案带来困难。[①] 在笔者看来，这仍是一种利用"信息不对称"的办案思维和办案模式，在确立证据开示制度的国家，证据开示的权利主体系被追诉人。除此之外，笔者主张言词证据可以核实的理由有以下几点。一是律师作为私权利的代表，按照"法不禁止即自由"的法理，辩护律师可以核实"内心存疑"和"客观上不一致"的证据材料。二是有效质证和有效辩护的需要。在案件的关键问题上，证人证言、同案人陈述有时与被追诉人陈述不一致，导致前者真假难辨，特别是同案人基于趋利避害的本能，往往避重就轻、推卸责任。而司法实践中"人证"普遍不出庭作证，对质调查措施基本不用。如果审前辩护律师不去核实证据，质证虚化的问题将更加突出，这有悖于庭审实质化改革的精神。三是言词证据稳定性差，具有易变性。无论是作为辩护依据还是向办案机关提交，证据均应是真实可靠的。为了保证证据质量，律师对言词证据进行核实是刑事辩护的题中应有之义，不应受到责难。律师核实言词证据的范围主要有四类：证人证言、被害人陈述、同案人供述、虽未同案处理但与本案存在关联的人的陈述。[②]

为了将律师核实证据对司法利益的影响降至最低，对核实证据的方式应予以适当限制。律师对言词证据的核实，主要是提出问题，由被追诉人进行解释说明，通过核实达到"解惑释疑"的目的。如果将证据材料，尤其是同案人供述直接交由被追诉人查阅，就有可能形成"串供"，被追诉人在得知同案人供述后翻供的风险自然不能避免。那种认为《刑事诉讼

---

① 朱孝清：《刑事诉讼法实施中的若干问题研究》，《中国法学》2014年第3期，第247～266页。

② 龙宗智：《辩护律师有权向当事人核实人证》，《法学》2015年第5期，第144～150页；韩旭：《辩护律师核实证据问题研究》，《法学家》2016年第2期，第120～135页。

法》赋予辩护律师核实证据权其实是间接赋予被追诉人阅卷权的观点，笔者不敢苟同，尽管其初衷是良善的。①

（四）正当法律帮助行为与违法行为的界限

我国《律师法》第32条第2款规定："委托事项违法、委托人利用律师提供的服务从事违法活动或者委托人故意隐瞒与案件有关的重要事实的，律师有权拒绝辩护或者代理。"这是律师是否接受委托以及接受委托后拒绝辩护或者代理的依据。在适用该规定时应当注意律师对上述三种情形主观上是"明知"或者"应当明知"的，如果缺乏此要件，不能认定律师接受委托并提供法律帮助的行为违法。如果接受委托后拒绝提供法律帮助，那么将有可能遭受行政处罚。例如，根据《律师法》第48条，"接受委托后，无正当理由，拒绝辩护或者代理，不按时出庭参加诉讼或者仲裁的"，将遭受从警告到罚款乃至停止执业的处罚。

前述林某某案给我们的启示是，应将委托单位的违法犯罪行为与律师提供法律帮助的行为进行界分，不能将委托单位从事的违法犯罪行为等同于律师的法律服务行为，进而将律师作为"共犯"追诉。在委托协议签订之前，让律师判断未来委托人的行为合法与否——委托人是否会利用律师提供的服务从事违法活动，未免强人所难。要求律师在签订委托协议前对委托单位的经营活动进行周详考察，并据此对未来的各种可能性进行评估和准确预测，既徒增律师负担，也不具有可行性。这无疑是对律师判断是否接受委托提出了更高的要求。如果律师由于为黑恶势力进行辩护或提供法律帮助而被视为"犯罪同伙"进而被治罪，将没有人敢为涉黑涉恶犯罪案件提供辩护。果如是，"被告人有权获得辩护"的宪法原则将沦为空谈，刑事辩护制度将不复存在，冤假错案丛生将难以避免。

（五）一人代行辩护行为的合法性问题

首先需要明确，数名辩护人共同委托其中一名辩护人发表辩护意见的行为，属于转委托辩护的情形。转委托关系的成立，需要具备积极条件和消极条件。所谓的"积极条件"，就是必须取得原委托人即各被告人的书

① 陈瑞华：《论被告人的阅卷权》，《当代法学》2013年第3期，第127~137页。

面同意，仅有辩护律师的同意尚不成就“积极条件”；所谓“消极条件”，就是不至于产生利益冲突，利益冲突，乃法律禁止事项。根据我国《律师法》第50条的规定，律师事务所接受有利益冲突的案件，将会受到行政处罚。何况同一律师替同案的不同被告人辩护，更容易产生利益冲突。各被告人在共同犯罪中的地位、作用和情节各不相同，以“同一内容”的辩护意见套在不同被告人身上，辩护效果难尽如人意，形式化有余，实质化不足。辩护是一项具有高度人身性的法律帮助活动，信赖关系的建立是有效辩护的前提。在法庭场域内通过短时间的观察了解，各被告人很难与被委托发表辩护意见的辩护人建立信任关系，这就决定了该辩护意见可能不为其他被告人所接受。庭审实质化要求辩护的实质化和有效性，委托同一辩护人代为发表辩护意见，其实是将部分辩护活动“拱手”让给其他辩护人，是一种“消极怠工”行为。这固然可以提升庭审效率，甚至为法官所乐见，但是辩护的效果将大打折扣，也不符合庭审实质化的要求。

四　争议型刑事辩护行为的处理原则

争议型刑事辩护行为，系实践中出现的一类新型辩护行为，理论上和制度上均缺乏应对之策。笔者尝试提出以下处理原则，作为实践参考。

（一）法理解释原则

鉴于争议型刑事辩护行为系近年来辩护实践中出现的新型辩护形态，理论应对不足，制度上也尚未关注到此类问题，这导致相关规范缺失。加之我国系后发的法治建设国家，律师制度尚不发达，刑事辩护制度很不成熟。辩护行为很容易引发争议。在法无明文规定的情况下，运用基本法理进行解释，不失为一种应对策略。公安司法人员作为法律专业人员，应当懂得并自觉运用法理学知识分析问题。鉴于我国立法遵循“宜粗不宜细”的原则，因此律师诸多执业规则均不明确。例如，辩护律师将侦查终结后的起诉意见书交给犯罪嫌疑人阅览，是否违反职业规则甚至会被追究刑事责任？又如，我国《刑事诉讼法》规定了审查起诉始辩护律师即可以向被追诉人核实证据，那么核实证据的范围和方式有何种限制？立法和司法解释以及其他规范性文件并不明确。实践中争议较大的是：律师可否向被追诉人核实“人证”？律师可否向当事人告知案卷材料的内容或者将案卷材料交由当事人查看？律师可否将案卷材料交付当事人或者其家属阅览？对于上述问题，虽然立法和权威解释并不明确，但是公安司法人员仍然可运用法理思维进行判断。起诉意见书在性质上仍属于控诉的理由和根据，是起诉书形成的基础。既然我们承认被追诉人有先悉权，有权知道指控的事实和根据，基于刑事辩护权的需要，那么就必须承认被追诉人有知悉起诉意见书内容的权利。在英美对抗制诉讼中，被追诉人还享有证据开示权，通过侦控方开示证据了解指控的根据。大陆法系国家和地区，均承认被追诉人有阅卷权。既然我国立法上尚未规定被追诉人的阅卷权，那么基于辩护防御的需要或者认罪认罚的需要，辩护律师可通过核实证据的间接方式，使被追诉人知悉指控犯罪的根据。既然立法上并没有对辩护律师核实证据的范围和方式进行限制，那么就应该认定律师有权对所有种类的证据进行核实。律师行使的是“权利”而非“权力”，对于“权利”而言，“法不禁止即自由”的原理自有适用的空间。至于核实证据的方式，其实是授权律师根据需要采取适当的方式进行核实。在刑事司法进步文明的今天，我们没有必要基于对“翻供”的担心而采取“信息不对称”的方式限制律师辩护权的行使。对于律师在检察院或者法院查阅的案卷材料，从法理上讲，律师交与当事人并不存在问题。但是，如果交由当事人家属阅览，可能会造成妨害诉讼顺利进行的法律后果，因家属行动自由，且与案件结局联系过于紧密，其完全有可能干扰证人如实作证，甚至贿买证人作伪证。因此，在当事人被羁押的情况下，尽管聘请律师乃至支付律师费由当事人家属负责，律师也不能为了照顾情面，一味满足家属的无理要求。律师在与当事人家属接触时，尤其是在讨论案情时，应当特别慎重。笔者认为，律师不应将阅卷材料和自行调取、申请调取的材料交给当事人家属查阅，也不宜详细告知上述材料的内容。

（二）谦抑原则

保证律师执业权利，要求公权力机关对律师有争议的辩护行为给予最大限度的容忍，不能动辄追究律师的刑事责任。刑罚只能作为最后手段而使用，因为刑罚权一旦动用，将会给被追诉人带来灭顶之灾。且不说争议型刑事辩护行为可能具有合法性，律师进行的辩护具有正当性，即便是非法的辩护行为，也可能只属于违规，而达不到犯罪的严重程度。因此，对争议型刑事辩护行为，公安司法机关应当慎重对待，保持必要的谦抑。对拿捏不准的辩护行为，可交由律师协会讨论认定，如确属违规，应由律师协会或者司法行政机关予以执业惩戒或者行政处罚。公安检察机关由于职业立场的不同，对同一事件，可能会与律师协会产生意见分歧，这属于正常现象。公安检察机关应充分尊重行业主管部门的意见，这也是保障律师执业权利的体现。只有行为的性质和后果比较严重，按照“罪刑法定原则”确有刑事追诉必要的，才可以在不得已情况下作为最后手段动用国家刑罚权。即便刑事司法受刑事政策的影响，也不能突破“罪刑法定原则”而任意出入人罪。当前开展得轰轰烈烈的“扫黑除恶”专项斗争，也不能降低标准，随意“凑数”。

（三）程序正当原则

对此，《刑事诉讼法》也作了相应规定。例如，该法第44条第2款规定：“辩护人涉嫌犯罪的，应当由办理辩护人所承办案件的侦查机关以外的侦查机关办理。”这一规定通过管辖权的改变提升追诉的公信力，防止作为追诉机关的实质上的原告追诉被告律师的情况，体现了程序正当原则。但仅有上述规定还不够，需要考虑律师在辩护过程中涉嫌犯罪的其他程序规则。例如，设置“主案先行处理规则”“预先警示规则”，以充分保障律师的辩护权，尽快构建法律职业共同体。针对辩护律师涉嫌犯罪的争议型刑事辩护行为，实践中流行暂停律师辩护的主案的处理，先行对由此衍生的从案进行立案侦查。这不仅给人一种“本末倒置”的感觉，而且一旦辩护律师被追诉，人身自由受到限制，就无法完成预先设定的辩护行为。因此，从保障律师职业权利的角度看，亦有必要建立“主案先行处理规则”。待主案终审裁判生效后再追诉辩护律师也不迟。一来给了追诉机关慎重考虑、综合权衡的机会；二来避免给人一种“急不可耐”地拔掉“眼中钉、肉中刺”的感觉，提升追诉的公信力。“预先警示规则”要求公安检察机关和监察机关发现辩护律师争议型刑事辩护行为可能涉嫌犯罪时，应提前预警，进行提示，或者通报律师所属的律师协会。只有在其拒不改正的情况下，才考虑刑事立案。

辩护律师忠诚义务研究

刘仁琦　姚昱汐*

【内容摘要】辩护律师忠诚义务是职业伦理规范的核心，是辩护律师在履行职责时必须遵循的基本规范。忠诚义务不仅要求辩护律师忠实履职，还要求辩护律师对被追诉人权利和司法程序予以观照。这一义务随着辩护律师身份定位的变化而不断强化，但在实践中，忠诚义务存在着与辩护律师个人利益、与辩护律师个人道德标准相冲突的情况，存在着规范供给不足、社会环境影响的实践困境。为实现辩护律师忠诚义务，需要进一步明确忠诚义务在积极、消极两方面的含义和具体要求以及义务的合法性边界，完善忠诚义务在物质和制度、辩护律师职业道德建设、惩戒退出机制上的保障，以促进辩护律师忠诚义务在实践中有效履行。

【关键词】辩护律师　忠诚义务　辩护职业伦理　忠诚义务边界

一　引言

中华全国律师协会于2017年修订发布的《律师办理刑事案件规范》第5条对原有的“律师独立辩护”条款作出了重大改变。新颁行的规范从积极方面要求律师开展工作要尊重当事人意愿、有利于当事人利益实现，同时也从消极方面规定律师不能违反当事人意志作出不利于当事人利益维护的行为。“律师服务于当事人利益，应负有对当事人忠诚义务”的观点得到各界广泛认可，但人们对于律师如何履行忠诚义务、忠诚义务有何判断标准、忠诚义务有无边界及边界在何处等问题却有着不同看法。例如，劳某某案辩护律师吴某某在互联网发表关于该案的评论，认为办案机关审

* 刘仁琦，法学博士，西北政法大学教授，研究方向刑事诉讼法学；姚昱汐，西北政法大学刑事诉讼法学2021级硕士研究生，研究方向为刑事诉讼法学。

前对劳某某进行“有罪推定”的宣传报道不妥，而办案机关则认为吴某某的该行为是违规炒作。有观点认为，在互联网发表对案件的评论属于辩护律师履行辩护职责的诉讼策略，最终目的是更好地维护被追诉人利益，是辩护律师履行忠诚义务的体现；也有观点认为，辩护律师在庭审程序外负面评论办案机关，是无视司法权威、扰乱司法秩序的行为，已经超出了忠诚义务的边界，不应被视为履行忠诚义务，而应受到谴责。研究辩护律师忠诚义务有何含义、作何界定、如何实施，对保障被追诉人合法权益、提升律师行业服务水平、维护刑事诉讼司法公正、推进社会法治进步都有重要的实践意义。

本文从辩护律师忠诚义务定义出发，梳理辩护律师身份与忠诚义务有关规定的流变，在此基础上探讨辩护律师忠诚义务的正当性基础，对辩护律师忠诚义务的实现困境及其解决方案进行研究，提出辩护律师负有“合法限度的忠诚义务”方案，一方面强调辩护律师应尽最大努力维护被追诉人合法权益，另一方面要求辩护律师执业应以合法为限度，以期对辩护律师忠诚义务的实现作出有益探索。

二　辩护律师忠诚义务的定义

忠诚义务是辩护律师在履行职责时必须遵循的基本规范，是辩护律师职业道德的核心。忠诚义务要求辩护律师在为被追诉人辩护时，主观上要以最大真诚和努力从事辩护工作，客观上要以被追诉人最大利益为核心，忠实地履行职责。这要求辩护律师必须充分尊重当事人的真实意愿和权利，尽力争取当事人的利益；必须严守保密的要求，不泄露当事人的机密信息；还应尊重司法程序，不采取过激的辩护行为。具体而言，忠诚义务的内涵应包括以下几方面。

忠实履行辩护职责。律师应对案件进行全面的调查和研究，确保自己掌握案件的所有事实和证据。律师应该根据案件的具体情况，制定合理的辩护策略，包括选择合适的辩护理由和证据，准备好相关的辩护材料并在庭审中以最佳方式呈现。同时，律师还必须确保其辩护是有效的。有效辩护既包括为被告提供充分的辩护，也包括确保被告的权利得到保障。为了有效地履行辩护职责，律师需要采取一系列措施，如积极收集证据、按时出庭、及时申请变更强制措施、争取公正审判等。

尊重被追诉人意愿。在律师履行辩护职责时，尊重当事人意愿有着重要作用。《律师办理刑事案件规范》规定，律师在接受委托时，应当尊重当事人的意愿，坚决维护当事人的合法权益，为当事人争取最大利益，不得强迫当事人采取不利于自己的行为。在具体操作中，律师应当通过充分沟通了解当事人的诉求和意愿，并且尽力使当事人理解案件的情况和法律风险，协助当事人作出理性决策。如果当事人坚持某种做法，律师应当尊重当事人的决定，并尽可能地为当事人争取最大利益，但不得违反法律规定。

保守被追诉人秘密。在办理案件过程中，辩护律师无可避免地会接触诸多案件细节，包括大量被追诉人秘密和隐私。忠诚义务要求辩护律师为案件被追诉人保密，这在现行法律中也有相应体现，经2017年修正的《律师法》第38条规定，律师在代理案件中知悉与案件有关的信息，应当保守秘密。辩护律师保守被追诉人秘密，才能够建立起和被追诉人之间的信任关系，基于信任关系才能更高效地进行辩护工作，更好地完成忠诚义务的要求。

保障被追诉人诉讼权利行使。保障被追诉人的诉讼权利，是辩护律师履行忠诚义务的基础。作为刑事诉讼主体，被追诉人有广泛的诉讼权利，包括知情权、反对强迫自证其罪权、质证权、辩论权、申请排除非法证据权、申诉权等，但被追诉人可能由于法律知识的欠缺而不能正确行使自己享有的权利，辩护律师应及时帮助被追诉人了解和行使有关权利，确保被追诉人得到公正对待。

尊重司法程序。维护被追诉人利益应被视为辩护律师执业时的首要目标，同时辩护律师作为司法程序的参与者，也应尊重司法权威，在符合司法程序的前提下行使辩护权利。辩护律师采取违反司法程序规定的过激辩护行为，不仅会对庭审的公正性造成不利影响，甚至可能会对被追诉人的利益造成损害。

三 “为当事人提供法律服务的执业人员”定位下辩护律师忠诚义务的正当性基础

辩护律师的职业定位经历了从“国家法律工作者”到“为社会提供法律服务的执业人员”再到当前的“为当事人提供法律服务的执业人

员”的演变，辩护律师履行忠诚义务的要求也因定位的变化而逐步强化，在“为当事人提供法律服务的执业人员”的定位下，辩护律师忠诚义务的正当性基础可以从辩护职能、特殊代理关系、职业规则三方面进行论证。

（一）基于辩护职能

辩护律师参与刑事诉讼承担着辩护职能，这要求辩护律师承担忠诚义务。现代刑事诉讼理论将控诉、辩护、审判视为刑事诉讼三大基本职能。在这三大职能中，公诉机关、被追诉人（辩护方）和审判机关各自担负不同的责任。刑事诉讼中控诉、审判职能不能取代、干扰辩护职能，这要求辩护律师必须以自己对案情的认识和法律的专业知识为基础，独立地提出辩护意见，不受司法人员的影响。虽然刑事诉讼立法赋予辩护律师独立的诉讼参与人地位，但辩护律师参与刑事诉讼的目的是协助被追诉人行使辩护权，辩护观点的形成必须与被追诉人充分沟通、协商，以取得被追诉人的理解和配合，将实现被追诉人利益最大化作为职业准则。因此，辩护律师在承担刑事诉讼职能时必须履行忠诚义务，需要将被追诉人的利益置于首位，为其提供最佳的法律服务。

（二）基于特殊代理关系

辩护律师与被追诉人之间的委托代理关系，要求辩护律师承担忠诚义务。律师可以经犯罪嫌疑人、被告人及其近亲属委托而担任辩护人，也可以经法律援助机构指派而担任辩护人。但不论何种原因，其结果都是辩护律师与被追诉人之间建立一种特殊的代理关系，要求辩护律师保护被追诉人的合法权益。这种特殊的代理关系对辩护律师产生了多方面的约束。其一，赋予了律师“辩护人”地位，要求律师在刑事诉讼中履行辩护职责。其二，在法律规定的辩护人权利范围内，协助被追诉人行使诉讼权利、完成各项诉讼活动。其三，代理关系解除的要求：一方面，辩护律师不得随意拒绝辩护、不得随意解除辩护关系；另一方面，被追诉人有权拒绝辩护律师服务，此时辩护律师应及时退出刑事诉讼。概括而言，辩护律师与当事人之间建立的代理关系强化了辩护律师忠诚义务的约束力，从“契约必守”的层面证成了辩护律师需要忠实履行辩护义务。

（三）基于职业规则

职业规则要求辩护律师维护且只维护被追人利益，这是辩护律师忠诚义务的重要理论来源。为被追诉人提供法律服务是律师职业规则的应然要求，这包括提供法律咨询、交流案件细节、制定辩护策略、协助程序申请等。在上述活动中，维护被追诉人的合法权益被视为辩护律师职业服务的核心。辩护律师在履行职责时，必须忠实地执行律师职业规则的要求，为被追诉人提供最优的服务，确保刑事诉讼程序的公正，保证被追诉人的利益不受非法侵犯。概括地讲，职业规则要求辩护律师忠于被追诉方利益，承担与职业规则相匹配的忠诚义务。

四　忠诚义务的实践困境

辩护律师忠诚义务困境来自辩护律师个体、国家社会环境两个方面。在辩护律师个体方面，存在着辩护律师个人利益、个人道德标准与忠诚义务冲突的可能性；在国家社会环境方面，存在着规范供给不足、社会环境因素妨碍忠诚义务实现的困境。

（一）辩护律师个人利益与忠诚义务的冲突

辩护律师在为被追诉人辩护时，个人利益与忠诚义务之间可能存在冲突，在法律援助案件中此冲突最为尖锐。法律援助制度的实施为犯罪嫌疑人、被告人人权保障提供了重要平台，但犯罪嫌疑人、被告人通过法律援助律师进行辩护，并不意味着辩护权利得到实质保障。在委托的辩护案件中，刑事辩护律师通常会根据办案难度、办案阶段等进行收费，律师投入与办案收益大致平衡。而一般情况下，法律援助案件律师收入较委托代理案件律师收入低，存在着辩护律师办案收入与投入精力不匹配的问题。假设辩护律师是纯粹的理性经济人，他们则会选择认真办理委托代理案件，尽量避免在法律援助案件中投入更多精力。有学者发现在实践中，就存在着因法律援助律师不积极履职而严重损害被告人利益，法院作出撤销原判、发回重审裁定的案件。[①] 可见，辩护律师个人利益与忠诚义务存在的冲突可能会带来辩护律师疏于履行辩护职责、牺牲被追诉人利益、损害司法公正的情况。

（二）辩护律师个人道德标准与忠诚义务的冲突

律师是社会中的一员，有自己的道德标准和价值观念，在实践中律师个人的道德标准可能会与忠诚义务产生冲突。在为某些社会不良分子辩护时，律师个人可能会产生道德上的抵触情绪，甚至可能会在这些案件中充当“第二公诉人”。这时，律师就需要在个人道德标准和忠诚义务之间作出选择。部分律师在从事辩护工作时，就存在无视被追诉人利益的现象，他们将个人道德标准置于职业道德标准之上，违背忠诚义务公开指责被追诉人。例如，在浙江省高级人民法院审理的胡某某贩卖毒品罪上诉一案中，辩护律师不仅没有提出有利于被告人的辩护意见，还在网络公开发表言论，称被告人“宵小之辈”“邪恶之徒”“泯灭人性”，严重损害了被追诉人的权益，引发了律师界对该案辩护律师背离忠诚义务行为的强烈谴责。[②]

（三）规范供给限制忠诚义务实现

关于刑事律师辩护行为的规定主要来自法律规定和律师行业内部规范，但两者都没有完成辩护律师忠诚义务规范的有效供给。

一是法律规范执行与辩护律师履职的冲突。经2020年修正的《刑法》第306条规定了“辩护人、诉讼代理人毁灭证据、伪造证据、妨害作证罪”，在法律文本角度，该罪与要求辩护律师忠实履职并不矛盾。但在司法实践中，辩护律师指导被追诉人接受讯问、对被追诉人的不利证据进行保密等行为极有可能被认为构成犯罪。这使律师难以维护当事人的权益，甚至难以保护自己的合法权益，影响律师忠诚义务的实现。

二是律师职业道德规范的不确定性也有碍忠诚义务的实现。律师作为

---

① 参见陈瑞华《有效辩护问题的再思考》，《当代法学》2017年第6期，第4页。

② 胡某某贩卖毒品罪上诉一案，参见《浙江一律师辩护意见中称委托人是“邪恶之徒”，律所：是文学作品》，新京报网，https://www.bjnews.com.cn/news/2020/10/19/778987.html，最后访问日期：2020年10月19日。

执业人员，除了法律规范外，还需要遵守职业道德规范。然而，律师职业道德规范存在不完善的情况，这就使律师的忠诚义务面临困境。律师的职业道德规范要求律师应该忠实、诚信地履行其职业义务，当事人的利益应该放在首位，但律师的职业道德规范并未对忠诚义务作出具体的规定，这就使律师在具体实践中难以找到统一标准，导致忠诚义务的模糊性和不确定性。

（四）社会环境限制忠诚义务实现

社会环境是辩护律师履行忠诚义务面临的另一重困境。在很多情况下，律师的辩护工作会受到多方面的社会影响。

舆论压力是辩护律师面临的一个重要问题。很多时候，犯罪案件的被害人及其家属、社会组织以及大众都会针对犯罪嫌疑人、被告人产生强烈的情绪反应，要求公安司法机关“维护正义”“替天行道”，认为辩护律师是“为虎作伥”，“为邪恶代言”，这给律师的工作带来了很大的困难。例如，一些案件的受害者或其家属会通过各种渠道向媒体披露案件细节，公开律师的辩护策略和辩护观点，导致律师的辩护工作受到很大的干扰。此外，部分媒体也会对刑事司法进行评论，以制造舆论的方式对犯罪嫌疑人、被告人和辩护律师施加压力，要求律师停止辩护。如王某某猥亵女童案①，辩护律师向法院提出了王某某无罪的辩护观点，认为“王某某虽有嫖娼行为，但明确对幼女有防范意识，知道国家法律底线，坚决不能碰幼女。故其接受（牵线人）周某某主动邀请对成年女性进行嫖宿的行为，可以受到治安处罚”。因为案件本身受到了社会广泛关注，该案辩护律师无罪辩护的观点也引发了媒体舆论的强烈反对，其中绝大多数观点都认为，该律师为王某某严重违反人伦的行为辩护是为了巨额经济利益和个人声誉。

社会影响也是辩护律师忠诚义务面临的问题。犯罪案件的性质、案发地点、案件涉及的人物等因素都会对律师的辩护工作产生影响。例如，在一些特殊案件中，律师的辩护工作受到干预和影响，律师往往会面临调

① 王某某猥亵女童案，参见《王振华案律师费高达千万？陈有西：我拿多少万跟案件有什么关系?》，网易新闻网，https://c. m. 163. com/news/a/FFNE8JGP0530I1ON. html? from = wap_redirect&spss = wap_refluxdl_2018&referFrom = ，最后访问日期：2020 年6 月22 日。

查、威胁、限制自由等问题。此外，在一些地方，律师也会受到当地官员和法院的影响，其限制律师的工作自由和言论自由。例如，沈阳市刘涌涉黑案审理时，律师田某某就曾受到来自多方面的压力。据律师田某某回忆，“刘某案一审判处死刑、二审改判死缓、最高法提审又改回死刑以后，对我的压力则是官方调查和舆论威胁双面夹击。一方面，公安机关曾两次写报告给当时的中央政法委罗干书记，指控我‘蓄意干扰司法审判活动，狼子野心可见，用心何其毒也’，强烈要求追究我的刑事责任；另一方面，极大的舆论压力直接威胁到我的家人和事务所，每天会接到社会上一系列威胁、谩骂的各种电话，连律师事务所也不得安宁”[①]。可见，律师忠诚义务在现实中无从实现的另一侧面即是律师的权利（利益）未能得到充分保障。

五　辩护律师忠诚义务实现路径

概括忠诚义务实践困境可知，实现辩护律师忠诚义务，需要从忠诚义务的指导和保障两个方面入手。一方面，需要确立忠诚义务的要求。这是辩护律师忠诚义务实现的主要方面，应明确辩护律师需要作出何种行为、禁止作出何种行为、辩护行为有何边界，从而为辩护律师忠诚义务的实现提供指引。另一方面，需要加强辩护律师忠诚义务实现的保障，避免辩护律师受到其他因素的不当干预。

（一）确立辩护律师忠诚义务要求

1. 明确积极忠诚义务要求

积极忠诚义务，是指辩护律师以积极的作为履行维护被追诉人权益的义务。辩护律师应履行的职责因不同的诉讼阶段而不同，忠诚义务与判断标准也随之不同。

在侦查阶段，辩护律师应履行尽快与侦查机关取得联系、尽快会见犯罪嫌疑人并提供法律帮助、作出影响羁押性强制措施的行为、代理申诉控

---

① 田文昌：《我曾经两次做好了以身殉职的准备》，载微信公众号“京都律师”2020年3月25日。

告的忠诚义务。律师在接受犯罪嫌疑人及其近亲属委托或法律援助机构指派后，应及时联系办案侦查机关，向办案人员了解案件情况；不论犯罪嫌疑人是否被羁押，都应尽快安排会见，确立与犯罪嫌疑人的委托关系，同时了解犯罪嫌疑人刑事辩护需求，向犯罪嫌疑人释明法律规定内容以及其享有的法律权利；在犯罪嫌疑人已经被羁押或者可能被羁押时，辩护律师应及时向侦查机关提交证明犯罪嫌疑人社会危险性低、再犯罪风险小、妨害刑事诉讼程序可能性低的材料，并提出有关意见；如果犯罪嫌疑人受到了程序违法行为不当影响，应及时告知犯罪嫌疑人享有申诉、控告的权利，并向其表明可以代为申诉、控告。

在审查起诉阶段，辩护律师应履行及时阅卷、积极申请变更强制措施、积极调查取证、代理申诉控告的忠诚义务。辩护律师在审查起诉阶段享有的权利相较于侦查阶段更加丰富，能够更多了解和参与刑事诉讼程序，为犯罪嫌疑人提供更为全面的法律帮助。在此阶段，辩护律师应及时行使阅卷权，前往检察机关查阅案卷材料，了解公安司法机关案件办理情况，并在此基础上撰写辩护词；若被羁押的犯罪嫌疑人符合法定条件，辩护律师应尽早依据法定或酌定理由提出变更、解除强制措施的申请；在审查起诉阶段，案件材料基本成形，相较于侦查阶段，调查取证权行使的难度更低、风险更小，此时辩护律师应以有利于犯罪嫌疑人出罪为目标导向，调查和收集证据材料；在此阶段，犯罪嫌疑人仍有可能遭受程序违法行为侵害，辩护律师还应注意履行代为申诉、控告的职责。

审判阶段是刑事诉讼程序中控辩对抗的中心环节，是律师发挥辩护职能、履行忠诚义务的关键阶段。审判阶段可以再次细分为庭前阶段、庭审阶段、庭审结束至宣判前的阶段，辩护律师在上述三个不同阶段应采取对应的辩护措施以维护当事人权益。在庭前阶段，辩护律师应注重发挥在庭前会议中提出管辖异议、申请回避、申请排除非法证据、申请调取和提交证据等程序功能；应精心制作庭审辩护提纲、制定庭审预案；应对被告人做好庭前培训，与被告人沟通辩护思路、商议辩护策略。在庭审阶段，律师应在明确案件证明责任和证明标准的基础上，明确辩护目的是说服合议庭，并根据法庭调查、法庭辩论的中心内容，依据有关法律、法理并应用方法提出有利于被告人的证据和主张。在庭审结束至宣判前的阶段，辩护律师应对辩护词内容进行完善，总结审判争点和出罪缘由，积极争取合议庭作出有利判决；同时，也需要积极争取被害人谅解，促成刑事和解，并向合议庭主张被告人认罪认罚、退赃退赔等从轻处罚事由。

2. 明确消极忠诚义务要求

忠诚义务还具有消极内涵，所谓消极忠诚义务，是指禁止辩护律师从事有损被追诉人利益的行为，主要包括禁止辩护律师背弃被追诉人利益、禁止辩护律师随意披露案件。

辩护律师从事辩护工作时应将被追诉人利益置于首位，不得有违被追诉人利益。“对于辩护人来说，背离了与委托人的依赖关系，完全不可能期待他的其他的公共性功能，只有忠实地捍卫委托人的利益，才能实现对辩护人所期待的公共性功能。”① 被追诉人利益可能与多种主体利益发生冲突，可能发生利益冲突的主体可以概括为办案机关、案件涉及的利害关系人、辩护律师个人三类。其一，办案机关虽为与当事人利益无关的国家公权力机关，但可能由于办案指标的要求，而对被追诉人采取不利的诉讼行为，如违背当事人意愿适用速裁程序、逮捕后即使不达标准也提出实刑量刑建议、不排除非法证据等，此时辩护律师应向办案人员释明刑事诉讼“以事实为根据，以法律为准绳”的原则，并向有关机关提出申请、申诉等反馈意见。其二，案件涉及的利害关系人利益对被追诉人权益可能造成不利影响，如同案被追诉人之间的利益冲突、辩护律师委托人与代理的被追诉人之间的利益冲突。辩护律师的职责是维护自己代理的被追诉人的利益，一经接受委托，就只应服务于自己代理的被追诉人，不必时刻兼顾同案被追诉人利益，在委托人与被追诉人利益冲突时，也应以被追诉人利益优先为处理原则。其三，辩护律师个人利益可能带来冲突。律师若在接受委托、指派前已经发现案件与个人存在利益矛盾，即应将情况告知利益相关方并拒绝委托或指派；在接受委托、指派后，出于法律规定和职业道德的考量，辩护律师应当以忠诚义务优先为原则，优先保障被追诉人的利益实现。

辩护律师在执业过程中负有保密义务，不得随意披露案件情况和当事人隐私。辩护律师可能向不特定的社会一般人披露案件，也可能向特定的

① 〔日〕村冈启一：《辩护人的作用及律师的伦理》，尹琳译，《外国法译评》1998 年第 2 期，第 27 页。

案件利益方披露，上述两种披露都不应被允许。首先，部分知名度较高的律师乐于在公共场所谈论案件细节、公布当事人情况，甚至将网络媒体、网络民意作为影响司法裁判的工具，并宣称其行为是案件辩护策略。本文认为，通过民意影响司法在结果上可能对被追诉人有利，但违反了刑事诉讼司法独立原则、律师案件保密义务，此种行为不值得提倡。其次，辩护律师还可能向特定的案件利益方披露案情。辩护律师原则上不应向任何特定当事人披露任何信息，仅在不披露信息会导致被追诉人利益严重受损时才允许披露。应明确的是，本文不反对辩护律师将案件作为学术研讨课题参与学术讨论，但辩护律师参与学术活动时，应将办案机关情况、当事人信息、案件时间地点等关键信息作隐名化处理，以确保遵守保密义务。

3. 明确忠诚义务边界

辩护律师无限的忠诚义务会导致司法混乱，忠诚义务应以合法为边界。具体而言，包含对法庭的真实义务和尊重司法程序义务。

对法庭的真实义务要求辩护律师不得参与制造虚假事实。刑事诉讼活动建立在“以事实为根据，以法律为准绳”基础之上，辩护律师作为刑事诉讼活动的参与人，应对法庭承担一定限度的真实义务。在无罪推定原则的指导下，控诉方承担证明被追诉人有罪的证明责任，辩方只需要针对控方指控提出疑问，不要求辩方提出不利于犯罪嫌疑人、被告人的证据和事实，除法定特殊情形外不承担揭露犯罪嫌疑人、被告人犯罪的义务。因此，一般认为，与公安司法机关积极收集证据、查明案情相区别，辩护律师只需要不参与伪造或毁灭证据即可，承担的是消极的真实义务。[①]

尊重司法程序义务要求辩护律师履行忠诚义务时，不得作出有损司法廉洁的行为，也不得从事破坏诉讼秩序的活动。司法廉洁是全社会共同努力的结果，司法活动的各方主体都应被禁止从事有损司法廉洁的活动。首先，辩护律师不得为当事人利益向公安司法机关工作人员行贿和变相行贿，不得唆使司法人员滥用职权或玩忽职守。其次，辩护律师不得从事破坏诉讼秩序的活动。在庭审活动中，辩护律师可能由于辩护策略或情绪激动，而对参与庭审人员表达不满情绪，甚至是人身攻击，或是自行退庭以

① 代表性观点参见李奋飞《论辩护律师忠诚义务的三个限度》，《华东政法大学学报》2020年第3期，第25页；陈瑞华《辩护律师职业伦理的模式转型》，《华东政法大学学报》2020年第3期，第16页。

抗议法庭决定。在庭审活动外，部分辩护律师为了追求诉讼效果，煽动群众集会、组织群众上访、破坏公共设施等。应明确，上述行为都是破坏司法秩序的严重违法活动，突破了忠诚义务的边界，即使有利于被追诉人利益，辩护律师也不得作出有关行为。

（二）加强辩护律师忠诚义务保障

1. 加强辩护律师忠诚义务的物质和制度保障

如前文所述，社会环境是辩护律师忠诚义务实现困境的重要因素。加强辩护律师忠诚义务的物质和制度保障，是应对社会环境对忠诚义务的挑战的重要方法。

提高辩护律师参与法律援助案件待遇，同时加强法律援助案件质量监管评估。法律援助案件是辩护律师忽略忠诚义务的高发案件类型，一方面原因来自法律援助案件经费支持有限，另一方面原因来自法律援助案件质量监管评估体系仍有不足。其一，应提高律师参与法律援助案件补贴。在此问题上，学界已基本达成共识。[①] 但囿于经费来源有限，法律援助案件补贴仍停留在较低水平，有学者提出应建立“费用分担制度”“附条件酬金制度”“分级计费制度”的多元化法律援助经费给付制度[②]以解决法律援助经费紧张的问题，本文赞同上述观点，因篇幅有限，不再展开。其二，针对法律援助案件质量监管评估体系不健全的问题，应构建符合司法实践的质量评估体系，具体而言，“法律援助质量评估体系应至少遵循‘人本主义’原则、系统性原则与差异性原则，由一系列相互联系、相互制约、相互作用的评价要素构成的整体，包括评估主体、评估对象、评估指标、评估方法、评估程序等”[③]。在构建科学的法律评估体系基础上，法律援助机构应加强对辩护律师履职行为的监管，敦促辩护律师履行

---

① 代表性观点参见陈永生《论刑事法律援助的保障机制——以法律援助范围之扩大为分析重点》，《政治与法律》2022 年第 6 期；吴羽《论刑事法律援助全覆盖》，《中南民族大学学报》（人文社会科学版）2021 年第 8 期；赵天红《法律援助经费保障制度研究——以我国〈法律援助法〉为导向》，《法学杂志》2022 年第 2 期。

② 赵天红：《法律援助经费保障制度研究——以我国〈法律援助法〉为导向》，《法学杂志》2022 年第 2 期，第 78～82 页。

③ 刘仁琦：《我国刑事法律援助案件质量评估体系研究》，《中国刑事法杂志》2020 年第 3 期，第 172 页。

忠诚义务。

明确辩护律师以忠诚义务优先。辩护律师忠诚义务与法律规定的其他义务发生冲突，是忠诚义务实践受限的原因之一。首先，《律师法》《刑事诉讼法》等涉及刑事辩护的法律需要对上述冲突的解决加以明确，要求辩护律师以忠诚义务优先，同时设定合法辩护的行为底线，以指引辩护律师解决义务冲突的实践难题。其次，对于《刑法》中的“辩护人、诉讼代理人毁灭证据、伪造证据、妨害作证罪”，司法机关应谨慎适用，需要结合辩护律师主观动机、客观行为、影响等多方面因素，审慎区分辩护人实施辩护策略与妨害司法活动。

限制有关机关和媒体对辩护律师的影响。辩护律师具有独立的诉讼地位，这在学界已基本达成共识。[①] 律师独立辩护的内涵包括独立于公安司法机关、独立于社会媒体。目前专门针对辩护律师独立地位的保障制度还没有建立，本文认为，可以借鉴审判机关“副卷”制度实践经验，允许辩护律师记录并向有关部门反馈辩护活动受到不当干预的情况。同时，限制社会媒体对未决司法案件的报道，避免司法活动受到不良影响。

2. 加强辩护律师忠诚义务的职业道德建设

加强职业道德建设是保障辩护律师履行忠诚义务的基础。辩护律师的职业道德是其行使职责的基本准则和自我约束，也是维护辩护律师行业形象和声誉的重要基石。应通过多种方式加强对辩护律师的职业道德教育和监督，提升其职业操守和道德素养，从而保证其在履行职责时能够保持独立、公正、客观的态度。

应加强对辩护律师的职业道德教育和培训，提升其职业道德意识和素养。例如，可以通过开展职业道德培训班、研讨会和座谈会等形式，加强对辩护律师的职业道德教育，提升其职业操守和道德素养。

应加强对辩护律师的职业行为监督，发现和处理职业行为不当的情况。例如，可以建立律师事务所的投诉处理机制和律师职业行为评估制

① 参见陈瑞华《辩护律师在刑事诉讼中的地位》，《中国律师》1996 年第 7 期；熊秋红《刑事辩护论》，法律出版社，1998，第 163 页；韦忠语《论辩护人在刑事诉讼中的地位与责任》，《现代法学》1998 年第 3 期；顾永忠、宋英辉、熊秋红等《论律师的职业属性》，《中国司法》2007 年第 4 期；韩旭《被告人与律师之间的辩护冲突及其解决机制》，《法学研究》2010 年第 6 期，153 页。

度，及时发现和处理辩护律师的职业行为不当的情况，严格追究责任。

应加强对辩护律师的激励和约束，激励其培养职业操守，约束其遵守职业规范和职业道德。例如，可以构建优秀辩护律师评选、表彰和奖励机制，鼓励辩护律师培育职业操守和职业精神。

3. 构建辩护律师不履行忠诚义务惩戒退出机制

辩护律师的忠诚义务不仅是一种道德约束，更是一种法律责任。在规定辩护律师的忠诚义务时，还需要构建辩护律师不履行忠诚义务的惩戒退出机制，包括对违反忠诚义务行为的追责和处罚措施等。例如，对于多次违背忠诚义务要求，经警告、教育后仍然不履行辩护职责的律师，司法行政机关可以吊销其律师执业资格证。

六　代结语

“受人之托，忠人之事”是律师行业流传甚广的标语，辩护律师忠诚义务的实现是维护被追诉人权益的重要依托，更是保障司法公正的必要环节。本文从辩护律师忠诚义务困境展开分析，得出辩护律师忠诚义务应确定积极、消极两方面要求和合法限度的结论，强调应从“加强物质和制度保障”“加强职业道德建设”“构建惩戒退出机制”方面保障辩护律师忠诚义务实现。但忠诚义务的实现不仅需要从规范层面加以明确、保障，更需要辩护律师从业时的真诚践行。望此文能够推动律师辩护实践发展进步，助益辩护律师忠诚义务实现。

理据、偏差与匡正：少捕慎诉慎押政策背景下的有效辩护*

王云帅**

【内容摘要】少捕慎诉慎押政策的贯彻落实对律师辩护工作产生了实质性影响。实现有效辩护有利于平衡诉讼生态、防范冤假错案、推进轻罪综合治理，进而推动少捕慎诉慎押政策的深化完善。然而，我国当前存在的律师参与不足、控辩力量失衡、辩护策略僵化、辩护重点不清等现实问题对有效辩护的顺利实现造成了切实阻碍。因此，在少捕慎诉慎押政策背景下，国家机关有必要延展辩护权利，促进律师有效参与；更新政策理念，强调律师及公安人员、审判人员在政策实施中的能动作用。律师也应灵活选择辩护策略，积极尝试“合作式辩护”；准确把握辩护重点，在各诉讼阶段提出针对性辩护意见。国家机关与律师界双向合力，通过多维度举措对实践偏差进行匡正，以推动刑事案件有效辩护的最终实现。

【关键词】少捕慎诉慎押　有效辩护　辩护策略　辩护重点

一　问题的提出

中央全面依法治国委员会于 2021 年 4 月首次提出少捕慎诉慎押政策，[①] 并将“坚持少捕慎诉慎押刑事司法政策，依法推进非羁押强制措施

* 基金项目：2023 年度西南政法大学法学院科研创新项目“少捕慎诉慎押政策背景下的有效辩护问题研究”（项目编号：FXY2023044）。

** 王云帅，西南政法大学刑事诉讼法学硕士研究生，西南政法大学证据法学研究中心研究人员，研究方向为刑事诉讼法学、证据法学。

① 最高人民检察院第一检察厅：《2022 年普通犯罪检察六大热词》，最高人民检察院官网，https://www.spp.gov.cn/xwfbh/wsfbh/202303/t20230303_605576.shtml，最后访问日期：2023 年 3 月 3 日。

适用”作为年度工作要点，明确将“少捕慎诉慎押”作为新时代重要的刑事司法政策①。近年来，我国犯罪结构发生重大变化，案件数量处于高位，涉案人数越来越多，但重罪案件占比小，绝大多数为判处三年以下有期徒刑的轻罪案件。② 少捕慎诉慎押刑事司法政策正是从这一背景出发，要求检察机关减少逮捕、审慎提起公诉、审慎适用审前羁押，最终达到提升办案质效、促进人权保障、加强司法修复以及推动诉源治理的目的。③ 少捕慎诉慎押政策对我国刑事诉讼的实践运行产生了深刻影响，政策实施一年多，不批捕、不起诉人数显著增加，诉前羁押率降幅明显，取得了良好的司法效果。④ 但值得注意的是，学界目前主要关注的是检察机关如何能动履职，侦查机关和审判机关如何在各自诉讼环节参与配合以实现少捕慎诉慎押政策的目标；对于辩护律师在少捕慎诉慎押政策中的地位和作用，以及在该政策背景下如何实现有效辩护，却鲜有关注。事实上，作为新时代司法机关推进国家治理体系和治理能力现代化的重要举措，也是以人民为中心的法治观念在刑事司法领域的进一步落实，少捕慎诉慎押刑事司法政策需要系统推进，成为法治中国的生动实践。⑤ 因此，尽管少捕慎诉慎押政策是从人民检察院工作理念中提炼而来的，但辩护律师对这一新的刑事司法政策也并非只能被动接受，而应主动适用、有效参与并在其中发挥积极作用。

在少捕慎诉慎押政策背景下，有效辩护的正当性依据以及如何进行有效辩护等问题，与被告人程序选择的自主性、刑罚处罚的公正性以及司法政策的社会治理效果紧密相关，亟待在理论上深入探讨，本文在厘清少捕

---

① 卞建林、钱程：《少捕慎诉慎押的实践检视与发展完善》，《人民检察》2022 年第 5 期。

② 2020 年《最高人民检察院工作报告》数据显示，1999 年至 2019 年，检察机关起诉严重暴力犯罪从 16.2 万人降至 6 万人，年均下降 4.8%；被判处三年以上有期徒刑刑罚的占比从 45.4% 降至 21.3%。与此同时，全年共办理各类案件 3146292 件，同比上升 9.7%。参见张军《最高人民检察院工作报告——2020 年 5 月 25 日在第十三届全国人民代表大会第三次会议上》，《检察日报》2020 年 6 月 2 日，第 1 版。

③ 王彦春：《少捕慎诉慎押检察实务贯彻路径》，《中国检察官》2022 年第 15 期。

④ 2022 年《最高人民检察院工作报告》数据显示，2021 年全年不批捕 38.5 万人、不起诉 34.8 万人，比 2018 年分别上升 28.3% 和 1.5 倍。对捕后可不继续羁押的，依法建议释放或变更强制措施 5.6 万人，诉前羁押率从 2018 年 54.9% 降至 2021 年 42.7%。参见张军《最高人民检察院工作报告——2022 年 3 月 8 日在第十三届全国人民代表大会第五次会议上》，《检察日报》2022 年 3 月 16 日，第 2 版。

⑤ 贺恒扬：《少捕慎诉慎押刑事司法政策五大关系论纲》，《人民检察》2022 年第 3 期。

慎诉慎押政策背景下律师有效辩护的应然理据基础上，考察和分析当前律师进行有效辩护时所面临的实然偏差，以期提出多维度的解决方案，增强少捕慎诉慎押政策的司法实践效用，取得更好的社会治理效果。

二　少捕慎诉慎押政策背景下律师有效辩护的应然理据

随着刑事辩护制度的不断发展和我国法治建设的持续推进，被追诉人不再仅仅满足于有律师进行辩护，而是要求律师尽职尽责的辩护活动对案件的裁判产生积极有利的影响，最大限度地保障其合法权益，有效辩护的理论被引入我国并逐渐深入人心。① 尽管我国对于有效辩护的研究多集中于审判程序，而在认罪认罚从宽制度全面贯彻实施的背景下，多数案件审理的重心已经向庭前程序转移，② 但这并不意味着有效辩护失去了制度基础和存在价值。

（一）有效辩护是少捕慎诉慎押政策背景下平衡诉讼生态的重要举措

近年来，随着认罪认罚从宽制度的推行和少捕慎诉慎押政策的贯彻落实，我国刑事诉讼已经形成以检察机关为主导的协商机制。③ 在此背景下，检察官由于在刑事诉讼架构中兼具公诉人和法律监督人的双重身份，相较辩方处于优势诉讼地位。以检察官为首的控方代表可能利用其资源优势，在案件存在定罪困难或不确定性时，通过协商司法管道促使被追诉人认罪认罚，从而克服这种困难，消除不确定性。④ 而少捕慎诉慎押政策扎根于认罪认罚从宽制度，可以前置认罪认罚从宽制度的激励效应，这在一定程度上强化了控方压制被追诉人以获取更大诉讼利益的动机。

控辩平等是现代法治的基石原则，保障诉讼双方在刑事程序每一阶段

---

① 闵春雷：《认罪认罚案件中的有效辩护》，《当代法学》2017 年第 4 期。

② 闵春雷：《认罪认罚从宽制度中的程序简化》，《苏州大学学报》（哲学社会科学版）2017 年第 2 期。

③ 李文华、吕帅：《附条件不起诉适用于企业合规案件之立法构想》，《北京科技大学学报》（社会科学版）2022 年第 3 期。

④ 龙宗智：《完善认罪认罚从宽制度的关键是控辩平衡》，《环球法律评论》2020 年第 2 期。

实力均衡是控辩平等原则的应然内涵。[①] 被追诉人是刑事诉讼程序的主体，因此有权根据案件的相关信息，合理地选择诉讼程序、辩护策略以向控方争取自身利益的最大化。但在司法实践中，被追诉人往往由于缺乏专业的法律知识，对于自身是否构成犯罪、构成何罪以及是否符合少捕慎诉慎押的政策要求知之甚少，单靠自身很难提出有效的辩护意见。此时，律师作为辩方代表，在刑事程序中以运用法律手段维护被追诉人合法权益为宗旨，其有效辩护将极大增强被追诉人与追诉机关进行对抗与交涉的能力，从而在协商中争取到最好的实体结果。被追诉人在律师及时介入并提供有效辩护时能更好地明晰案件情况，了解少捕慎诉慎押政策的内涵，明确认罪认罚的法律后果，并在此基础上明智地选择自己的辩护策略，以避免在与检察机关协商的过程中被过分压制而接受本不愿接受的量刑协商结果。此外，少捕慎诉慎押政策并不意味着强制措施以及诉讼程序不再随着案件证据等因素的变化而更改，律师及早介入可以促使证据收集更加全面。这不仅有利于降低案件程序变更的可能性，也可以为后续审判阶段的辩护工作做好充足的准备。

（二）有效辩护是少捕慎诉慎押政策背景下防范冤假错案的必然保障

习近平总书记强调："要懂得'100－1＝0'的道理，一个错案的负面影响足以摧毁九十九个公正裁判积累起来的良好形象。"[②] 尽管我国刑事司法制度已经取得了长足的发展，但仍时有冤假错案发生。这些案件严重损害司法公信力，影响党和政府的形象。少捕慎诉慎押政策要求对逮捕、起诉、羁押的法定条件进行规范化，审慎适用强制措施、刑事起诉，引导司法人员摒弃旧有的"重实体轻程序"的司法理念，在刑事诉讼程序中贯彻落实尊重和保障人权的宪法原则，这在客观上确实有利于防止冤假错案的发生。

但值得注意的是，少捕慎诉慎押政策并未完全消解冤假错案发生的现实基础。当前检察机关采取捕诉一体的办案模式，捕、诉关系极为紧密，

---

① 刘沛宏：《控辩平等原则下中国特色有效辩护制度之构建——以死刑复核程序为视角》，《时代法学》2022年第2期。

② 《习近平关于全面依法治国论述摘编》，中央文献出版社，2015，第96页。

为了让侦查更好地服务于起诉，检察官可能通过“以捕代侦”“以押便诉”来获得口供和其他案件证据，致使原本无罪的犯罪嫌疑人遭受无妄的牢狱之灾；而为了避免捕后未诉的尴尬局面和责任，检察官往往在具体把握逮捕的证明标准时向起诉标准看齐，致使案件的罪刑标准异化。[①] 同时，少捕慎诉慎押政策的贯彻落实是一项系统性工程，这进一步强化了捕、诉之间的紧密关系，并可能最终影响刑罚处罚的适当性。

律师辩护是实现司法公正不可或缺的必要环节，限制律师的有效参与并排斥其提出的辩护意见往往是酿成冤假错案的重要原因。律师是推进全面依法治国、实现国家治理体系与治理能力现代化的重要法治力量，在坚守防止冤假错案底线、确保办案质量上，律师与检察官的职责完全一致。[②] 律师的有效辩护可以帮助检察机关对案件作出更符合常识常理常情的处理，也能避免被追诉人在审前阶段被侵犯合法权益，进而保障少捕慎诉慎押政策从刑事诉讼的源头开始防范冤错案件这一功能目标的达成。

（三）有效辩护是少捕慎诉慎押政策背景下轻罪综合治理的基本要求

少捕慎诉慎押政策是为应对刑事犯罪圈扩大、轻罪案件占比较大的社会治理大趋势而提出的，是国家治理体系和治理能力现代化以及慎刑主义价值追求的重要体现，也是轻罪综合治理体系的重要组成部分。党的十九届四中全会提出“加强系统治理、依法治理、综合治理、源头治理”要求，为国家和社会治理指明了具体要求和方法，其中“综合治理”强调治理手段的多元性，要求综合利用各种手段治理。[③] 而律师作为被追诉人与追诉机关有效沟通的桥梁，保障其有效辩护无疑有利于实现少捕慎诉慎押政策的社会治理效果，提升轻罪综合治理体系效能，具体如下。

首先，律师的有效参与能够帮助轻罪案件被追诉人正确理解少捕慎诉慎押政策。少捕慎诉慎押政策的主要适用范围为“醉驾”等轻罪案件，在政策的影响下此类案件的逮捕率、起诉率都得到了一定程度的下降，但处置时间较短、处罚结果轻微、文书说理较少等因素，可能会影响被追诉人

---

① 彭森磊：《捕诉一体视域下审查批捕权的异化与回归》，《实事求是》2020 年第 3 期。

② 田文昌：《冤假错案的五大成因》，《中外法学》2015 年第 3 期。

③ 《全面建成小康社会重要文献选编》（下），人民出版社、新华出版社，2022，第 1128 页。

的诉讼感知，进而使其对司法威信产生怀疑。而律师的及时介入可以发挥释法说理的作用，解答犯罪嫌疑人、被告人的处置困惑，更早地化解案件内部矛盾风险，正确理解少捕慎诉慎押政策，提高诉讼效率。

其次，律师的有效参与能够提升少捕慎诉慎押政策的司法公信力。在诉讼程序中加入律师的制度设计正是追求在一定程度上对检察权的行使产生制约作用，律师的积极沟通协商不仅能够使被追诉人更好地表达自身意愿，也能使检察机关基于此所作出的逮捕、起诉与否的决定更易获得被追诉人的认可，从而起到提升司法公信力的效果。

最后，律师的有效参与有利于做好不逮捕、不起诉的“后半篇文章”。少捕慎诉慎押政策不是不捕、不诉、不押，其既要求办案机关在能不捕时不捕、能不诉时不诉、能不押时不押，也要求办案机关妥善考虑不捕、不诉或者变更羁押措施后应该如何处理。实践中，检察机关作出不起诉决定后，应当依法提出对被不起诉人给予非刑罚处罚或者其他处分的检察意见，并及时开展监督工作，督促对被不起诉人的行政处罚、处分等责任依法落实。[①] 律师是说服被追诉人的最佳人选，检察机关与律师积极协商后所作出的处理结果更容易获得被追诉人的认可，而律师的第三方身份也有利于说服被追诉人积极接受检察机关所作出的非刑罚处罚或者其他处分，并帮助其改过自新，修复受损的社会关系，创造良好的社会治理效果。

三　少捕慎诉慎押政策背景下律师有效辩护的实然偏差

少捕慎诉慎押政策作为刑事法的谦抑性和慎刑理念的体现，在司法实践中直观体现在逮捕率、起诉率、审前羁押率的降低上。这与被追诉人追求刑罚轻缓的辩护目标具有一致性，因此少捕慎诉慎押政策在客观上有利于律师辩护工作的顺利开展，并且能够为律师进行辩护提供重要支撑。然而，在我国正当程序建设尚且不足、少捕慎诉慎押政策仍有待发展完善的情况下，实现有效辩护存在律师参与不足、控辩力量失衡、辩护策略僵化、辩护重点不清等实然偏差。

① 王渊：《深入落实少捕慎诉慎押促进社会治理》，《检察日报》2022年9月26日，第3版。

（一）律师参与不足，辩护意见虚置

律师的有效参与是实现有效辩护的前提。在少捕慎诉慎押政策的理论内涵探究中，学界认为少捕慎诉慎押政策是一项强化检察裁量权行使的司法政策，强调检察机关在审查批捕、审查起诉、羁押必要性审查中实现裁量权的有效行使。[①] 但对于律师在少捕慎诉慎押政策中的定位和作用的研究较少，在现有的理论内涵中鲜少有律师的一席之地。在我国司法实践中，律师面对少捕慎诉慎押政策也主要呈现出被动接受、自我适应的现象。

当前，我国刑事辩护全覆盖工作主要聚焦于审判阶段，所有诉讼阶段的律师辩护全覆盖尚未实现。且由于我国一直存在不重视审前阶段法律援助的问题，无论是通知辩护还是申请辩护，在审判阶段的数量都远超审前阶段的数量。[②] 这使大量可以适用少捕慎诉慎押政策的案件在审前阶段没有律师辩护，也造成检察官在审前阶段的超然地位。检察官能够凭借自身的诉讼优势，在对被追诉人是否适用逮捕、起诉等问题上享有绝对的决定权。同时，审前阶段的律师不仅参与率低，已经介入的律师在辩护权的实际行使上往往也受到各种限制。例如，部分办案机关认为律师介入可能会影响案件程序的顺利推进，不履行通知法律援助律师义务“有利无害”，从而打击了办案机关在审前阶段严格履行通知义务的积极性。即使严格履行通知义务，法律援助律师介入案件的时机也较为滞后，难以对审前阶段全覆盖地提供法律帮助。对于已经聘请律师的案件，办案机关也可能拒绝向律师告知被追诉人所涉及的案情，甚至阻碍辩护律师正常行使会见权，辩护律师在审查批捕和审查起诉阶段的阅卷权难以得到有效的保障。无正当理由拒绝律师要求变更强制措施的申请，对律师会见增加条件和要求，甚至绕过辩护律师与被追诉人协商认罪认罚的现象屡有发生。[③] 在辩护权不能得到充分保障的前提下，律师申请调查取证的权利不被办案机关重

---

① 孟卫红、张乾：《少捕慎诉慎押刑事司法政策的意蕴与检察实践》，《中国检察官》2022年第11期。

② 陈光中、褚晓囡：《刑事辩护法律援助制度再探讨——以〈中华人民共和国法律援助法（草案）〉为背景》，《中国政法大学学报》2021年第4期。

③ 罗海敏：《被审前羁押者获得律师帮助权探究》，《当代法学》2022年第4期。

视，律师提出的意见难以得到采纳，办案机关对律师的申诉与控告重视不够、查处不到位等问题也不同程度存在。[①]

（二）控辩力量失衡，政策影响有限

检察机关在审前阶段具有主导地位，律师则在控辩关系中一直处于弱势，控辩力量严重失衡。面对兼具公诉人和法律监督人双重身份的检察机关，律师在审前阶段进行刑事辩护的空间一直都非常有限。因此，即使少捕慎诉慎押政策不断强调审慎行使检察权，该政策也难以使审前辩护的现状产生根本性的变化。

检察机关目前实施的“捕诉一体”办案模式在一定程度上压缩了辩护空间。首先，辩护律师在审查批捕阶段缺乏知情权等相关权利。虽然“捕”“诉”不存在必然的对应关系，但逮捕对起诉的影响毋庸置疑。在审查批捕阶段，我国《刑事诉讼法》仅规定在辩护律师提出要求的情况下，检察机关有听取其意见的义务，没有赋予辩护律师在审查批捕阶段的阅卷权，也没有规定侦查机关在案件移送检察机关提请批准逮捕时有告知被追诉人及其辩护律师的义务。辩护律师在审查批捕阶段缺少关键性权利，既无法充分了解案情，也难以及时介入，无法实现真正意义上的“有效辩护”。其次，缺乏有效的提出辩护意见时机。由于“捕诉一体”办案模式下的批捕检察官和公诉人为同一人，审查批捕与审查起诉实际上被压缩成了一个程序。[②] 两种权力由一人行使，极有可能使检察官在履职过程中对二者性质的认识发生混同，审查批捕环节的司法中立性可能被检察官的预设立场所消解。在承办检察官已经作出了逮捕决定的情况下，如果没有新的事实证据，即使犯罪嫌疑人和辩护律师在审查起诉阶段提出了新的辩解或辩护意见，承办检察官也很难被说服改变其起诉决定并重新制作相关文书。因此，辩护律师实际上在审前阶段只有一次有效提出辩护意见的机会。最后，“捕诉一体”办案模式压缩了辩护准备时间。我国《刑事诉讼法》规定检察机关审查批捕的时间一般为 7 天，即使是承办检察官也只

---

① 邱兴隆、邢馨宇：《审前程序中的律师权利及其保障与实现》（下），《法学杂志》2017 年第 8 期。

② 周莹莹：《“捕诉合一”改革对刑事辩护的影响及对策》，《河北北方学院学报》（社会科学版）2019 年第 5 期。

能在如此短的批捕时间内对案件进行实质化审查。而由于公安机关并无义务在提请批捕时通知辩护律师，辩护律师所拥有的准备时间更短。在司法实务中，承办检察官也常因办案时间紧等各种情况，只是通过电话交流或者让律师提交书面意见，双方缺乏有效沟通。[①] 在准备时间短且无法与承办检察官有效沟通的情况下，辩护律师可能很难提出有针对性且能获得承办检察官认同的辩护意见。

值班律师定位模糊，难以实质性维护被追诉人的合法权益。尽管我国《刑事诉讼法》赋予值班律师在审前阶段为被追诉人提供法律帮助、会见权、阅卷权、提出辩护意见等必要的辩护权利，甚至其具体职责已经与辩护律师承担的辩护职责事实上并无本质区别，[②] 但值班律师并未被实际赋予辩护人的身份，其辩护权的行使在实践中受到时间、空间等各方面的限制。例如，值班律师工作站一般设置在看守所监区，这使其难以在第一时间为被羁押人员提供法律帮助；由于缺少辩护人身份，值班律师只能在办案人员的陪同下会见被追诉人，这使双方很难进行有效的沟通或建立信任关系。即使少捕慎诉慎押政策有助于被追诉人争取到更轻缓的处理结果，这种应急式、碎片式的法律援助模式，也很难在实质上通过值班律师行使阅卷权、申请变更强制措施等诉讼权利为被追诉人提供有效的法律帮助，甚至值班律师只是在签署认罪认罚具结书等重大场合出面以证明办案机关办案程序的合法性，变为诉讼权力行为合法性的“背书者”。[③]

少捕慎诉慎押政策的差异化落实也影响有效辩护的进行。基层检察机关对于政策理解的不同可能导致该政策在具体落实中存在差异，例如，有学者调研发现某资深律师进行审前辩护的成功率在同一市的不同基层检察机关之间差距甚大。这位资深律师认为，该市部分基层检察机关的刑事政策理念比较开明，加之其在长期与这部分基层检察机关工作交往中积累了一定的职业声誉，其所提出的辩护意见往往能得到检察官

---

① 王乐男：《“捕诉合一”办案模式下有效辩护的实践困境及其化解》，《行政与法》2021年第7期。

② 顾永忠、杨剑炜：《我国刑事法律援助的实施现状与对策建议——基于2013年〈刑事诉讼法〉实施以来的考察与思考》，《法学杂志》2015年第4期。

③ 汪海燕：《三重悖离：认罪认罚从宽程序中值班律师制度的困境》，《法学杂志》2019年第12期。

较积极的反馈。[①] 在少捕慎诉慎押政策缺乏具体规范制度的情况下，各地检察院乃至各承办检察官对于政策的理解极大可能存在差异，这对律师能否进行有效辩护影响巨大。

（三）策略陈旧僵化，重点把握不清

律师辩护策略是律师针对公诉机关指控所选择的基本抗辩方式，辩护策略的选择一定程度上决定了刑事辩护的成败。[②] 在少捕慎诉慎押政策影响下，律师的辩护策略也应当产生变化，但目前部分律师仍存在辩护观念陈旧、辩护策略僵化、辩护重点不清等问题，这使辩护效果欠佳，难以为当事人争取到最佳诉讼结果。

近年来，由于认罪认罚从宽制度、少捕慎诉慎押政策、“捕诉合一”办案模式等因素的叠加影响，辩护的主阵地已经前移，审前阶段越发成为辩护工作的重点。审前阶段的强制措施容易侵犯犯罪嫌疑人的人身权利和财产权利，审前阶段的处理结果也在很大程度上影响审判阶段的最后判决，及时为审前阶段的被追诉人提供法律帮助对于辩护工作尤为重要。但目前部分律师在辩护观念上过于重视审判阶段而忽视审前阶段的辩护工作，介入不及时，反应速度较慢，无法在诉讼程序的开端即为当事人争取到更好的辩护结果。即便辩护律师能够在审前阶段及时介入，也存在因习惯性地过度重视不批捕决定，忽略检察机关根据案件实际情况对被追诉人适用或调整强制措施的可能性，在获得不批捕决定后即对最终处理结果过分乐观的现象，从而忽视对后续辩护工作的准备。这可能导致辩护效果欠佳，甚至引起当事人的不满。

在审前阶段，检察官对于诉讼程序的启动、强制措施的适用、指控罪名和量刑等都发挥着决定性作用。随着认罪认罚从宽制度的不断贯彻落实，2020 年以来犯罪嫌疑人认罪率已经超过 85%。[③] 而犯罪嫌疑人认罪认罚并接受检察机关所提出的量刑建议也就意味着其不会再与检察机关进行

---

① 林喜芬、王延延：《“捕诉一体”改革会影响审前辩护权吗？——基于定性访谈的实证研究》，《甘肃社会科学》2022 年第 3 期。

② 欧明艳、黄晨：《从形式到实质：刑事辩护对裁判结果影响力研究——以 C 市 Y 中院近 3 年 198 名被告人的律师辩护为样本》，《法律适用》2016 年第 1 期。

③ 徐日丹：《认罪认罚从宽量刑建议采纳率超 96%》，《检察日报》2021 年 7 月 28 日，第 2 版。

积极的对抗。在审前阶段控辩双方力量不均衡、认罪认罚从宽制度适用率极高的情形下，辩护律师采取对抗式辩护策略的空间十分有限。与之相对应地，协商式辩护的适用空间正持续膨胀。我国《刑事诉讼法》并未限制认罪认罚从宽制度的适用范围，而适用认罪认罚从宽制度在量刑上的切实利益也使犯罪嫌疑人及其辩护律师更有动力选择与检察机关积极地协商。在司法实践中，相较于选择其他辩护策略，辩护律师选择积极的协商式辩护策略更适应当前辩护环境，也可以为当事人争取更有利的结果。因此，辩护律师应当根据案件的具体情况合理地选择辩护策略。如果不考虑实际情况执着地选择对抗式的辩护策略，一些地方的检察官可能会利用自身的优势诉讼地位，向提出异议或不同辩护意见的律师施压，使辩护律师难以取得良好的辩护效果。

此外，面对不同诉讼阶段，部分辩护律师难以把握辩护重点。具体表现为在提出辩护意见时并不着重区分实体性辩护与程序性辩护，过于重视定罪量刑等实体性问题，忽视针对强制措施的程序性辩护。有学者以“违反法定程序”为关键词，在 Open Law 网站搜索所得 2019 年所有相关的刑事裁判文书共计 377 份，其中仅有 4 起案件的辩护人针对强制措施进行了程序性辩护。[①] 而在不同诉讼阶段，办案机关对案件的考虑因素并不相同，辩护律师应当根据各阶段案件所呈现出的不同特点有针对性地选择辩护重点。不区分诉讼阶段，只提出有关被追诉人定罪量刑等的实体性辩护意见，难以适应少捕慎诉慎押政策下的司法环境，最终将严重影响辩护效果。

四　少捕慎诉慎押政策背景下律师有效辩护的多维匡正

（一）辩护权利延展：从“意见虚置”转向“有效参与”

有效辩护核心是要求辩护律师保障当事人合法权益，通过辩护活动对审判结果产生一定影响。要建成有效辩护制度，在少捕慎诉慎押政策下实现有效辩护，不仅需要考虑在现有情形下如何保障律师法律帮助的有效

① 林佳嘉：《困境与破解：程序性辩护实证研究》，《昆明学院学报》2022 年第 2 期。

性，还需要对律师辩护权在纵向深度及横向宽度上作出一定的延展。

首先，有效保障律师现有权利。正如前文所述，律师在行使诉讼权利时往往受到各方面限制，这导致其难以有效参与案件辩护，提出的辩护意见容易被忽视。因此，不仅要推动法律帮助权在审前阶段对被追诉人全覆盖，还要设立更全面、具体、严格的规定以禁止妨碍辩护权行使的行为。同时，程序完备是权利的有力保障，针对公权力机关妨碍辩护权行使“有利无害”的行为心理，应当对这些妨碍行为规定更为明确的程序性制裁后果，改变律师意见在诉讼程序中不受重视的局面，确保辩护律师所提供法律帮助的质量。

其次，改善值班律师运行程序。相对于委托辩护和法律援助辩护，值班律师介入更具及时性、便捷性。① 因此，值班律师制度在实现审前阶段有效辩护的过程中具有不可替代的作用。应当改善当前值班律师几近异化为诉讼权力行为合法性“背书者”的运行现状，保障值班律师提供法律帮助的实质有效性。总体而言，可以从以下三个方面展开。其一，赋予值班律师完整的阅卷权、会见权，使值班律师可以自由主动地约见被追诉人，享有对案卷查阅、复制、摘抄的权利。其二，建立健全值班律师法律帮助的质量保障机制。值班律师制度为被追诉人在审前阶段获取必要的法律帮助提供了基础，在多数案件的审理重心已经前移至审前阶段的背景下，有效利用少捕慎诉慎押政策，为被追诉人争取不捕、不诉、不押的机会是值班律师提供实质性法律帮助的主要方式。应当将值班律师申请变更强制措施的情况作为值班律师考核的重要评价标准，激励值班律师积极履行职能。其三，完善值班律师的奖励激励机制。目前，值班律师的补贴费用过于微薄，与其付出的工作量及可能承担的诉讼风险不成比例，② 这严重影响值班律师履职的积极性。应当在考虑实际财政情况的基础上，适当提高值班律师的补贴水平，使其获得一定的满足感和回报感。同时，可以由各地律师协会和司法局牵头，对法律帮助效果良好的值班律师进行嘉奖，综合利用融媒体加强宣传，在精神层面激励值班律师积极履职。

最后，延展有效辩护相关权利。审前阶段控辩双方力量不均衡是难以

---

① 蔡元培：《法律帮助实质化视野下值班律师诉讼权利研究》，《环球法律评论》2021 年第 2 期。

② 闵春雷：《认罪认罚案件中的有效辩护》，《当代法学》2017 年第 4 期。

实现有效辩护的重要原因，若要使辩护律师所提出的辩护意见被积极采纳，进而实现有效辩护，就有必要对律师的辩护权进行延展。具体而言，可以从以下三个方面进行。其一，赋予辩护律师对审查批捕情况的知情权。辩护律师只有在了解案件进展的前提下才能提出有效的辩护意见，若辩护律师不知道案件进展，没有足够的时间向检察官提出辩护意见，即使法律规定辩护律师的意见必须被听取也毫无意义。因此，应当规定公安机关在提请逮捕、检察机关在受理批捕时负有主动告知犯罪嫌疑人及其辩护人的义务，使犯罪嫌疑人对于自己何时被国家机关提请逮捕享有知情权，并且能够及时聘请律师为自己进行辩护。2022 年 10 月“两高两部”（最高人民法院、最高人民检察院、公安部、司法部）联合印发的《关于进一步深化刑事案件律师辩护全覆盖试点工作的意见》也强调，办案机关要依法在各个诉讼阶段明确履行权利告知义务。若犯罪嫌疑人在被提请逮捕时已经聘请辩护律师，辩护律师也应有权知道被追诉人被提请逮捕的相关情况，并有充足的时间为提出有效的辩护意见作准备。其二，赋予辩护律师在审查批捕阶段的阅卷权。辩护律师当前只能在审查起诉阶段接触案卷，这将导致辩方在审查批捕阶段很难了解案件情况，缺乏与检察官有效沟通案情的能力。而辩护律师享有全诉讼程序的阅卷权不仅是控辩平等的必然要求，也是弥补控辩双方在审前阶段“信息不对等”以维护程序正义的重要方式。其三，赋予辩护律师申请社会危险性评估等权利。由于检察机关在审前程序的主导地位，申请社会危险性评估等可能直接影响被追诉人强制措施适用甚至定罪量刑的权利目前仅能由检察机关单方面行使。出于控辩平等原则的考虑，应当同等赋予辩护律师此类权利，提升辩护律师意见的实质影响力。

（二）政策理念更新：从“检察主导”转向“多方共建”

少捕慎诉慎押政策作为检察机关的理论，强调“检察主导”并无不妥，这也是检察机关担当精神的体现。但想保持司法政策的长久生命力以及在司法实践中的切实影响力，仅靠检察机关自身能动履职是不够的，应当将其他诉讼主体纳入落实少捕慎诉慎押政策的行列中，鼓励各方充分发挥自身职能优势，丰富少捕慎诉慎押政策的理论内涵。

我国律师当前参加刑事诉讼的空间有限，司法政策较少强调律师的作用和定位，这种轻视律师的现象与政策理念的偏误密切相关。因此，想要完善和发展少捕慎诉慎押政策，保持政策的活力与影响力，就必须更新政策理念，切实将律师视为推动少捕慎诉慎押政策贯彻落实的不可或缺的力量。只有检察机关积极接受律师的合理辩护意见，重视律师在诉讼程序中的重要作用，保障律师有效参与案件的诉讼权利，才能确保少捕慎诉慎押政策下的案件能够得到多方协商参与后的公正处理结果，而非检察机关对被追诉人“自说自话”的“恩赐”。少捕慎诉慎押政策不仅要求在诉讼程序中检察权得到审慎行使，也要求在不逮捕、不起诉后做好“后半篇文章”，因此检察机关除了要积极听取律师的辩护意见，也应鼓励支持律师在不逮捕、不起诉后发挥其特殊作用，增强少捕慎诉慎押政策的社会治理效果。

此外，公安机关、审判机关同样属于我国司法体系中的重要组成部分。尽管各机关的工作职能各有不同，但各机关应统一执法司法理念，相互学习、相互提醒，充分发挥各自的职能优势以落实发展少捕慎诉慎押政策。公安机关在案件办理过程中最先接触犯罪嫌疑人，对于判断犯罪嫌疑人是否适用强制措施、适用何种强制措施具有先天优势。一方面，公安机关应积极承担政治责任和法律责任，对逮捕的社会危险性判断提供佐证材料，以便与检察机关顺利协作；① 另一方面，同样需要转变司法理念，应当积极接纳而非盲目排除律师参与和提出意见，对于辩护人所提出的有关少捕慎诉慎押的辩护意见，在审查成立后应当及时作出相应处理结果，在程序前端尽早解决分歧争议。法院作为案件的最终审理机关，应当吸收少捕慎诉慎押政策的“慎刑主义”理念，在衔接把关检察机关于审前阶段所作出的处理结果的同时，也应当尊重辩护人的诉讼地位和权利，审慎行使裁判权，实现司法判决社会效果和法律效果相统一。

（三）辩护策略选择：从“对抗式辩护”转向“合作式辩护”

正如前文所述，在审前阶段控辩不均衡的背景下执着于“对抗式”辩护策略很难得到良好的辩护效果。在当前的刑事诉讼框架以及少捕慎诉慎

① 黄朝华、蓝凯俊：《公安机关在少捕慎诉慎押刑事政策中的角色及适用》，《上海公安学院学报》2022 年第 3 期。

押政策的背景下，尝试采取“合作式”辩护策略，加强与检察官的沟通协商，可能更有利于达到有效辩护的目的。

首先，辩护律师应当确立“快速辩护”和“沟通辩护”的辩护理念。在少捕慎诉慎押政策背景下，办案节奏加快，案件审理时间缩短，这对辩护律师收集整理案件信息和与办案机关沟通协商的能力都提出了挑战。辩护律师应当把握好辩护的“黄金期”，在有限的时间内高效推进辩护工作，尽快完成辩护意见的准备和撰写。应在案件诉讼的全流程注重与办案机关的沟通交流，以平等协商的方式为当事人谋取利益的最大化。值得注意的是，辩护策略的选择应当兼顾公平正义与当事人的利益，辩护律师应当避免一味劝说甚至诱导当事人配合办案机关而异化为“第二公诉人”。

其次，在侦查阶段辩护律师应当尽可能提前介入，在辩护过程中充分利用政策红利。辩护律师尽早获取当事人所涉及的罪名和案件信息，了解承办检察官的姓名、电话等基本信息，以便及时与承办检察官取得联系，尽可能使当事人在刚刚被采取强制措施后就可以得到有效的法律帮助。在能够会见当事人后，应当及时向当事人介绍认罪认罚从宽制度、少捕慎诉慎押政策等能够给其带来有利诉讼结果的制度政策信息。在向当事人同步自身所掌握的案件信息的同时，辩护律师可以建议当事人在明知、自愿的前提下积极配合检察机关的工作，帮助当事人进行能够论证其没有社会危险性的活动，如办理退赃退赔、取得被害人谅解等，在辩护意见书中细化对被追诉人不具有逮捕必要性或羁押必要性的论证，从而利用好少捕慎诉慎押政策的红利，积极为当事人争取不捕、不押的处理结果。在掌握可以证明犯罪嫌疑人不构成犯罪或者不追究刑事责任的事实依据时，辩护律师应当及时与承办检察官进行会面或电话沟通，并将辩护意见书、被害人谅解书等尽快递交。此外，在取得检察机关对当事人不批准逮捕的决定后，辩护律师应当及时向当事人阐明意义，并坚持为可能的后续辩护作准备。

最后，在起诉阶段律师应积极加强与检察官的协商。其一，辩护律师要继续收集被追诉人不具有起诉必要性的案件证据材料，综合运用公开听证制度，积极为被追诉人争取不起诉的处理结果。其二，辩护律师应加强与检察机关的量刑协商，在会见完当事人后，尽早地询问检察官案件是否已移送审查起诉，以同步开展阅卷、分析案情、撰写辩护意见，并就案件事实、是否认罪认罚、程序适用、量刑协商等问题与检察官积极展开沟通。[①] 其三，辩护律师需要深化对检察机关量刑方法的了解，对案件可能的量刑建议幅度确定预期范围，并就办案机关出现的程序性问题以及被害人谅解书、退赔退赃情况、类案分析、规范性政策援引等材料与检察官积极沟通，为当事人争取有利的量刑建议结果。

（四）辩护重点把握：从“实体性辩护”转向“一体性辩护”

律师在审前程序中的辩护工作主要包括围绕逮捕的社会危险性、羁押必要性、强制措施变更、起诉必要性等问题的程序性辩护，以及围绕犯罪嫌疑人是否构成犯罪、量刑协商等方面的实体性辩护。笔者认为，辩护律师应当根据案件在审前程序各阶段的不同特点，充分利用好少捕慎诉慎押政策，准确把握辩护重点，具体如下。

在侦查阶段，由于此阶段侦查机关主要处于收集案件证据、查明案件事实的状态，尚未掌握案件的全部证据，无法对案件进行准确定性。在侦查阶段进行实体性辩护难以起到预期效果，辩护律师应当将辩护重点放在强制措施适用等程序性辩护上，为被追诉人争取适用取保候审、监视居住等非羁押性强制措施甚至不适用强制措施的结果。而少捕的关键在于把握具体社会危险性，慎押的关键在于把握具体社会危险性的动态变化情况。[②] 因此，除了收集直接与案件有关的证据，辩护律师在侦查阶段还应当注意收集被追诉人家庭情况、健康状况、日常表现、单位评价等能够证明被追诉人社会危险性的相关材料。

在审查起诉阶段，辩护律师应当兼顾实体性辩护和程序性辩护。对于事实不清、证据不足或犯罪情节轻微等可能不予起诉的案件，辩护律师可以以程序性辩护为主：一方面，继续收集相关材料，争取变更强制措施；另一方面，充分阅读、分析案卷材料，在现有证据的基础上围绕起诉必要性问题进行辩护，证明被追诉人不应被追究刑事责任、不需要被判处刑罚、案件证据不足或造成的社会损害显著轻微，争取检察机关作出法定不起诉或相对不起诉决定。对于检察机关肯定提起公诉的案件，辩护律师应

---

① 闵丰锦：《“捕诉一体”论》，知识产权出版社，2020，第 137 ~ 138 页。

② 黄利民：《少捕慎诉慎押刑事司法政策的理解把握与保障措施建设》，《人民检察》2022 年第 16 期。

以实体性辩护为主，积极就本案的事实与证据问题和检察机关进行量刑协商，争取获得有利于被追诉人的量刑建议；同时利用审查起诉阶段可以阅卷和充分会见在押犯罪嫌疑人以及其他有利条件，为审判阶段的实体性辩护做好准备。[①]

结 语

少捕慎诉慎押刑事司法政策是党中央在新时代历史条件下提出的重要刑事司法政策，对我国刑事诉讼各方面均产生了深刻影响。在少捕慎诉慎押刑事司法政策的贯彻落实中，不仅要强调检察人员作为政策有效实施“第一责任人”的地位，也应看到律师在推动该政策良好运行方面的重要作用。国家机关应当推动少捕慎诉慎押政策理念的合理更新，鼓励各方尤其是律师充分发挥自身职能优势，共同保持政策的活力与影响力。切实保障律师现有的合法权利，在时机成熟时适当延展律师有效辩护的相关权利。律师也应当积极适应辩护环境的变化，在辩护策略、辩护重点上紧跟少捕慎诉慎押政策的政策导向，作出相应的转型，以更好地把握政策机遇、实现有效辩护。国家机关和律师界双向合力，推动少捕慎诉慎押刑事司法政策的科学化发展，促进双方的合作共赢，以实现良好法律效果与社会效果的统一。

① 顾永忠、娄秋琴：《程序性辩护的理论发展与实践展开》，《国家检察官学院学报》2020年第3期。

间接故意与轻信过失的类型化司法界分

张安远*

【内容摘要】根据《刑法》第14条与第15条，间接故意与轻信过失的界分应当从认识因素与意志因素两方面进行考量。司法实践中行为人主观心态具有不可捉摸性，因此只能通过主观心态的客观外化推论行为人的主观心态。以实害结果发生可能性为判断载体，以“避过行为前实害结果发生可能性”“对实害结果认真对待与否”“避过行为合理性有无”三个因素为依据，通过行为前与行为时实害结果发生可能性的程度及变化推论行为人意志因素的类型化司法界分方法，既没有背离我国《刑法》所采取的以意志因素为核心、重视认识因素的作用的主观理论，又可以解决司法实践中标准不明的难题，为司法实践提供可以利用的认定方法，促进实体法和程序法的交错适用。

【关键词】间接故意　轻信过失　认识因素　意志因素　避过行为

一　引言

我国《刑法》第14条与第15条规定了故意犯罪与过失犯罪，其中“明知自己的行为会发生危害社会的结果，并放任这种结果发生”的间接故意与“已经自己的行为会发生危害社会的结果预见而轻信能够避免，以致发生这种结果”的轻信过失作为故意与过失的模糊地带在认识方面与意志方面均具有相似之处。认识方面与意志方面作为刑法的主观方面在司法实践中存在难以明确把握的难题，由此间接故意与轻信过失的界分问题被视为“刑法上最困难且最具争议的问题之一”[①]。由于我国《刑法》第14

---

* 张安远，吉林大学刑法学2022级硕士研究生，研究方向为刑法学。

① Welzel, Das deutche Strafrecht, 11. Aufl. 1969, S. 69.

条与第 15 条规定“故意犯罪，应当负刑事责任”“过失犯罪，法律有规定的才负刑事责任”，且通常对于以过失的主观心态能够构成的犯罪而言，以故意的主观心态实施该犯罪的行为要比以过失的主观心态实施该犯罪的行为构成更重的犯罪或被处以更重的刑罚。因此对间接故意与轻信过失的界分对于明确罪与非罪、此罪与彼罪以及处罚程度等多个问题有重大意义。

此外，在间接故意与轻信过失的界分中，认识方面是意志方面的基础和前提，意志方面是罪责形式的非难可能性体现，也是二者界分的关键。但是司法实践中的认定多是将认识方面程度的高低作为判断的标准。虽然存在以意志方面为判断标准的防果说，但是受限于判断要素的单一性，其意义仅是消极的证明不成立间接故意的一种情形。因此，司法实践需要以意志方面为判断核心的认定方法，以解决间接故意与轻信过失的界分难题。

二　间接故意与轻信过失的概念辨析

间接故意与轻信过失的司法界分应当以法条为依据，因此首先要对法条中的概念进行辨析。根据《刑法》第 14 条与第 15 条，“明知自己的行为会发生危害社会的结果，并放任这种结果发生”的是间接故意，“已经预见自己的行为可能发生危害社会的结果而轻信能够避免，以致发生这种结果”的是轻信过失。间接故意与轻信过失均是以实害结果的认识方面与意志方面为判断对象的主观理论，对两者进行区分需要同时考量认识方面与意志方面的差异。在认识方面，两者的差异体现为“明知”与“已经预见”、“会发生”与“可能发生”。在意志方面，两者的差异体现为“放任”与“轻信能够避免”。其中，意志方面是两者区分的关键，认识方面是意志方面的基础和前提。

（一）认识因素的概念辨析

“明知”与“已经预见”属于间接故意与轻信过失的认识方面，体现行为人对实害结果发生的认识形式。两者的辨析在理论上存在两种主要观点。其一，是否存在短暂认识。该观点认为间接故意的行为人在行为前对实害结果可能发生存在认识，并将此认识维持到实害结果的发生，属于

“明知”结果发生的可能性。轻信过失的行为人在行为前存在对实害结果发生可能性的认识，但是在行为时又丧失对实害结果可能发生的认识，该认识是短暂的，应属于暂时地“预见”结果发生的可能性。[①] 其二，是否存在清晰认识。该观点认为轻信过失对实害结果的产生往往是模糊、存疑、不确切的预测性认识，是预见，其认识具有假定可能性。而间接故意的明知要比预见全面、具体，在间接故意的心理下，行为人明知自己的行为会发生危害社会的结果，对实害结果的认识有比较清晰的认识，其认识具有现实可能性。[②]

从实践中看，在对实害结果可能发生存在认识的时候，间接故意大概率对实害结果可能发生存在清晰的认识，轻信过失大概率对实害结果可能发生存在模糊的认识，因此是否存在清晰认识的界分具有一定的实践合理性。但是实践中的现象只是经验上的概率分析，并不具有确定性，因此不能以此为标准从概念上对两者进行区分。否则依照是否存在清晰认识的区分标准，在行为人对实害结果可能发生仅存在模糊认识的情况下，放任实害结果发生的仅能以轻信过失论处，这将致使间接故意的处罚范围不适当缩小。而以行为人是否存在短暂认识进行辨析的观点与两者的意志方面相符合，因此更具合理性。在间接故意中，行为人对实害结果的发生是放任的态度，而放任态度的依据则是存在认识。由于行为人在行为时一直存在放任的态度，行为人对实害结果的发生存在贯穿始终的认识。而在轻信过失中，行为人对实害结果的发生持不希望的态度。这种意志方面建立在曾存在的认识方面上，正是因为存在对实害结果可能发生的认识，行为人才可能进一步产生对实害结果的意志。然而，当行为人在存在认识的基础上错误地估计了相应案件事实情况，从而相信实害结果不会发生时，才有可能产生不希望的意志，此时行为人对实害结果可能发生的认识丧失。否则行为人既存在对实害结果可能发生的认识，同时又对实害结果发生持不希望的态度，在逻辑上存在矛盾。是否存在清晰认识的辨析观点也在于当行为人对实害结果可能发生存在清晰认识时，难以出于轻信而丧失对实害结果可能发生的认识，而当行为人对实害结果可能发生存在模糊认识时，则

---

① 张明楷：《刑法学》（第六版），法律出版社，2021，第640页。

② 彭越林：《过于自信的过失和间接故意的界限》，《人民司法》2011年第7期。

相对比较容易出于轻信而丧失对实害结果可能发生的认识。

因此，间接故意的“明知”是指行为人行为前便存在对实害结果可能发生的认识，并将此认识维持到实害结果发生；通常情况下，行为人对实害结果可能发生的认识是一种清晰、具体的认识。轻信过失的“已经预见”是指行为人在行为前存在对实害结果可能发生的认识，但由于采取避过行为或对危险进行重新估计，又丧失了对实害结果可能发生的认识；通常情况下，行为人对实害结果可能发生的认识是一种模糊、不确定的认识。

“会发生”与“可能发生”也属于间接故意与轻信过失的认识方面，体现行为人对实害结果发生可能性的认识程度。在“会发生”与“可能发生”的辨析中，我国刑法界的主要争议点在于间接故意认识方面中的“会发生”是否包括实害结果必然发生的情况。有的观点认为间接故意认识方面中的“会发生”仅包括实害结果可能发生的情况，[①] 有的观点则认为间接故意认识方面中的“会发生”不仅包括实害结果可能发生的情况，也包括实害结果必然发生的情况[②]。

虽然认识方面是意志方面的基础和前提，但是意志方面才是间接故意与轻信过失界分中的关键因素，因此对认识方面的解读也离不开对意志方面的考量。“放任”是间接故意的意志方面，是行为人实现其所欲的构成要件时，附带发生的伴随结果的意志。间接故意在意志方面上没有任何动机上的意思，因此无论是实害结果必然发生还是实害结果可能发生的情况下，行为人均可能对伴随结果的发生存在“放任”。此外，以认识的程度限定意志的内容，是人为地将主观方面的本质前移至认识的做法，并不合适。[③] 如果将间接故意的认识方面中实害结果必然发生的情形排除在外，将会导致当行为人具有实害结果必然发生的认识时，无须考量行为人的意志方面便确定直接故意，违背意志方面在主观心态中的关键地位。另外，从经验分析的角度出发，当实害结果发生可能性较大时，行为人难以出于

① 参见刘艳红《间接故意犯罪的认定》，《武汉大学学报》（社会科学版）2003 年第 6 期；张明楷《刑法学》（第六版），法律出版社，2021，第 345 页；何通胜、吉罗洪《试论间接故意犯罪与过于自信过失犯罪的异同》，《法学杂志》1989 年第 1 期；高铭暄、马克昌主编《刑法学》（第九版），北京大学出版社、高等教育出版社，2019，第 107 页。

② 彭越林：《过于自信的过失和间接故意的界限》，《人民司法》2011 年第 7 期，第 58 页。

③ 焦阳：《刑法中的间接故意研究》，中国政法大学出版社，2019，第 108 页。

轻信而丧失对实害结果可能发生的认识，而当实害结果发生可能性较小时，行为人则相对比较容易丧失对实害结果可能发生的认识。因此，通常情况下，间接故意中实害结果发生的可能性相对较大，轻信过失中实害结果发生的可能性相对较小。

（二）意志因素的概念辨析

“放任”和“轻信能够避免”体现间接故意与轻信过失在意志方面上的差异。正如何通胜教授与吉罗洪教授所说，行为人对实害结果的态度不是两种犯罪的相同点，恰恰相反，它是两种犯罪的区别所在。[①] 间接故意具有附属性的特点，是行为人为了实现其合法目的或非法目的而纵容其他可能产生的实害结果发生的主观心态。同时，放任既包括消极的放任，也包括积极的放任。因此，“放任”的意志是行为人为了实现自己的目的，或因对实害结果无视的心态而未对认识到的实害结果进行充分的考虑，或认识到可能的实害结果后经过认真对待仍然纵容实害结果发生。“放任”的意志体现出行为人对实害结果的发生存在纵容的态度，对侵害刑法所保护的法益存在漠视的态度。在“放任”的意志下，无论行为人认识到的实害结果最终是否发生，都在行为人的考量范围内，不违背行为人的“放任”意志。轻信过失中“轻信能够避免”意志是行为人对实害结果发生所需具备的条件以及自身为避免实害结果的发生所采取的措施进行综合考量后，在行为时丧失对实害结果可能发生的认识，体现出对实害结果可能发生的不希望意志。“轻信能够避免”的意志体现出行为人对实害结果的发生存在不希望的态度，对侵害刑法保护的法益存在否定态度。行为人对实害结果发生可能性的低估或者对自身采取的避过行为合理性的高估，导致其轻信能够避免的实害结果最终现实发生。实害结果的现实发生，不在行为人事先的意料之内，违背了行为人“轻信能够避免”的意志。

意志方面的差异是间接故意与轻信过失在定罪量刑上存在差异的根据。我国刑法贯彻责任主义原则，在对行为人的行为进行定罪时，应当以

---

① 何通胜、吉罗洪：《试论间接故意犯罪与过于自信过失犯罪的异同》，《法学杂志》1989年第1期。

行为人罪责形式上具有非难可能性为前提，并且量刑的限度也应当以非难可能性的限度为基准。行为人对实害结果发生可能性的认识是行为人对客观事实的认识，并不包含行为人的价值判断，不能体现行为人主观恶性，因此不具有非难可能性。而认识到实害结果发生可能性后行为人依照自己的意志所作出的决定，则含有行为人的价值判断，体现出行为人对法益的破坏，具有非难可能性。“放任”的意志表明行为人对结果的发生既不追求也不避免。虽然行为人并没有积极地追求对刑法所保护法益的破坏，但是对侵害刑法所保护的法益持有漠视的态度。而“轻信能够避免”的意志则表明行为人对侵害刑法所保护的法益持有否定态度。因此“放任”的意志相较于“轻信能够避免”的意志在罪责形式上具有更高的非难可能性，且这种差异存在质的差别，因此司法中对间接故意与轻信过失的界分也应当以意志方面为核心。

三　面对司法的界分方法构建

通过对间接故意与轻信过失的概念辨析可以得知，间接故意是对实害结果发生具有必然性或可能性存在持续认识，并对实害结果发生存在放任意志的主观心态；轻信过失是对实害结果发生具有可能性存在短暂认识，并对实害结果发生存在不希望意志的主观心态。在实害结果可能发生的情形下，间接故意与轻信过失的区别体现在放任意志与不希望意志的差异上。由于行为人的意志仅存在希望、放任、不希望三种情形，在确定行为人不是希望意志的情形下，明确放任意志的范围亦可确定不希望意志的边界。但是放任意志作为主观意志具有难以捉摸性，在解释上难以避免会存在模糊性的问题。如果用描述主观的词去解释放任将会陷入主观的循环判断，仍无法摆脱模糊性的问题，而用非主观的标准去定义行为人的意志则难以准确解释。因此，解决放任意志的模糊性问题应当从法条解释视角转到司法认定视角，通过类型化的司法认定方法将抽象的法律规定与具体的案件事实相对应，以此妥当地解决概念模糊的问题，进而为间接故意与轻信过失界分提供类型化的判断标准。

间接故意与轻信过失是行为人的主观心态，为了贯彻责任主义原则，在司法认定的理论构建中也应以行为人自身的主观心态为标准。但是在现今的司法实践中，直接获知行为人真实的主观心态实属不切实际，因此为了解决主观心态的认定问题，应当合理地以主观的客观外化为依据对间接故意与轻信过失提出类型化的判断标准。笔者认为，应从认识方面与意志方面两方面对间接故意与轻信过失进行界分，同时将实害结果发生可能性当作判断的载体，通过行为前与行为时实害结果发生可能性的程度与变化判断行为人的意志。将“避过行为前实害结果发生可能性”“对实害结果认真对待与否”“避过行为合理性有无”三个因素作为间接故意和轻信过失两者在司法认定中的界分依据，既没有背离“以意志方面为核心，同时重视认识方面的作用，并以结果为认识方面与意志方面判断对象的主观理论”的基础理论观点，又可以解决司法实践中标准不明的难题。此种类型化的判断标准尽管无法穷尽影响行为人意志的要素，但是将影响较大的要素提炼出来足以合理还原行为人的主观心态，即使有未考量的要素也可以在具体问题具体分析时将之渗透于类型化的判断中。相较于模糊的理论概念，此种判断标准可以更好地适用于司法实践，促进实体法和程序法的交错适用。

（一）避过行为前实害结果发生可能性的内涵

“避过行为前实害结果发生可能性”是指行为人在行为前所认识到的实害结果发生可能性，是对行为前认识方面存在与否以及行为人认真对待情况下认识到实害结果发生可能性高低的判断。相较于直接考虑行为时实害结果发生可能性的方法，考虑行为人在行为前所认识到的实害结果发生可能性，以及行为人是否真实存在对实害结果认真对待的判断以及是否存在合理的避过行为，可以更好地推论行为人在行为时的认识，同时，行为前与行为时行为人的行为使实害结果发生可能性产生变化也能体现行为人的意志。

鉴于情节的不可回溯性，行为人对实害结果发生可能性的认识只有行为人在当时能够明确，所以需要事后以一般人在行为人当时的视角进行判断。有越多相同能力的人在行为人行为当时的情况下预见到事实的发生，我们就越能够说行为人有认识的可能。① 诚然，这种判断方法所推定的行

① 黄荣坚：《刑罚的极限》，台湾元照图书出版公司，1999，第356页。

为人认识可能性和行为人真实的认识可能性存在差异，但实然状态下并没有绝对的事物，只有或高或低的可能性。一般人与行为人在相同情况下对事物发生的可能性认识是基本一致的，因此对实害结果发生可能性的认识也基本一致。此外，出于责任主义原则的考量，对“避过行为前实害结果发生可能性”的认识还应当还原到行为人本身的认识。因此，司法认定应当充分考虑行为人的特殊性，判断行为人是否存在特殊原因导致其对实害结果发生可能性的认识不同于社会一般人。以一般人的认识切入，再综合行为人是否存在特殊认识对原有判断进行修正，可以妥当判断行为人在行为前对实害结果发生可能性的认识，这是责任主义原则的体现。

（二）对实害结果认真对待与否的内涵

“对实害结果认真对待与否”是指行为人认识到实害结果发生的可能性后对实害结果的发生可能性进行认真对待与否，是对实害结果发生可能性是否存在确切认识以及行为人对侵害刑法所保护法益态度的判断。通过对同时影响认识方面与意志方面的“对实害结果认真对待与否”进行判断，可以得知行为人对实害结果发生可能性的认识是否能够贴近于“避过行为前实害结果发生可能性”的判断，同时也能推论出行为人对刑法所保护法益是持有尊重态度还是蔑视态度。如果行为人不存在对实害结果发生可能性的认真对待，则行为人对实害结果发生的可能性不存在确切的认识。因此“避过行为前实害结果发生可能性”中所得出的行为人对实害结果发生可能性的认识的结论可能不能适用。在行为人看来，实害结果的发生既有可能是盖然性也有可能是较低的可能性。这表明行为人可能没有避免实害结果发生的意志，对刑法所保护的法益持有蔑视的态度，具有较高的非难可能性。将“对实害结果认真对待与否”因素纳入间接故意与轻信过失界分依据，可以更好地解决行为前认识到实害结果发生可能性较低，但行为人未认真对待，仍放任实害结果发生的问题。

（三）避过行为合理性有无的内涵

避过行为是指能够降低实害结果发生可能性的行为。在不作为犯罪中，避过行为是一种降低实害结果发生可能性的独立行为；在作为犯罪中，避过行为既可以是降低实害结果发生可能性的独立行为，也可以是包含在危害行为中使实害结果发生可能性降低的附属行为。比如行为人用带钉木棍打人时，故意使用无钉一侧敲打被害人，此时的敲打行为是危害行为，而其中避免使用有钉一侧敲打的行为便是附属的避过行为。

而“避过行为合理性有无”是对行为人的避过行为能否将实害结果发生可能性降低到较低程度，进而判断行为人所认识到的实害结果发生可能性的因素。行为人的意志方面包括实现意志与避免意志。当行为人的实现意志强于避免意志时，行为人对实害结果的实现是积极的态度；而当避免意志高于实现意志时，行为人对实害结果的实现是消极的态度。合理避过行为的存在即行为人避免意志高于实现意志的体现。这里对实害结果发生可能性的判断仍需要事后以一般人在行为人当时的视角进行判断。将“避过行为合理性有无”因素纳入间接故意与轻信过失界分依据，能够为行为前认识到实害结果发生具有盖然性，而行为时认识到实害结果发生仅具有可能性的情形所产生的意志提供判断依据。

四 司法界分方法的结论

在司法认定的过程中，为贯彻责任主义原则，在坚持理论学说的前提下进行主观的客观外化，应立足于还原行为人在行为时的主观心态。这既要求司法人员不得仅根据行为人事前思想流露、事后认罪态度等间接性客观标准对行为人行为时的主观心态进行推定，[①] 也要求司法人员不得仅考虑客观因素，以致客观归罪。

主观心态是复杂的心理状态，在通过主观的客观外化还原行为人在行为时的主观心态过程中存在着无数的影响因素，而“避过行为前实害结果发生可能性”“对实害结果认真对待与否”“避过行为合理性有无”三个客观因素相较于其他因素对间接故意与轻信过失的界分有更高的参考价值，是界分间接故意与轻信过失主观的重要依据。间接故意与轻信过失的主观均为认识方面与意志方面的统一，是在认识方面的前提下对实害结果发生的意志。而意志方面又要通过行为人认真对待实害结果发生可能性后

---

① 汤火箭、叶睿：《论间接故意与轻信过失之司法认定——以盖然性理论为视野》，《西南民族大学学报》（人文社科版）2008 年第 11 期。

所作出的决定进行判断。三个因素都是间接故意与轻信过失界分的重要依据，但是任一因素都无法单独得出合理的界分结论。将三个因素综合可以弥补以三个要素之一进行判断所出现的短板，最终得出的结论能够使更多案件得到合理的处理结果。因此，对间接故意与轻信过失进行认定应当以行为人对实害结果发生可能性的认识为前提，同时判断行为人是否对实害结果发生可能性进行认真的对待，之后再根据行为人是否采取合理的避过行为来判断行为人对实害结果发生所持有的意志。

具体来说，若避过行为前实害结果发生可能性较低，应当判断行为人是否存在对实害结果的认真对待。如果行为人不存在对实害结果的认真对待，则行为人存在实害结果可能发生的认识但并没有确切认识到实害结果发生可能性较低，体现出行为人对实害结果发生的漠视态度，对实害结果的发生属于放任意志，应当认定间接故意。如果存在对实害结果的认真对待，则行为人应当认识到避过行为前实害结果发生可能性较低。因此，无论行为人是否采取合理的避过行为均应当认定行为人的避免意志高于实现意志，对实害结果的发生持不希望的意志，属于轻信过失。

若避过行为前实害结果发生具有盖然性，仍应当先判断行为人是否存在对实害结果的认真对待。如果行为人不存在对实害结果的认真对待，则体现出行为人对实害结果发生的漠视态度，对实害结果的发生属于放任意志，应当认定间接故意。如果行为人存在对实害结果的认真对待，则行为人应当确切认识到实害结果发生具有盖然性。此时应当判断行为人是否采取了合理的避过措施将实害结果发生可能性降低至较低的程度。如果行为人采取了合理的避过措施将实害结果发生可能性降低至较低的程度，则说明行为人对避免实害结果的发生作出了应作出的努力也取得了合理的效果，对实害结果的避免意志高于实现意志。虽然行为人轻信自己避过行为的效果而没有避免实害结果的发生，但应当认为行为人存在不希望实害结果发生的意志，成立轻信过失。如果行为人没有采取避过措施，则可以表明行为人对实害结果的发生存在放任的意志，成立间接故意。如果行为人存在不具有合理性的避过行为，由于此行为并不足以使实害结果发生可能性降低至较低的程度，不能以此肯定行为人对实害结果发生的避免意志高于实现意志。因此，应当认定行为人对实害结果的发生持放任态度，成立间接故意。

五 余论

在司法认定的过程中，无法直接对主观心态进行判断，因此只能采取将认识方面与意志方面的判断客观化的方法。传统的将意志方面客观化的理论如防果说，仅以避过行为的有无为标准对二者进行界分，仅从消极的方面表述不成立故意的一种情形。而传统的认识方面客观化理论以行为时实害结果发生可能性为标准，标准太过简单以至于对司法实践很难有具体的影响，且与以意志方面为核心的立法相背离。笔者虽然也以认识方面中实害结果发生可能性为载体，但是通过行为前与行为时实害结果发生可能性的程度与变化推论行为人的意志方面。同时，这种司法认定的判断方法将判断流程细化，与以往的方法相比更具可操作性。虽然在这种认定方法中仍存在实害结果发生可能性大小的模糊性问题、是否存在认真对待的判断问题，但是这与解释中的模糊性不同，对于司法中的模糊性可以由法官在合理范围内充分发挥自己的应变性，具体问题具体分析，以实现案件的公正审理。

“委托辩护优先于法律援助辩护”理念的辩证思考

王成成*

【内容摘要】 作为法治国家的基本辩护方式之一，委托辩护具有目的的正当性、权利的保障性、成本的经济性等诸多价值，理应优先于法律援助辩护，2022年实施的《法律援助法》在立法上再次明确了该理念。但在司法实践中，“委托辩护优先于法律援助辩护”理念在应然和实然层面存有差距，出现了法律援助辩护排斥委托辩护的“占坑式”法律援助现象，即在多起社会影响巨大的案件中，办案机关以被追诉人拒绝其近亲属代为委托律师或者已经为被追诉人指派法律援助律师为由，阻挠委托辩护律师的介入，限制被追诉人的辩护权。“占坑式”法律援助既不利于保障被追诉人的自由意志和合法权益，也无益于法律援助资源的合理配置。为有效破解“委托辩护优先于法律援助辩护”理念于司法实践适用中的困境与迷思，在探析实践异化成因的基础上，归纳出以“明确办案机关的告知义务、确定代为委托律师制度的效力位阶、增设干涉辩护权的程序性制裁措施”为具体内容的本土优化路径。

【关键词】 委托辩护　法律援助辩护　“占坑式”辩护　刑事被追诉人

一　问题的缘起

从“被告人有权获得辩护”到“被告人有权获得律师帮助”，再到“被告人有权获得律师的有效帮助”，是我国刑事辩护制度发展的趋势，亦

---

* 王成成，西北政法大学刑事法学院2021级硕士研究生，研究方向为刑事诉讼法学。

体现对人权保障的更高追求。[①] 随着以审判为中心的诉讼制度改革和认罪认罚从宽制度试点工作的推进，为了有效地在刑事诉讼中形成控辩平等对抗之诉讼格局，刑事辩护全覆盖成为题中应有之义。[②] 为此，2021 年 8 月 20 日，全国人大常委会通过了《法律援助法》，希望凭借法律援助辩护的方式打通刑事辩护全覆盖的“最后一公里”，以切实保障每一个被追诉人在每一个诉讼阶段都能获得律师的帮助。通过增设法律援助辩护制度，实现刑事诉讼案件辩护资源的精准配置，进而构建以委托辩护为主导、法律援助辩护为辅助的富有层次性的多元化刑事辩护制度，从而真正实现刑事辩护全覆盖的伟大蓝图。

但在司法实践中，“委托辩护优先于法律援助辩护”理念在应然和实然层面存有差距。于应然层面而言，辩护权作为被追诉人意思自治原则的体现，委托律师或其他公民担任辩护人，抑或申请法律援助辩护，均由被追诉人自行决定，法律并不加以干涉。根据《刑事诉讼法》第 35 条第 1 款[③]的规定，法律援助辩护适用的前提之一即在于被追诉人没有委托辩护。更为重要的是，《法律援助法》第 27 条[④]进一步明确规定，为有效保障被追诉人辩护权的实现，指派法律援助律师不能限制被追诉人委托辩护的权利。于实然层面而言，“委托辩护优先于法律援助辩护”理念在司法实践中出现了异化。在近年来发生的一些具有极高社会影响力与关注度的热点案件中，时常出现法律援助辩护排斥委托辩护的情形，即“占坑式”法律援助现象。具体而言，在某些案件中，办案机关以被追诉人申请法律援助律师为由，径行为被追诉人指派法律援助律师，限制或阻挠被追诉人近亲属委托的辩护律师参与刑事诉讼活动。因而有人将此种情况下的法律援助律师称为“占坑律师”，认为他们只是名义上享有辩护人的身份，实际上

---

① 陈瑞华：《刑事诉讼中的有效辩护问题》，《苏州大学学报》（哲学社会科学版）2014 年第 5 期。

② 王迎龙：《论刑事法律援助的中国模式——刑事辩护“全覆盖”之实现径路》，《中国刑事法杂志》2018 年第 2 期。

③ 《刑事诉讼法》第 35 条第 1 款规定：“犯罪嫌疑人、被告人因经济困难或者其他原因没有委托辩护人的，本人及其近亲属可以向法律援助机构提出申请。对符合法律援助条件的，法律援助机构应当指派律师为其提供辩护。”

④ 《法律援助法》第 27 条规定：“人民法院、人民检察院、公安机关通知法律援助机构指派律师担任辩护人时，不得限制或者损害犯罪嫌疑人、被告人委托辩护人的权利。”

却并未为被追诉人提供有效的法律辩护。[①]

为有效避免法律援助律师"占坑式"辩护、"走过场式"辩护，贯彻落实好委托辩护优先适用的理念，实质保障被追诉人的辩护选择权。本文在论证"委托辩护优先于法律援助辩护"理念的正当性的基础上，通过探析"委托辩护优先于法律援助辩护"理念于实践中异化的表现与成因，归纳在刑事辩护全覆盖背景下此一问题完善的本土优化路径。

二 "委托辩护优先于法律援助辩护"理念的正当缘由

（一）目的的正当性：尊重被追诉人的选择权

刑事处罚的法律后果直接涉及限制或剥夺被追诉人的人身、自由、财产甚至生命等重要权利，为充分保障被追诉人的合法权益，被追诉人及其近亲属往往会竭尽所能寻找出罪的机会，其中最重要的方式莫过于聘请一名具有良好声望的律师。刑事辩护应以被追诉人对辩护人的高度信赖为前提条件，以被追诉人对辩护人的充分了解为主要依据，只有双方当事人在高度信赖关系的基础上才能确保辩护的质量。委托律师往往是通过熟人介绍或是聘请的当地知名律师，双方当事人事前会就案件事实和法律问题进行充分的沟通、交流，进而在充分了解、认可、信赖的基础上签订委托辩护协议。

与之相反，法律援助律师是由法律援助机构指派的，在诉讼开始前，被追诉人及其近亲属无法了解法律援助律师的专业能力和职业素养。此外，法律援助律师的经费来自当地的财政支出，被追诉人及其近亲属不需要支付费用。在这种情况下，法律援助律师通常不会主动会见被追诉人，也不会向被追诉人近亲属告知被追诉人的羁押状况和相关案情。[②] 在缺乏有效沟通与交流的情况下，被追诉人的合法权益难以保障，辩护效果往往事与愿违：不仅无法实现被追诉人对减轻量刑、从轻处罚的期待，反而有

① 郭至立：《"委托辩护优先于法援辩护"原则的个案异化与制度重构》，《北京警察学院学报》2022 年第 2 期。

② 陈永生：《论委托辩护优于法律援助辩护》，《比较法研究》2022 年第 6 期。

损法律援助律师的名声，更与法律援助制度"扶助贫弱、保障社会弱势群体合法权益"的价值追求相抵牾。

（二）权利的保障性：委托辩护律师提供的辩护质量较高

经济收入不仅影响律师时间与精力的投入，对其所提供的辩护质量也会产生深远影响。法律援助律师与委托辩护律师的价值追求相同，都是为了被追诉人的权益进行辩护。但是，对于被追诉人而言，二者并不能完全等同，前者是无偿的法律援助，后者则是有偿的法律服务。除此之外，委托辩护双方当事人之间的法律关系是一种契约关系，双方当事人的权利、义务关系明确，彼此之间的交往亦有所遵循。[①] 委托辩护律师在合同契约的约束下，要尽忠职守，积极维护被追诉人利益。并且，案件的胜诉率关乎委托辩护律师的职业声望，一场精彩的辩护，在维护当事人合法权益的同时，亦是委托辩护律师提高身价的敲门砖。因此，委托辩护律师在辩护的过程中往往能够展现出更高的专业素养以及业务能力。

反观法律援助律师，其由国家投入适当的补贴，以国家付出相关资源为代价。相较于委托辩护律师的费用而言，法律援助律师的收入则显得过于微薄，与其所付出的工作量以及可能承担的潜在的诉讼风险并不成比例。微薄的补助往往导致提供法律援助的律师"不进行必要的事实调查和法律研究，怠于向业内专家求助，忽视轻易就能够获取的关键、重要的证据，放弃明显有效的异议"[②]。并且，法律援助辩护案件多数由缺少案源、缺乏市场竞争力的青年律师负责，法律援助机构演变为青年律师的训练基地和过渡场所。当这些青年律师习得必要的法律知识、掌握了基本的辩护技能以及初步建立起人脉网络后，不少都选择私人开业，这也导致法律援助辩护的虚置化与形式化，[③] 法律援助辩护质量不高的问题越发明显。

---

① 顾永忠：《论"委托辩护应当优先法援辩护"原则》，《上海政法学院学报（法治论丛）》2022 年第 1 期。

② James S. Liebman, et al., *A Broken System, Part II: Why There Is So Much Error in Capital Cases, and What Can Be Done About It*, pp. 415 – 416, https://scholarship.law.columbia.edu/cgi/viewcontent.cgi?article=2220&context=faculty_scholarship (accessed Sept. 14, 2022).

③ 张中：《弱势群体的法律救助——法律援助服务及其质量问题研究》，中国人民公安大学出版社，2008，第 1 ~ 146 页。

（三）成本的经济性：资源合理分配，成本有效降低

正如波斯纳法官所言："对公平正义的追求，不能无视其代价。"① 从诉讼成本的角度来看，委托辩护优先于法律援助辩护也更加经济。

一方面，法律援助辩护发展的阻力之一即在于法律援助经费保障不充分，司法资源的有限性决定了法律援助辩护不能越位于委托辩护而优先适用，其仅具有补充、辅助功能。② 当前，我国的法律援助经费主要依赖于国家的财政拨款，尽管法律援助经费逐年增长，但其在国家的财政收入中所占的比重仍然很小。我国 2022 年法律援助经费总投入 36 亿元，而全国财政一般公共预算支出为 260609 亿元，法律援助经费仅占全国财政一般公共预算支出的 0.014%。③ 尽管相较于以往的经费支出已经有相当大的进步，但我国法律援助经费投入仍呈现出人均标准偏低以及实际办案经费不足的特点。④

另一方面，法律援助辩护的本质在于为真正贫困者提供国家福利，力图最大限度消除经济上的不平等，以保证被追诉人在法律上受到公平对待。作为国家福利，法律援助并不完全是无偿的。在许多国家，被追诉人一经定罪，就必须支付部分或全部的法律援助费用，除非其能够提供充足的证据证明自己确实贫困，无力承担法律援助费用。⑤ 这一点也证明了法律援助通常为真正贫困者所享有的权利。鉴于此，在被追诉人有能力聘请律师的情况下，应当坚持委托辩护优先的理念。此举在节约有限的刑事司法资源的同时，亦能够为经济困难的公民提供无偿的法律服务，畅通弱势群体反映合理诉求的渠道，有效维护困难群众的合法权益。

---

① "The demand of justice is not independent of its price"，转引自熊秉元《正义的成本》，东方出版社，2014。

② 顾永忠：《论"委托辩护应当优先法援辩护"原则》，《上海政法学院学报（法治论丛）》2022 年第 1 期。

③《司法部：去年全国法援经费总投入 36 亿，办案 137 万余件》，澎湃新闻网，https://www.thepaper.cn/newsDetail_forward_24333737，最后访问日期：2023 年 8 月 23 日。

④ 李雪莲、夏慧、吴宏耀：《法律援助经费保障制度研究报告》，《中国司法》2019 年第 10 期。

⑤ 陈永生：《论委托辩护优于法律援助辩护》，《比较法研究》2022 年第 6 期。

三 “委托辩护优先于法律援助辩护”理念的实践反思

《法律援助法》通过对以往立法和司法实践的总结和完善，正式确定了“委托辩护优先于法律援助辩护”的理念。这一规定中最为重要的一点在于，办案机关并不是无条件、无限制地通知法律援助机构指派律师为辩护人，而是“不得限制或损害犯罪嫌疑人、被告人委托辩护人的权利”，即不能将指派律师法律援助辩护作为限制或损害被追诉人委托辩护权利的理由，而应当优先保障当事人委托辩护的权利。[①] 但在近年来的司法实践中，出现了应然层面委托辩护的优先适用与实然层面办案机关通过指派律师法律援助辩护阻挠委托律师介入的矛盾现象（见表1）。

表1 “委托辩护优先于法律援助辩护”理念实践异化的典型案例

案件	法律援助律师介入情况	委托辩护律师介入情况	结果	备注
劳某某故意杀人、抢劫、绑架案	2019年12月12日，N市公安局发出通告：12月11日，劳某某分别以书面和口头形式向公安机关提出，拒绝家人为其聘请律师，同时申请法律援助。12月12日，N市法律援助中心为劳某某指派法律援助律师。	2019年12月8日，劳某某近亲属代为委托辩护律师；12月11日，接受委托的辩护律师未能成功会见劳某某。	一审由法律援助律师进行辩护，二审更换为自行委托的辩护律师。	据二审辩护人反映，二审法院允许近亲属委托的律师会见劳某某，并由其自行决定接受法律援助辩护还是委托辩护。
周某某过失致人死亡案	据二审裁定书，周某某手书了法律援助申请书和授权委托书。检察机关、人民法院对其视频提讯时、庭前会议	周某某的妻子代为委托了辩护律师，但该律师因周某某已接受法律援助而未能成功会见周某某。	一审由法律援助律师进行辩护，二审更换为自行委托的辩护律师。	一审判决周某某犯过失致人死亡罪，判处有期徒刑一年，缓刑一年，当庭释放；一审中两名法律援助律师分

① 顾永忠：《论“委托辩护应当优先法援辩护”原则》，《上海政法学院学报（法治论丛）》2022年第1期。

续表

案件	法律援助律师介入情况	委托辩护律师介入情况	结果	备注
周某某过失致人死亡案	时均明确告知周某某其妻子为其委托了辩护人，让其自己自主选择法律援助律师或者其妻子委托的律师，周某某明确自主选择了法律援助律师。			别为周某某进行罪轻辩护和无罪辩护。
许某敲诈勒索案	2021年3月13日，L市中院为许某指派两名法律援助律师。	2021年3月15日，许某近亲属代为委托两名律师为辩护人，接受委托的律师未能成功会见许某。	二审由法律援助律师为许某辩护。	一审时许某近亲属为其委托了辩护律师，前述委托辩护与法律援助辩护的冲突发生于二审阶段。
莫某某放火、盗窃案	2017年12月27日，莫某某向H市中院书面提出不再另行委托辩护人。12月29日，H市法律援助中心为其指派两名法律援助律师。	2018年1月5日，H市中院收到莫某某近亲属代为委托的辩护律师的相关材料。1月9日，莫某某表示愿意继续接受法律援助辩护。	一审由法律援助律师进行辩护，二审由近亲属代为委托的律师提供辩护。	一审中莫某某自行委托的辩护律师党某在第一次开庭时擅自离庭，此后莫某某接受法律援助，由法律援助律师为其辩护。

资料来源：郭至立《“委托辩护优先于法援辩护”原则的个案异化与制度重构》，《北京警察学院学报》2022年第2期。

（一）“委托辩护优先于法律援助辩护”理念实践异化的表现

第一，近亲属代为委托的辩护律师未能会见被追诉人并为其提供辩护。我国现行《刑事诉讼法》第39条第2款①明确规定了辩护律师会见被追诉人的条件，即使在被追诉人拒绝接受近亲属为其委托律师的情况下，律师仍然可以与被追诉人进行会见，以证实被追诉人的真实意愿。然而，在表1所示案件中，办案机关均以被追诉人拒绝其近亲属代为委托律

① 《刑事诉讼法》第39条第2款规定：“辩护律师持律师执业证书、律师事务所证明和委托书或者法律援助公函要求会见在押的犯罪嫌疑人、被告人的，看守所应当及时安排会见，至迟不得超过四十八小时。”

师或者以被追诉人已经同意接受法律援助辩护律师为由，不安排会见。此外，以委托辩护与法律援助辩护发生冲突的时间点来看，只有在许某敲诈勒索案中，被追诉人近亲属代为委托的辩护律师未能参与二审程序，其余案件中被追诉人近亲属代为委托的辩护律师均未能参与一审程序。[①] 在一定程度上，在被追诉人无法见到委托辩护律师的情况下，其辩护权难言得到了充分保障。

第二，被追诉人的近亲属无法核实被追诉人申请法律援助辩护意愿的真实性。在刑事案件侦办过程中，相当一部分被追诉人被羁押于看守所，其与外界的接触和交流受到严格限制。并且，为保证刑事案件侦查活动的保密性，近亲属通常被禁止会见在押的被追诉人。在此情况下，即使被追诉人想要表达自己的真实意愿，其近亲属也很难知道。并且，司法实践中确定被追诉人认罪的自愿性也是裁判者所面对的难题之一。意志具有主观性，被追诉人是否真诚悔罪、认罪是否自愿完全属于其内心活动，而难以为外界所知晓、掌握。被追诉人为获得减免刑罚甚至是无罪判决的结果，在利益权衡之下极有可能在没有律师在场的情况下选择认罪认罚。

更为重要的是，委托辩护律师作为被追诉人与被追诉人近亲属之间的桥梁，可以最大限度地缓解被追诉人近亲属焦虑的情绪以及消解被追诉人恐惧的心理。但在司法实践中，被追诉人近亲属委托的律师难以会见被追诉人，遑论核实被追诉人放弃委托辩护的真实性。即使被追诉人及其近亲属强烈要求由委托辩护律师进行辩护，部分办案机关仍将为被追诉人指派法律援助律师的主动权和决定权牢牢掌握，并以已经为被追诉人申请法律援助辩护为由干涉被追诉人的选择权。此举不仅浪费了有限的司法资源，更易使社会公众质疑办案机关的公正性。

第三，被追诉人近亲属缺乏有效的救济渠道。以周某某过失致人死亡案为例，在该案中，周某某的妻子多次强调家庭能够负担诉讼费用，要求更换两名指派的法律援助律师，并由其聘请的委托辩护律师为其丈夫进行辩护，但一直没有取得成功。在此情况下，被追诉人及其近亲属难以寻得其他有效的救济途径，而只能由法律援助律师进行辩护。此时，由于被追

---

① 郭至立：《"委托辩护优先于法援辩护"原则的个案异化与制度重构》，《北京警察学院学报》2022 年第 2 期。

诉人及其近亲属与法律援助律师之间沟通不畅、信任不足等诸多情况，法律援助辩护难以达到预期效果，法律援助制度很可能异化为办案机关对抗委托辩护的工具，变相地帮助办案机关排斥、妨碍刑事被追诉人委托辩护。

（二）“委托辩护优先于法律援助辩护”理念实践异化的成因

第一，立法对具体情况缺少细化规定。尽管《法律援助法》第27条明确了委托辩护优先的理念，但是法律条文无法解决司法实践中所有的难题。对于出现的新问题、新情况，在法律规定以及司法解释存在空白的情况下，办案机关可以通过对法律的“变通”解释来达到排斥委托辩护律师辩护的目的。法律规定的阙如给办案机关“变通”适用法律提供了可能，亦为其阻挠委托辩护律师参与案件提供了形式合法的理由。法律援助律师的“占坑式”辩护常常体现为法律援助律师与被追诉人的近亲属代为委托的辩护律师之间的矛盾，即在被追诉人的近亲属代为委托律师之前，办案机关以被追诉人放弃委托辩护、同意适用法律援助辩护为由拒绝委托辩护律师的会见。这就导致委托辩护律师不能在会见中了解被追诉人的真正意图，无法让被追诉人签署授权委托书，当然更不可能成为被追诉人的辩护人。[①] 在此种情形下，虽然被追诉人的近亲属想要委托律师来进行辩护，但在司法实践中，办案机关为了节省办案时间，对于被追诉人近亲属的请求往往“一拒了之”，法律规定存在被架空的风险。

第二，被追诉人同外界缺乏良好的沟通。在刑事案件侦查期间，被追诉人囿于信息隔离、信息匮乏、受教育水平较低等因素，加之身处被羁押状态、与外界一切信息相隔绝等原因，其内心通常会恐慌紧张、情绪崩溃。此时，被追诉人在侦查人员的劝导下，往往会认为法律援助律师等同于委托辩护律师，而盲目作出同意申请法律援助辩护的意思表示。但其意思表示是否自愿、是否自由、是否真实则难以为被追诉人的近亲属所知。

除此之外，尽管被追诉人获得了律师的帮助，却有诸多问题值得思考，如被追诉人是否得到了法律援助律师的有效帮助？被追诉人知道他所

① 曾庆容：《“委托辩护优先于法援辩护”原则的实践异化与消解——兼评〈法律援助法〉第27条》，《西安电子科技大学学报》（社会科学版）2022年第4期。

承认的指控的性质吗？被追诉人知晓所涉刑罚的最高限度吗？以及认罪有事实依据吗？① 在周某某过失致人死亡案的开庭过程中，其中一名法律援助律师一开始就要周某某认罪，给对方近亲属道歉，而没有从法律适用、案件事实、程序适用、量刑情节等诸多辩护角度切入，甚至未提及该案中最具争议的司机能否预见跳车的问题。在多起"占坑式"法律援助的案件中，被追诉人并未得到有效的帮助，所谓的辩护也仅仅是"走过场式"地劝导被追诉人认罪。

第三，办案机关在敏感案件中排斥委托辩护律师的参与。在一些重大、疑难案件中，办案机关在面临巨大的舆论压力以及委托辩护律师强硬辩护的情况下，为了让刑事诉讼程序更加可控，更乐于让法律援助律师"占坑"而限制委托辩护律师的参与，还会积极地影响法律援助律师在案件中的参与方式。并且，法律援助律师由法律援助机构指派和支付工资，微薄的收入使其很难投入足够的精力去会见被追诉人、阅览案卷和研究辩护策略。反观委托辩护，委托辩护律师在高额收费的驱动下，基于有效保障被追诉人利益的价值考量，往往采取更加高效的诉讼策略以及强硬的辩护手段，出现以言行"较真""执着"为代表的"死磕派"律师。

此外，在具有较大社会影响的案件审理过程中，部分媒体往往选择带有预判性和煽动性的表述进行报道，以博取公众关注、吸引流量。由于普通民众对于刑事案件的评判所具有的情绪化和非理性等特征，此种主观上仅为吸引公众关注之预判性、煽动性表述极易造成煽动民意、影响审判独立的不良后果。此时，处在风口浪尖的办案机关需要迅速对民意作出反应，以减少办案阻碍。通常情况下，他们会通过指派对抗性较弱、比较配合司法机关办案甚至能够积极协助司法机关说服被追诉人认罪的法律援助律师"占坑"，以此实现对案件进展的掌控。

四 "委托辩护优先于法律援助辩护"理念的应然向度

《法律援助法》的出台，有助于切实保障每一个被追诉人在每一个诉

① John H. Blume、Rebecca K. Helm：《"认假罪"：那些事实无罪的有罪答辩人》，郭烁、刘欢译，《中国刑事法杂志》2017 年第 5 期。

讼阶段都有律师为其辩护的权益，为实现刑事辩护全覆盖的发展提供良好契机。为保障被追诉人获得律师的有效帮助，消解委托辩护与法律援助辩护之间的实践困境，破解“委托辩护优先于法律援助辩护”实践适用迷思，笔者认为，对于此一理念的论理、研判，应当将分析视角与研究重心转移到如何优化的方法论议题之上。为此，在确定委托辩护理念优先适用的基础上，笔者主张建构“明确办案机关的告知义务、确定代为委托律师制度的效力位阶、增设干涉辩护权的程序性制裁措施”这三重维度的本土优化路径。

（一）明确办案机关的告知义务

司法实践中，“占坑式”法律援助现象的产生即根源于部分办案机关未明确告知被追诉人委托辩护律师与法律援助律师之间的区别，反而将委托辩护律师与法律援助律师二者等同，而意图排斥被追诉人委托律师，导致“委托辩护优先于法律援助辩护”理念的实践异化。在没有明确告知被追诉人委托辩护律师与法律援助律师二者之间的身份差异以及辩护效果不同的情况下，对于国家提供的免费的法律援助律师，几乎没有一个理性的被追诉人会拒绝。但被追诉人是否真正基于其内心本意而选择法律援助律师则难以判断。这是由于，在刑事诉讼中，对于被追诉人，尤其是被羁押于看守所的犯罪嫌疑人而言，在缺乏与外界沟通、交流的情况下，其内心往往是不安与恐惧的。并且，出于趋利避害的利益考量，不会有人愿意承认自己的罪行并接受刑事处罚，任何形式的认罪都有强制之嫌。[①] 同样，在办案机关没有明确告知被追诉人委托辩护律师与法律援助律师二者差异的情况下，被追诉人同意适用法律援助律师的意思表示也难言自愿与真实。

鉴于此，为有效践行“委托辩护优先于法律援助辩护”理念，实质上确保被追诉人选择的真实性，保障被追诉人获得律师的有效辩护，应做到以下两点。首先，当被追诉人到案后，办案机关应当告知其有权委托律师以及委托辩护律师与法律援助律师之间的区别等信息。其次，办案机关应当进一步向被追诉人说明，如果其放弃委托律师的权利，或者由于其他情况不能或不愿委托律师的，其有权从法律援助机构处获得无偿的法律援

① 杨帆:《认罪自愿性的边界与保障》,《法学杂志》2019 年第 10 期。

助。“告知优先”对于初次到案并不了解有权获得辩护的被追诉人来说非常重要，先告知委托辩护，其后才是法律援助辩护。被追诉人在对比、权衡利弊之后，两种辩护形式自然会在其意识中有不同的价值地位，排列顺序因此而明确。[①] 也只有在明确告知的前提下，被追诉人才能自由行使选择权，其作出的选择才能是在明知、明智基础上的真实本意。

（二）确定代为委托律师制度的效力位阶

实践中经常出现近亲属委托的辩护律师无法介入案件而引发委托辩护和法律援助辩护之间冲突的情况。目前对于上述情况如何处理，立法语焉不详。按照《最高人民法院关于适用〈中华人民共和国刑事诉讼法〉的解释》第51条的规定，在委托辩护和法律援助辩护之间，立法赋予了被追诉人自行选择权。[②] 可见，在近亲属代为委托辩护和法律援助辩护两者发生冲突的问题上，立法的主张是尊重被追诉人的意见。因此，笔者建议在现有规定的基础上，进一步明确被追诉人近亲属代为委托律师制度的效力位阶。

首先，办案机关在通知法律援助机构指派律师法律援助辩护之前，如果被追诉人的近亲属已经为其委托律师，那么无论是强制指定辩护的案件，还是任意指定辩护的案件，[③] 在委托辩护律师持律师执业证书、律师事务所证明和委托书要求会见被追诉人时，办案机关均不得阻止。并且，办案机关应当允许被追诉人就委托辩护律师以及法律援助律师之间的选择问题与其近亲属进行商讨、交流，以确认被追诉人的真实意愿。

其次，如果近亲属代为委托律师的时间晚于办案机关通知法律援助机构的时间，那么无论是强制指定辩护的案件，还是任意指定辩护的案件，均可以推定被追诉人放弃委托辩护的权利。但办案机关仍需与被追诉人就是否会见其近亲属或近亲属代为委托的辩护律师这一事项进行交流。如果被追诉人同意会见，则办案机关应当允许。安排会见时被追诉人如果决定

---

① 顾永忠：《论“委托辩护应当优先法援辩护”原则》，《上海政法学院学报（法治论丛）》2022年第1期。

② 《最高人民法院关于适用〈中华人民共和国刑事诉讼法〉的解释》第51条规定：“对法律援助机构指派律师为被告人提供辩护，被告人的法定代理人、近亲属又代为委托辩护人的，应当听取被告人的意见，由其确定辩护人人选。”

③ 陈瑞华：《比较刑事诉讼法》（第二版），北京大学出版社，2021，第248～251页。

追认其近亲属代为委托的律师作为辩护律师，则应当当场在委托代理协议上签字确认。[①] 如果被追诉人不同意会见，其应当提供一份书面材料并签名、捺指印。材料中应当明确表示其接受法律援助的真实性、自愿性，以及拒绝由近亲属代为委托律师等事项，并由办案机关将此材料转交给其近亲属或者近亲属代为委托的律师。

最后，应当对被追诉人拒绝辩护人为其辩护的情况加以区分。对于应当法律援助的被追诉人，第一次拒绝辩护的，需要审查理由，理由正当的允许拒绝，理由不正当的不允许拒绝。对于不符合法律援助条件的被追诉人，第一次拒绝辩护的，应当准许。

（三）增设干涉辩护权的程序性制裁措施

我国《宪法》和《刑事诉讼法》规定被追诉人享有辩护权，其目的既在于实现控辩双方法律地位的平等，又在于尊重、保护被追诉人选择、委托辩护的权利，以此保障司法公正正义目的的实现。

一方面，法谚云，“正义不仅要实现，而且要以人们看得见的方式实现”，一个人不管是诉讼中的原告还是被告，都会要求裁判者作出公平且符合自身利益的裁判结论。而为了得到这样的判决，被追诉人对平等参与诉讼活动有着强烈的愿望。因此，除了确保判决结果的公正性之外，裁判者还必须注重裁判过程的公正性。从人的直觉意义上看，坚持程序正义能够确保被追诉人得到公平和人道的对待，并赋予其尊严感。在此基础上，被追诉人才会自愿接受判决结果，并在心理上认同裁判过程和判决结论的公正性。[②]

另一方面，严格遵守法律程序的意义在于避免不应有的程序空转和程序回流所导致的司法成本徒增的不利后果。习近平总书记强调，要“努力让人民群众在每一个司法案件中感受到公平正义”[③]。公平正义不仅包括实体正义的审判结果，也在于诉讼程序流转的有序性和高效性。司法实践中出

---

① 郭至立：《“委托辩护优先于法援辩护”原则的个案异化与制度重构》，《北京警察学院学报》2022 年第 2 期。

② 陈瑞华：《程序正义的理论基础——评马修的“尊严价值理论”》，《中国法学》2000 年第 3 期。

③ 习近平：《高举中国特色社会主义伟大旗帜　为全面建设社会主义现代化国家而团结奋斗——在中国共产党第二十次全国代表大会上的报告》，人民出版社，2022，第 42 页。

现的“程序空转”现象，不仅会延长诉讼周期、增加当事人的诉讼负担、造成司法资源的浪费，还会导致案件处理效率低下、降低人民群众对司法工作的评价等诸多不利后果。[①] 因此，为有效保障被追诉人的合法权益，可以从以下方面对干涉或阻碍被追诉人行使辩护权的行为施以程序性制裁。

首先，如果办案机关通过种种方式不当地阻止或妨碍被追诉人与其近亲属或近亲属代为委托的辩护律师就委托辩护等有关事项进行会见，则应对办案机关的这一行为进行程序性制裁。同时，需要注意的是，如若要求被追诉人证明办案机关不当干涉、限制其权利的行为，对案件事实的正确认定、案件的审理结果产生了消极影响，此一证明过程对于被追诉人而言相当具有难度。因此，只要被追诉人提出程序性异议，并提供线索和相关材料进行佐证，足以使二审法官产生合理怀疑，法官就应当按照《刑事诉讼法》第238条第5项处理，“其他违反法律规定的诉讼程序，可能影响公正审判的”，裁定撤销原判，发回原审法院重新审判。

其次，在上级法院作出“撤销原判、发回重审”的裁定之后，案件应当由与原审法院同级的其他法院负责重新审判。尤其是对那些原审法院错误地行使审判管辖权的案件，上级法院更应该将其发回有管辖权的法院重新审判。鉴于我国当前实行的是以“法院独立审判”为标志的司法制度，由于法院内部又存在着行政隶属关系，法官个人和法庭应服从院长和审判委员会的意见。因此，案件在被上级法院发回重审之后，如果由原审法院另行组成合议庭重新审判，则这种审判往往会流于形式。特别是那些业已经过院长或者审判委员会决定的案件，将其发回原审法院重审的做法，无疑会损害重审的权威和意义。而只有将案件发回另外的法院重新审判，才有可能避免上述问题的发生。[②]

最后，负责重新审判的法院首要应当严格执行上级法院的裁定，对原审法院所发生过的程序错误严加避免和严肃纠正，从而使上级法院针对原审法院程序合法性的裁决意见获得充分的尊重。例如，若原审法院在审判中错误地剥夺了被告人进行防御准备的机会，或者没有遵守有关公开审判的程序规则，那么负责重新审判的法院就应当按照上级法院裁定的要求，

---

① 湖北省武汉市人民检察院课题组：《检察工作中程序空转的减抑：“案—件比”的作用向度》，《中国检察官》2020年第19期。

② 陈瑞华：《程序性制裁理论》（第二版），中国法制出版社，2010，第396页。

给予被告人有效进行防御准备的机会，或者依照法律规定重新安排公开的法庭审判程序。或许，最切实可行的方式应该是由上级法院在发回重审的裁定中，责令下级法院纠正原审法院的程序错误，并明确指出重新审判的具体程序要求。[①]

五　余论

随着以审判为中心的诉讼制度改革的推进以及认罪认罚从宽制度的适用，一系列的改革举措给刑事律师辩护带来了新的机遇和挑战。《法律援助法》的出台，为推进刑事辩护全覆盖，实现刑事诉讼案件辩护资源的精准配置，构建以委托辩护为主导、法律援助辩护为辅助的富有层次性、多元化的刑事辩护制度提供了强有力的法律基础，法律援助律师的角色越发重要。

具体到本文议题而言，针对“委托辩护优先于法律援助辩护”理念实践异化的怪象，有两点问题。一方面，正如洛克所谓的“每个人对自己的人身享有所有权，除了他本人以外，其他任何人都没有这种权力”那样，如果行为人所作出的选择并非出于本人的真实意思表示，又或是行为人无法支配其行为，那么法律规范将只能引导而不能强制人们选择社会所希望的行动。[②] 因此，在辩护人的选择问题上，办案机关应当尊重被追诉人的意思自治原则，即是否委托辩护人、委托何人为辩护人，均由被追诉人自行决定，[③] 而不受国家权力或非法外力的强迫。另一方面，法律的实施是要付出一定成本的，在预算有限、律师资源不足的情况下，对有能力委托辩护人的被追诉人，在尊重被追诉人真实意思的前提下，应当允许其委托辩护人，进而将法律援助提供给真正需要的人。不仅如此，在推进刑事辩护全覆盖的过程中，要保障被追诉人获得平等、及时以及有效的律师帮助，对于被追诉人及其近亲属合理的诉求，在调查核实之后应予以满足。

---

① 陈瑞华：《程序性制裁理论》（第二版），中国法制出版社，2010，第396页。

② 黄东东：《法律援助案件质量：问题、制约及其应对——以C市的调研为基础》，《法商研究》2015年第4期。

③ 陈光中主编《刑事诉讼法》（第七版），北京大学出版社、高等教育出版社，2021，第153页。

“少捕慎诉慎押”刑事司法政策下辩护的变化与应对*

官源松**

【内容摘要】在我国传统刑事司法政策的影响下，辩护人对逮捕、羁押和起诉进行辩护受到较大的桎梏。随着“少捕慎诉慎押”政策的出台，刑事审前程序的辩护环境发生巨大变化，“捕诉押”的辩护困境出现突围路径。这就需要刑事辩护律师改变传统辩护方法与策略，契合“少捕慎诉慎押”的刑事政策，为犯罪嫌疑人和被告人争取审前的有效辩护。

【关键词】逮捕　起诉　刑事政策　有效辩护　少捕慎诉慎押

引　言

我国刑罚已经从一种“治罪”的手段转向一种“治理”的方式，随着《刑法》修正案的不断出台以及《刑事诉讼法》的修正，可以很明显地看出我国犯罪结构犯罪轻微化和程序简易化的转型。司法实践也体现出这样的结构变化：2020 年《最高人民检察院工作报告》显示，涉重罪案件人数从 1999 年的 16.2 万人减少到 2019 年的 6 万人，占比从 19.6% 下降至 2.7%。而判处三年有期徒刑以下刑罚人数占比从 1999 年的 54.6% 上升至 78.7%，其中最高刑为拘役的危险驾驶案件占比近 20%。[①] 然而，与轻罪化趋势相矛盾的是，在我国审前程序中传统纠问式侦查构造仍然根

* 基金项目：陕西省教育厅科研计划项目“刑事案件律师辩护全覆盖研究”（项目编号：21JK0368）

** 官源松，西南政法大学刑事诉讼法学 2021 硕士研究生，研究方向刑事诉讼法学。

① 张军：《最高人民检察院工作报告——2020 年 5 月 25 日在第十三届全国人民代表大会第三次会议上》，最高人民检察院官网，https://www.spp.gov.cn/spp/gzbg/202006/t20200601_463798.shtml，最后访问日期：2022 年 10 月 1 日。

深蒂固,[①] 司法机关秉持“怀疑与担忧”的态度而过多地进行未决羁押。从1996年《刑事诉讼法》实施以来，全国平均捕诉率虽然整体上呈现出持续下降的趋势，但始终处于高位。检察机关每年采取逮捕强制措施的人数除2013年至2016年略有减少外，整体上是不断增加的态势，2013年至2019年全国平均捕诉率高达62%。而被逮捕人中判处有期徒刑以上刑罚的比例最高值为2019年的87.63%，最低值为2004年的61.45%，平均值为67.34%。[②] 轻罪化趋势与传统重逮捕实践的矛盾运动，形成了顶层设计进行改革的动力。[③] 为解决长期以来饱受诟病的问题，2021年4月，中央全面依法治国委员会将“坚持少捕慎诉慎押刑事司法政策，依法推进非羁押强制措施适用”列入年度工作要点，少捕慎诉慎押从刑事司法理念正式上升为刑事司法政策。[④] 同年6月，《中共中央关于加强新时代检察机关法律监督工作的意见》将“严格依法适用逮捕羁押措施，促进社会和谐稳定”作为检察机关的一项重要任务。由此，“少捕慎诉慎押”的刑事政策在我国刑事诉讼中确立，这项制度的影响是全方面的，其通过诉源治理的形式实现目的性刑罚的功能。而其之于刑事辩护，将会给审前辩护带来巨大的制度红利，以克服传统审前辩护的局限。

一 我国传统“捕诉押”刑事政策下的刑事辩护困境

刑事政策在我国刑事诉讼法领域并不存在“李斯特鸿沟”（Lisztsche

① 传统纠问式侦查构造具有预备裁判性、权力集中性和单向职权调查性，其以追惩犯罪为首要目标，权力的行使具有优位性：过分强调打击，随意采用或者滥用强制措施，忽视人权保障，侵犯当事人合法权益；缺乏接受监督的意识，司法专横；等等。参见孙长永《侦查程序与人权：比较法考察》，中国方正出版社，2000，第14页。

② 也就是说有30%左右的被逮捕的人是不符合逮捕关于“可能判处有期以上刑罚”的条件的。参见孙长永《少捕慎诉慎押刑事司法政策与人身强制措施制度的完善》，《中国刑事法杂志》2022年第2期。

③ 最高人民检察院有关部门负责人在接受记者采访时坦承，“当前，我国刑事诉讼中提请逮捕案件批捕率近80%，审前羁押人数超过60%，且轻罪案件占比高”。参见《从杭州诽谤案看普通犯罪检察理念之变——专访最高人民检察院第一检察厅厅长苗生明》，正义网，http://news.Jcrb.com/jsxw/2021/202102/t20210203_2248933.html，最后访问日期：2022年10月1日。可见，相关负责人对当前司法实践与制度构造的矛盾是有深刻认识的。

④ 卞建林、钱程：《少捕慎诉慎押的实践检视与发展完善》，《人民检察》2022年第5期。

Trennung)①，无论是之前的“严打”程序从快从简，还是现阶段“宽严相济”的程序分流，刑事政策大都以法律、司法解释和相关规定的形式融入诉讼过程当中，给刑事诉讼的程序带来很大的影响。在“少捕慎诉慎押”政策出台之前，我国审前程序一直都秉持侦查优位的理念，而每年不同的刑事政策和专项斗争都会指向不同的犯罪类型从严从重打击，进而在程序进行过程中对逮捕、羁押和起诉等方法过载运用，积年累月产生了我国刑事审前程序中的以下两个问题。

（一）构罪即捕的高逮捕率与一押到底的长期羁押

现阶段我国的逮捕分成了三大类，即“一般逮捕”“径行逮捕”“变更逮捕”。而这三大类逮捕实质上都遵循着“事实要件 + 证据要件 + 社会危险性要件”的底层逻辑。2012 年《刑事诉讼法》修正之后，我国逮捕适用从“逮捕必要性”转向了以“社会危险性”为中心的结构。② 但是在具体个案中分析“社会危险性”是一个极为复杂和极富争议的问题，虽然《刑事诉讼法》《人民检察院刑事诉讼规则》都进行一定的项目列举，概括出妨碍侦查和审判、具有再犯可能性这两大类情况，但是其都无法使此概念外延圆满，穷尽所有的情形。而学者们所主张的所谓“危险”必须是客观具体的危险而非抽象的危险，是个案的危险而非类案的危险，又难用于确切地进行指导。③ 是故，在实践当中，司法机关在作出逮捕的批准和决定时，参考最多的是犯罪嫌疑人所涉嫌的罪名的刑罚严厉程度，很多案件都是构罪即捕：只要有证据证明犯罪嫌疑人存在犯罪行为，并且该犯罪

① 李斯特鸿沟是指刑事政策与刑法体系分离性处理的特点，即刑事政策被认为承担着作为体现整体社会意义之目的的、与犯罪作斗争的任务，而确保个体自由免受国家的干涉。参见〔德〕克劳斯·罗克辛《刑事政策与刑法体系》（第二版），蔡桂生译，中国人民大学出版社，2011，第 6 ~ 7 页。有刑法学者认为我国刑事实体法层面刑事政策于刑法体系之外发挥作用，我国对刑事政策与刑法体系的处理方式理应归入分离模式。参见劳东燕《刑事政策与功能主义的刑法体系》，《中国法学》2020 年第 1 期。

② 万毅：《解读逮捕制度三个关键词——“社会危险性”“逮捕必要性”与“羁押必要性”》，《中国刑事法杂志》2021 年第 4 期。

③ 所谓抽象的危险，诚如台湾地区学者林钰雄指出：“抽象而言，任何被告都有‘可能’不当改变证据形态或影响共犯、证人，然而，单单抽象可能并不足以肯认此种危险存在，而是必须于具体个案中依照客观的事实或迹象认定。”参见林钰雄《刑事诉讼法》（上），中国人民大学出版社，2005，第 344 页。

类型可能判处有期徒刑以上刑罚，犯罪嫌疑人就很大概率被逮捕。至于是否具有“社会危险性”，沦为了变更强制措施的倒置条件，即只有向司法机关证明没有“社会危险性”才能从逮捕的强制措施中抽身。而这又会引起多米诺骨牌效应：由于我国的逮捕是实质意义的逮捕，被逮捕后必然面临被羁押的后果。[①] 司法机关对“社会危险性”的定位产生认识偏差，会影响其在羁押必要性审查当中的必要性判断——是否继续羁押还是需要看犯罪嫌疑人“社会危险性”是否降低。因而，羁押必要性审查制度长时间束之高阁，没有发挥实效。[②] 缺乏羁押必要性审查制度的实质性救济，司法机关会对被逮捕人进行顶格式羁押，这导致我国羁押时间较长。[③]

（二）酌定不起诉制度在我国的低适用率

我国曾在1979年《刑事诉讼法》当中设置“免予起诉”制度，但是这与法院的审判权相冲突，并在实践中遭到滥用，所以1996年《刑事诉讼法》修正时取消了“免予起诉”的制度，随之创设了“酌定不起诉”，从而使现阶段我国起诉便宜主义指导下的程序分流制度臻于完善。但是，总体来说，我国起诉便宜主义制度在实践中并未得到很好的适用，检察机关的不起诉率一直稳定在5%左右。[④] 而其中很大部分原因是酌定不起诉制度遭到实践中的冷落：相较于法定不起诉的具体情形限定和证据不足不

---

① 所谓实质性逮捕，是相对形式性逮捕而言的，即被逮捕后是否必然伴随被羁押的风险，在英美法系，就存在实质性逮捕与形式性逮捕的区别，在形式性逮捕之下，犯罪嫌疑人可以在接收逮捕文书后离开现场返回住所候审，而非被带走羁押。参见 Pamela B. Loginsky, *Staff Attorney*, *Washington Association of Prosecuting Attorneys*, *Confessions*, *Search*, *Seizure*, *and Arrest a Guide for Police Officersand Prosecutors*, Oxford：Blackwell，2010，p. 144。

② 例如2017年的“天津赵某某持有枪支案”，天津市一中院对因摆气球射击摊获刑3年6个月的赵某某取保候审的申请作出答复：不同意取保候审。赵某某的代理律师随之再次申请取保候审，同时向检察院申请对赵某某羁押的必要性审查，检方同意立案，但此案二审仍对赵某某作出有罪但缓刑的判决，有关羁押必要性审查的立案亦无果而终。而在“深圳出售人工饲养鹦鹉案”中，辩护律师申请了取保候审，但也没有了下文。

③ 2012年《刑事诉讼法》实施以后，被追诉人在一审判决前的羁押时间不降反升，平均羁押时间从2013年的151.94天升至2016年的159.25天，2017年降至154.67天，平均羁押时间超过5个月。但是这个数据仅仅是从裁判文书中获得的，并不包括没有进行判决的一些“程序倒流”的情况，所以实际的平均羁押时间可能更长。数据来源于王禄生《论刑事诉讼的象征性立法及其后果——基于303万判决书大数据的自然语义挖掘》，《清华法学》2018年第6期，第134页。

④ 郭烁：《酌定不起诉制度的再考查》，《中国法学》2018年第3期。

起诉的程序限定，酌定不起诉所需要判断的是犯罪嫌疑人在构成犯罪的基础上情节轻微，而"情节轻微"要件的判断属于检察官自由心证的范畴，所以其适用范围更广、条件更为宽松。其本应如很多域外国家的审前分流程序一样，在化解当前轻罪增多与员额制改革背景下法官减少的司法资源矛盾中得到更广泛的运用。[①] 但是，由于取消"定罪免刑"权力后，检察机关多少有些顾虑，其普遍在内部设置了关于"酌定不起诉"的严格的审批程序，并且规定了绩效考核指标予以严格控制，而在外部又因为酌定不起诉后可能会被舆论、监察机关等关注，给自己增加麻烦，所以实践当中检察机关都是能诉尽诉，鲜有作出不起诉特别是酌定不起诉决定，这就是我国"起诉便宜冷实践"的原因。而我国公诉案件的无罪判决率仅有0.5%左右，[②] 过低的无罪判决率并非源于审前程序分流，而是在模棱两可之间法院会选择"留有余地的判决"以缓解直接宣判无罪可能面临的司法压力。[③] 所以如果没有合理的审前起诉分流，那么大部分被告人会在后续审判程序中遭到不合理的刑罚处罚。

传统司法实践在刑事政策之下产生的"构罪即捕、一押到底"和"起诉便宜冷实践"问题，再加上我国《刑事诉讼法》中辩护人审前的权利范围过于狭窄，[④] 所以审前辩护困难重重。为犯罪嫌疑人争取取保候审、让犯罪嫌疑人从羁押当中解脱、争取不起诉决定，虽然是辩护人在审前的主要工作，但同时也是最大的难题。实际上，除了制度层面的问题，"捕诉押"辩护所面临的最大问题在于如何消除司法机关对犯罪嫌疑人、被告人危险性的误判，以确信进行相应的有利变更行为后不会带来妨碍诉讼、引起再犯的问题。而这又不能仅依靠辩护人的单方努力来改变，还需要司法机关的内部调整。因此"少捕慎诉慎押"政策的出台对刑事辩护环境的

---

① 在2012年，美国联邦系统共作出28000例不起诉决定，其中，有28%是因为检察官决定不归罪，23%是因为证据太弱，9%是因为被告人已经处于其他刑事诉讼中了，4%干脆是因为资源匮乏办不下去了。参见郭烁《少捕慎诉背景下裁量不起诉的比较法再探讨》，《求是学刊》2022年第1期。

② 数据来源于2002年至2018年《全国法院司法统计公报》、1997年至2018年《中国法律年鉴》以及2002年至2018年《最高人民法院工作报告》，整体而言无罪判决率在0.5%左右，最高为1998年的1.029%，最低为2018年的0.057%。

③ 陈瑞华：《留有余地的判决——一种值得反思的司法裁判方式》，《法学论坛》2010年第4期。

④ 熊秋红：《审前程序中的律师辩护权》，《法律科学（西北政法学院学报）》2004年第5期。

改变来讲，绝对是举足轻重的。

二 “少补慎诉慎押”刑事政策带来的审前辩护环境变化

“宽而栗，严而温”[①]，2018年《刑事诉讼法》构建了中式协商性司法的认罪认罚从宽制度。很多律师抱怨刑事辩护的空间日益狭窄，而一些学者则认为现阶段的改革违背了“刑事诉讼法发展的历史，可以说就是辩护制度扩充的历史”[②]。实际上并非如此，笔者认为制度的变革往往都是带有两面性的，认罪认罚从宽制度改革虽然让检察官具有了一定的案件决定权，使定罪量刑的辩护较之过去相对减少，但是也因为现阶段司法机关看重认罪认罚的结果——一种目的导向型的制度运行情况，而会给予犯罪嫌疑人、被告人更多程序上和实体上的优惠。特别是与之相配套的“少捕慎诉慎押”制度的出台，更是为之前的审前程序性辩护难题开辟了新的解决路径，极大地改变了当前审前辩护的环境，具体而言，有以下三个利好的方向。

（一）增大取保候审申请的可能

为防止公权力恣意地限制和剥夺公民的人身自由，各地区性公约、宪章都作出了相应的规定，诸如《欧洲人权公约》第5条、《美洲人权公约》第7条、《非洲人权和民族权宪章》第6条等，这些人类社会发展所凝聚的共识，让“被告人在羁押状态下等候审判不应当作为一般规则”成为一项国际基本原则。无论是逮捕的批准还是羁押必要性审查的申请，其根本目的都在于争取审前的取保候审，使当事人摆脱严重限制和剥夺人身自由的强制措施。

我国《刑事诉讼法》第34条第1款规定：“犯罪嫌疑人自被侦查机关第一次讯问或者采取强制措施之日起，有权委托辩护人；在侦查期间，只能委托律师作为辩护人。被告人有权随时委托辩护人。”实践当中很多犯

① 《淮南子·汜论训》。
② 〔日〕团藤重光：《新刑事诉讼法纲要》（七订版），创文社，1967，第115页。

罪嫌疑人的近亲属在侦查阶段委托辩护律师后，首要目标在于让涉案当事人取保候审，以尽快获得人身自由。而一些司法机关秉持"逮捕就是从严、取保就是从宽"的看法，只要犯罪嫌疑人、被告人稍有不配合就认为其对抗侦查，对于非本地居民，甚至都不会考虑其所涉嫌的犯罪、具体的情节，一概排除取保候审的适用。因此我国取保候审制度适用率一直走低，大部分地区只能维持在15%左右。[①] 同样的问题也出现在羁押必要性审查的申请中，2012年《刑事诉讼法》确立了羁押必要性审查制度，之后该制度并未得到重视，及至2019年，全国检察机关批准逮捕各类犯罪嫌疑人1088490人，对侦查、审判中不需要继续羁押的，建议取保候审75457人，建议释放或者变更强制措施的人数占逮捕总人数的6.93%。一线办案人员甚至坦言，"如果没有考核，可能不会主动开展羁押必要性审查"。[②] 取保候审的低适用率与高捕诉率的双重结果导致在中国刑事诉讼程序运行中，一个犯罪嫌疑人只要可能被起诉，其被逮捕的可能性就远远大于被取保候审的可能性。[③] 而在过去，很多共同犯罪人基于同样的案情，成功取保候审更多在于律师同司法机关的良好关系。这就导致过去的审前辩护中，有名有望的大律师赢家通吃，而小律师只能"望洋兴叹"。

新出台的"少捕慎诉慎押"政策，在强制措施适用申请问题上，一方面要求司法机关在审查批捕的时候充分评估犯罪嫌疑人的社会危险性，在贯彻强制措施比例原则的基础上，树立能不捕就不捕、能少羁押就少羁押的理念；另一方面作为一种刑事政策，能够为辩护律师在取保候审的申请中所引用，增加了辩护律师的辩护手段。这两方面的共同作用，更有利于辩护人取保候审的申请。

（二）推进不起诉决定的申请

在我国司法实践中，相较于无罪判决的争取难度，审查起诉阶段争取

---

① 孙长永主编《中国刑事诉讼法制四十年：回顾、反思与展望》，中国政法大学出版社，2021，第215页

② 孙长永：《少捕慎诉慎押刑事司法政策与人身强制措施制度的完善》，《中国刑事法杂志》2022年第2期。

③ 李昌林：《侦查阶段的取保候审与监视居住》，《刑事法评论》2009年第2期。

到不起诉的成功率要高出很多。[①]《刑事诉讼法》业已形成法定不起诉（绝对不起诉）、酌定不起诉（相对不起诉）、存疑不起诉（证据不足不起诉）、未成年人附条件不起诉以及特殊不起诉的不起诉体系，而其中酌定不起诉是适用案件范围最广、自由度最大的一种不起诉类型。但其适用标准并不明确，即如何向检察机关证实犯罪嫌疑人属于“情节轻微”而“不需要刑罚处罚或者免除处罚”，使其形成内心确信，以消除在司法人员责任配套机制不完善的背景下检察官作出酌定不起诉决定之后对可能的不利后果的担忧，对于大部分辩护人而言不仅是技术层面的难题，也是制度的结构性问题。所以在过去的实践中，即使辩护人都广泛地争取酌定不起诉，出现的情况仍是“起诉为原则，不起诉为例外”的处理方式，而无论该案件是否具有起诉的必要性。

“少捕审诉慎押”政策，对于检察机关而言是一种理念的转变和革新。在上层积极推动制度运行的情况下，检察机关会在是否作出起诉决定时带入此政策的考虑，这让辩护人争取不起诉有更多的机会。另外，在各地制度落实的探索中，都积极构建起诉听证会制度，这会给辩护人和犯罪嫌疑人在争取不诉决定时更多的发言机会，让检察机关实现“兼听则明”的局面。

（三）促进控辩协商的平等性

认罪认罚从宽制度在2018年入法后，深刻地影响了我国刑事诉讼发展变化的方向。但是由于配套制度的不完善，犯罪嫌疑人、被告人的自愿性保障制度有所不足。完全照搬英美法系诉辩交易的“当事人主义构造”、平衡公权力机关与辩护人之间的权力不对等以摆脱现有困境的主张不免过于激进，[②] 不过引入平等武装的理念进行制度化改革却是势在必行。

一直以来，审前强制措施的适用以及提起公诉的决定都是公权力机关让犯罪嫌疑人就范的撒手锏。而在认罪认罚从宽制度推行后，一些检察机关为完成自身“认罪认罚”指标的绩效考核，可能会利用检察权构建话语

---

① 李辞：《认罪认罚从宽制度下的辩护形态》，《理论月刊》2021年第10期。

② 吕泽华、刘荣：《认罪认罚从宽制度的中国特色剖析》，《中国海洋大学学报》（社会科学版）2022年第2期。

优势地位从而对犯罪嫌疑人造成"软威胁"。[①]"少捕慎诉慎押"政策在认罪认罚从宽制度运行当中，能在一定程度上实现控辩平等的局面，促进控辩协商的平等性。虽然《刑事诉讼法》第 81 条第 2 款将"认罪认罚"作为"社会危险性的考察因素"，但在"慎捕""慎诉"的理念之下，即使当事人没有认罪认罚，检察机关在作出逮捕的强制措施或者起诉决定时也需要更谨慎、更周全地进行考虑，不能仅仅因为犯罪嫌疑人没有认罪认罚就直接认为其具有"社会危险性"。因此，在此情形下，"少捕慎诉慎押"政策对于辩护律师平等地与公诉机关进行协商、为犯罪嫌疑人争取更大的利益来说是更加有利的。

三 "少捕慎诉慎押"政策下的有效辩护建议

与无效辩护作为一种规则相对应，有效辩护是一种理念。[②]现阶段学界对其的定义尚不明确，主要争议在于所谓"有效"是在过程层面还是在结果层面。[③]对于在审前程序中争取有效辩护，笔者认为应当从过程层面进行评价，对犯罪嫌疑人、被告人完全有利的结果不是辩护人单方因素可以决定的。我国有效辩护所应指向的问题是现阶段有些案件出现辩护形式化和过场化的情形，如果过分要求结果的有效性会极大地加重辩护人的负担，只要其完全履行律师的忠实义务、合理地进行辩护规划、适当地运用辩护技巧，在中式辩护语境之下就应该算作有效辩护。"少捕慎诉慎押"政策的出台为辩护人提供了更好的审前辩护环境，也需要辩护人作相应的

---

① 在语言学上，法律语言属于机构性话语，所谓机构性话语是指发生在机构场所中或制度下，有明确的机构任务或目标，由具有特定机构身份的参与者在从事的职业实践活动中所涉及的话语。而在机构性话语中，不同的身份代表的话语权是不同的，其本质是不同权力地位的体现。因此在刑事诉讼中，代表国家权力的公诉机关显然有更有利的话语地位。参见吕殊佳、黄萍《语用目的原则与机构性话语研究》，《外语学刊》2015 年第 3 期。而认罪认罚过程中当检察人员理直气壮地说出"不认罪就关两天"，会给罪行轻微、暂未收监的犯罪嫌疑人很大的心理震慑，由此作出的认罪认罚实质上是"被动的自愿"，这就是所谓"软威胁"。

② 陈瑞华：《有效辩护问题的再思考》，《当代法学》2017 年第 6 期。

③ 过程层面的有效辩护指律师接受委托或指定担任辩护人后，忠实于委托人的合法权益，尽职尽责地行使各项诉讼权利，及时精准地提出各种有利于委托人的辩护意见，与有权作出裁决结论的专门机关进行富有意义的协商、抗辩、说服等活动。结果层面的有效辩护是指辩护人的辩护行为给犯罪嫌疑人、被告人带来有利的程序和实体处理结果。

改变以适应政策，切实履行好利好环境下的职责和义务，实现对当事人的有效辩护，是故笔者提出以下建议。

（一）“少捕”政策下争取不捕的辩护建议

首先，要强化政策援引。这种政策援引是两个层面的。第一种直接关涉“少捕慎诉慎押”，现阶段最高人民检察院并未制定相应的工作细则，更多的是一些部门的会议记录或相关领导发言传递的信息。虽然这些并非正式法律法规，也并非我国刑事诉讼法律的正式的法律渊源，但其能够代表最高人民检察院针对相应问题的态度和看法，起到对相关刑事政策进行解释的作用。[①] 通过援引这些上层意见，可以在申请取保候审，乃至后续的申请不起诉、申请羁押必要性审查中让地方检察机关更好地落实政策，以有利于相关利好措施的申请。而要获取相关的政策信息，不仅要求辩护人关注最高人民检察院的官方网站、微信公众号，其也要对相关会议、论坛有所关注。第二种则是对关联性政策进行援引，比如现阶段最高人民检察院开展的“保护民营企业，保护民营企业家”“体老恤幼”“六保六稳”等刑事政策活动，如果相关当事人在这些政策惠及的范围内，那么可以借助这些优惠政策，结合“少捕”的理念尽可能论证给予当事人取保候审的合理性。

其次，要做好社会危害性分析。现阶段检察机关在转变之前“构罪即捕”的理念，拓展申请取保候审的空间。但也需要辩护人作出一定的关于社会危险性的分析，其中要强化对当事人不予关押之后不会妨碍诉讼、不会进行再次犯罪的充分论证。例如，可以结合情理分析当事人不会逃跑，也可以结合犯罪嫌疑人悔罪表现和态度判断其已经真正觉悟不会再次犯罪。另外，可以尽量争取司法机关作出社会危险性报告，虽然现阶段法律并未赋予辩护人申请司法机关进行社会危险性分析的权利，但是由于强化“逮捕必要性”说理必然要求司法机关进行社会危险性分析，加之最高人

---

① 例如，在《少捕慎诉慎押刑事司法政策的内涵功能及其落实》一文中，就有最高人民检察院第一检察厅厅长苗生明对“少捕慎诉慎押”的案件适用范围、工作落实机制、制度功能等的解读。参见庄永廉、孙长永、苗生明等《少捕慎诉慎押刑事司法政策的内涵功能及其落实》，《人民检察》2021 年第 15 期。

民检察院也在研究社会危险性评估的可行方案，[①] 所以当辩护人提交社会危险性评估的申请时，检察机关大概率会采纳。

最后，要适度收集不捕相关证据。《刑事诉讼法》第 38 条规定：“辩护律师在侦查期间可以为犯罪嫌疑人提供法律帮助；代理申诉、控告；申请变更强制措施；向侦查机关了解犯罪嫌疑人涉嫌的罪名和案件有关情况，提出意见。”同时第 42 条规定：“辩护人收集的有关犯罪嫌疑人不在犯罪现场、未达到刑事责任年龄、属于依法不负刑事责任的精神病人的证据，应当及时告知公安机关、人民检察院。”可以看出，辩护律师在侦查阶段并无调查取证的权利，如果发现有利于犯罪嫌疑人的相关证据，需要告知司法机关。但是，申请取保候审是需要证据支撑的，如果毫无依据就无法说服司法机关，而如果越俎代庖在侦查阶段擅自取证，可能面临司法机关基于《刑法》第 306 条辩护人、诉讼代理人毁灭证据、伪造证据、妨害作证罪的追责，所以适度的取证才能在风险与效果之间实现平衡。所谓适度，可以从两个维度展开。第一个维度是围绕取保候审的要件要求正向进行证据收集，例如证明当事人属于“患有严重疾病、生活不能自理，怀孕或者正在哺乳自己婴儿的妇女，采取取保候审不致发生社会危险性的”中患病的情形，就要围绕犯罪嫌疑人的病情展开，收集相关病例资料。第二个维度则可以围绕逮捕之后的社会效果展开，侧面论证进行逮捕之后会有更多的社会不稳定因素出现，例如可以收集犯罪嫌疑人的家庭情况，特别是一些能够触动人伦常情的情况，具体而言，证明犯罪嫌疑人有需要赡养、抚养的人，可以收集户口本、街道办开具的家庭证明等证据；通过获奖证书、民意调查等证明当事人平时是遵纪守法的公民；等等。但是尽量减少提出无罪化的抗辩证明主张并收集证据，因为这不仅可能正面与检察机关产生冲突，不利于取保候审的申请，也会存在职业风险，可能因小失大。

---

① 据了解，最高人民检察院正在与有关院校和科技公司合作进行“降低羁押率有效路径与社会危险性量化评估”课题研究，开发专用的社会危险性评估系统，并于 2020 年 11 月下发通知，在北京、河北、山西、上海、江苏、浙江、安徽、山东、湖南、广东、四川等 11 个省（市）启动“降低羁押率的有效路径与社会危险性量化评估”试点工作，现已取得初步成效。参见张晓津《协力夯实羁押审查制度基础，共同推动少捕慎诉慎押政策落实》，载“司法大数据”微信公众号 2022 年 10 月 4 日。

（二）“慎诉”政策下争取不诉的辩护建议

首先，要做好充分的证据分析。相较于侦查阶段辩护权特别是调查取证权的限制，在审查起诉阶段辩护人的权利有所拓展，辩护人不仅能够自己进行调查取证，还能通过阅卷权的行使了解侦查机关所掌握的案件证据情况，并与犯罪嫌疑人核实。在此基础上，辩护人可以充分进行证据分析，提出合理的不起诉辩护意见。不过在争取不起诉的种类上需要讲究辩护策略，一般而言，相较于法定不起诉的情形限制、特殊不起诉的程序限制以及证据不足不起诉对公安机关与检察院之间和谐司法生态关系可能有的伤害，争取酌定不起诉的成功率可能会更高。

其次，要广泛收集类案的处理方式。我国不是判例法国家，但是先例处理在实践中可以起到一定的参考作用，特别是最高法、最高检公布的指导性案例，对地方法检机关处理案件能够产生巨大影响，在争取不诉的辩护中有所助益。有以下两个方式收集类案文书：其一，通过检察系统网络进行文书收集，直接寻找类似情形下检察机关所作出的不起诉决定，以供办案机关参考，可以通过 12309 中国检察网、最高人民检察院官网等渠道获取相应文书；其二，通过法院作出的最终判决来类推相应的处理结果，即收集同类案件法院判决无罪、定罪免刑或者判处缓刑的裁判文书，向检察机关说明案件的社会危害情况，运用反证推演的方法尽量说服检察机关通过审前分流不起诉的形式终结程序，实现“慎诉”的目标。

最后，需要正确把握不诉时机。《周易》云：“君子藏器于身，待时而动。”辩护人在争取不诉时，不仅需要做好万全的准备，还需要在适当时机提出不起诉的意见。而时机是随着程序的推进出现的，最可能出现的就是案件主要事实并未完全查清的情形，这种情况下需要辩护人积极提出意见争取退回补充侦查。我国《刑事诉讼法》规定，一次补充侦查之后检察机关可以作出证据不足不起诉，两次补充侦查之后应当作出证据不足不起诉。正确把握不诉时机就是合理运用该规则。在第一次退回补充侦查完毕后，辩护人应当将补充侦查证据与争议焦点结合分析，寻找案件事实中仍然不能解释清楚的问题，尽量争取“可以”的证据不足不起诉。即使在第一次补充侦查之后没有争取到不起诉，对于辩护人来说，虽然不及“攻守之势异也”，但其也占据一定的主动地位，在后续程序中有优势。倘若检察机关进行第二次退回补充侦查，在结束后应当对两次补充侦查的证据结合全案证据进行综合分析，重点突出还未解决的焦点问题，通过情景模拟、经验法则与逻辑推演，用"法、情、理"三重维度充分向办案人员说明案件情况，打消其顾虑，争取"应当"的证据不足不起诉。当然，上述情况是针对案件存在问题的情形，如果随着程序的推进案件事实全部查清，在证据确实充分的情况下，就应当适时转变申请策略，争取酌定不起诉。同时"知己知彼，百战不殆"，在一定程度上了解办案机关的最新动态，适时提交辩护材料，以供检察官中立化的判断。不过对此相关信息的收集，必须符合律师的执业伦理和法律规定，不得通过贿赂、监听等违法手段进行。

（三）"慎押"政策下争取变更羁押的辩护建议

首先，着重于论证社会危害性的消除。羁押必要性审查制度的构建核心就是当事人的社会危险性是否消除，因此审前羁押必要性审查的关键在于对此问题的充分判断。一方面，要关注当事人已经被羁押的时间，通过对案情的分析，辅之以收集类似案件最终判决的刑罚情况，向办案机关工作人员说明继续羁押并无必要，甚至可能超过其可能判处刑罚的时间，提出释放建议。另一方面，要注重案件的变化，我国刑事诉讼为线性的构造，不仅是案件在三机关之间的线性流转，也指向时间上的推移变化。而侦查阶段"重定罪轻量刑"和"重证明有罪轻客观中立"的证据收集模式一直存在。所以当侦查阶段申请适用逮捕的强制措施时，证据的导向一般都是偏向于对犯罪嫌疑人不利的方向。但是随着案件侦查的进行或是进入审查起诉阶段，相应证据可能会发生变化，即出现新的有利证据或者之前的证据因非法证据排除等证据规则而不被采纳，这个时候辩护人再进行一定的证据收集或者是优化的证据分析，将会对申请羁押必要性审查并获得变更强制措施的处理有所裨益。因此争取"慎押"的前提一定是对案件走向变化的高度重视，比如阶段变化带来辩护权的拓展以及侦查机关补充侦查的案卷移送，都需要辩护人积极行使权利为犯罪嫌疑人争取有利结果。此外，则可以通过犯罪嫌疑人配合侦查工作、积极认罪认罚等方面态度的陈列，证明犯罪嫌疑人社会危险性的降低，并且业已不存在妨碍诉讼的可能，以争取取保候审等强制措施的适用。

其次，加强与办案人员沟通。实际上，不管是逮捕适用时的“少捕”还是不起诉申请的“慎诉”，加强与办案人员的沟通都是必要的措施。如果辩护人仅仅提交一份“冰冷”的司法申请文书，而不与公诉人进行沟通，相关的申请大概率不会获得批准。而这个沟通的对象范围，也不能局限于检察机关，还包括公安机关、法院。实际上，很多情况下公检法机关对疑难争议案件是难以直接作出决断的，也期望听取辩护人的意见，找出案件的症结以合理处理案件，所以积极与司法机关沟通，在保证沟通质量的前提下尽可能地多沟通，能够促进办案人员中立立场的保持，并且能合理收集相关信息材料，为自己把握辩护时机提供便利。

结　语

“少捕慎诉慎押”刑事司法政策带来了审前辩护大环境的变化，对于辩护律师而言是一个利好的趋势。但是，任何一个制度的完善都不是一个机关单方推进就可以实现的，而是需要该生态体系内的所有个体发挥其应有的效用。所以单靠检察机关的改变并不能实现对犯罪嫌疑人权利的保障，还需要辩护人在强化服务意识、培养工匠精神的基础上，对职业规范、辩护技巧等方面也进行相应的完善。《韩非子》云，“世异则事异，事异则备变”，这样才能适应制度的变化，借助改革的东风实现审前有效辩护，最终保障被告人的合法权益，促进我国刑事司法程序实现实质意义上的公平正义。

未成年人犯罪少捕慎诉的实现路径

张　弘　刘　珊*

【内容摘要】在我国，未成年人少捕慎诉政策尚未执行到位，实践中未成年人案件羁押率仍处在较高水平，这既不利于贯彻执行法律政策，更不利于实现对未成年人的特殊保护。本文从实务角度出发，考察未成年人少捕慎诉中羁押率过高的现状，分析立法规定不明确、工作机制不健全、未成年人犯罪羁押必要性审查制度体系不完善、附条件不起诉制度尚未发挥最大作用的问题及成因，以期实现少捕慎诉在未成年人犯罪领域的实际应用。针对问题提出四点意见建议：第一，完善未成年人刑事逮捕法律规定，对刑罚要件与社会危险性要件作出更细致的规定；第二，优化未成年人捕诉工作机制，促进机制科学化；第三，加强对未成年人的羁押必要性审查，降低羁押率；第四，用好用足附条件不起诉制度，帮助未成年人更好地回归社会。

【关键词】未成年人　少捕慎诉　特殊保护　羁押率

一　引言

所谓少捕慎诉是指检察机关履行审查批捕与审查起诉职能时面对可捕可不捕的情形不捕，面对可诉可不诉的情形不诉。① 当前国内外的法律均规定，对于未成年人犯罪案件，应从未成年人的犯罪事实、社会危害性、家庭状况、生活经历及帮教条件等方面综合考虑羁押措施。能适用取保候

---

* 张弘，法学学士，汤原县人民检察院副检察长，四级高级检察官，研究方向为刑法学；刘珊，法学学士，汤原县人民检察院第一检察部，四级检察官助理，研究方向为刑法学。

① 唐海东：《少捕慎诉原则化构建研究》，《重庆理工大学学报》（社会科学）2020 年第 12 期，第 109～116 页。

审和监视居住等措施，尽量不用或慎用逮捕措施。相较于成年人，未成年人自我辨别是非能力较弱，抵制诱惑决心不强，这致使一些未成年人走上违法犯罪的道路。事实上，未成年人犯罪往往主观恶性并不大。因此，在面对未成年人案件时，司法机关应在合乎法律的情况下最大化运用从宽政策，给予涉罪未成年人自我改正的机会。在未成年人案件中适用少捕慎诉原则，是未成年人司法程序的重要环节。鉴于以上问题，本文以未成年人犯罪少捕慎诉为主题，深入分析未成年人犯罪立法及实践中存在的问题，探索与之相适应的完善路径，助力未成年人司法程序的建设，以实现对未成年人的特殊保护。

二　对未成年人少捕慎诉的依据及意义

（一）对未成年人少捕慎诉的依据

2021 年 4 月，中央全面依法治国委员会提出“坚持少捕慎诉慎押刑事司法政策，依法推进非羁押强制措施适用”的年度工作要点。[①] 连同 2020 年新修订的《未成年人保护法》《预防未成年人犯罪法》，坚持惩治侵害未成年人犯罪和教育挽救罪错未成年人两手抓，为未成年人少捕慎诉的工作机制提供了法律保障。

（二）对未成年人少捕慎诉的意义

第一，对涉罪未成年人适用少捕慎诉司法政策，体现了我国宽严相济的司法理念。逮捕是最严厉的强制措施，应当应用于严重的刑事案件，未成年犯罪嫌疑人理性思考能力没有完全发育成熟，不能与普通的成年犯罪嫌疑人同等考量，需要法律层面的特殊照顾。所以，“宽”的一面应当更多地体现在“宽严相济”的刑事政策中。落实“可捕可不捕的坚决不捕，可诉可不诉的坚决不诉”的规定，慎用、少用批捕起诉权，将更有利于宽严相济刑事政策的应用。

第二，逮捕、起诉程序的适用会对未成年人的身心造成极大伤害。例

① 卞建林、钱程：《少捕慎诉慎押的实践检视与发展完善》，《人民检察》2022 年第 5 期。

如，回归社会后，带有“不良印记”的未成年人会遭受大众异样的目光，这不利于未成年人的成长；羁押的过程中，“感染”现象极易发生，再次犯罪的可能性容易增大。因此，贯彻少捕慎诉司法政策，依法审慎适用羁押，最大限度地减少刑事追诉活动给未成年人带来的不良影响，对未成年人未来的发展具有重要意义。

第三，案多人少是我国司法工作的现状。少捕慎诉一方面有利于未成年人在社会中健康发展，另一方面有利于节约司法资源，缓解司法工作压力，也会避免羁押等后续刑罚措施产生的资源耗费。

三　对未成年人适用捕诉的现状及成因

（一）对某基层检察院未成年人适用捕诉的现实考察

本次考察选取的对象为T县基层检察院。该检察院虽未组建独立的未检部门，但在刑事检察下专设了未检办案组，办案组由两名员额检察官、一名检察官助理和一名书记员组成，专门负责未成年人犯罪案件工作。通过对T县检察院未成年人案件的现实考察，统计了该院2016～2020年的审查批捕、审查起诉相关数据。表1数据显示，2016～2020年未成年人捕诉业务中，T县检察院对51名未成年人提起公诉，其中被批准逮捕的人数为38人，五年平均羁押率为74.51%。2018年的逮捕羁押率最高，达到81.82%。由此可见，T县检察院未成年人羁押率严重偏高。

表1　T县检察院2016～2020年未成年人逮捕、起诉情况

年份	提起公诉案件总数（件）	提起公诉案件总人数（人）	批准逮捕案件总数（件）	批准逮捕案件总人数（人）	羁押率（%）
2016	11	17	9	13	76.47
2017	4	5	2	3	60.00
2018	9	11	6	9	81.82
2019	7	11	5	8	72.73
2020	7	7	5	5	71.43
合计	38	51	27	38	74.51

表2数据显示，2016～2020年成年人捕诉业务中，T县检察院成年人

的羁押率均在76%之上，羁押率严重偏高，而这五年未成年人案件的平均羁押率只比成年人的低4.78%。图1显示，除2017年未成年人羁押率与成年人羁押率相差较多，为19.28%，其他年份平均羁押率仅相差3.2%，其中2016年，二者几乎持平。

表2　T县检察院2016～2020年成年人逮捕、起诉情况

年份	提起公诉案件总数（件）	提起公诉案件总人数（人）	批准逮捕案件总数（件）	批准逮捕案件总人数（人）	羁押率（%）
2016	91	106	72	81	76.42
2017	98	111	71	88	79.28
2018	128	141	101	120	85.11
2019	104	119	80	93	78.15
2020	116	170	85	131	77.06
合计	537	647	409	513	79.29

由此可见，无论是未成年人的羁押率还是成年人的羁押率均严重偏高。这也反映出未成年人案件没有在审查批捕、审查起诉中获得更多的“宽”的客观事实。

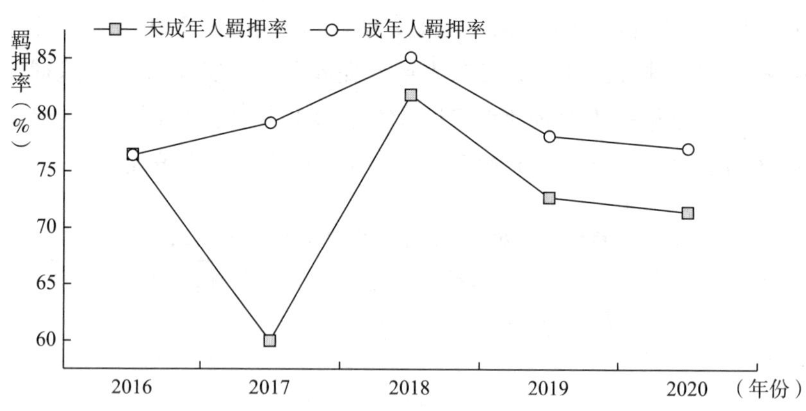

图1　T县检察院2016～2020年未成年人与成年人羁押率对比

（二）对未成年人捕诉中现存问题的分析

分析T县检察院的案件数据可以看出，未成年人案件的高羁押率是我们亟须解决的问题，出现这一问题的原因可以总结如下。

首先，立法规定不明确。经2018年修正的《刑事诉讼法》第280条对未成年人逮捕的条件作出了规定："对未成年犯罪嫌疑人、被告人应当严格限制适用逮捕措施。人民检察院审查批准逮捕和人民法院决定逮捕，应当讯问未成年犯罪嫌疑人、被告人，听取辩护律师的意见。对被拘留、逮捕和执行刑罚的未成年人与成年人应当分别关押、分别管理、分别教育。"① 可见，在适用逮捕的标准方面，我国法律并没有明确将成年人和未成年人作出区分。特别是在社会危险性上，两者共用证明标准，这明显不利于未成年人的保护。

其次，工作机制不健全。一方面，我国政府的社会管理及福利职能虽不处于缺位状态，但并没有与未成年人司法制度实现完美的契合；另一方面，检察机关的司法职能在整个未成年人犯罪处理过程中处于绝对的主导地位，而现有检察机关不捕不诉率的绩效考评机制中，部分检察部门存在单纯追求较低的批捕率、起诉率，重数据而轻实际的现象，这严重阻碍了少捕慎诉制度在未成年人犯罪处理过程中合理合法运行，违背了制度制定的初衷。

再次，未成年人犯罪羁押必要性审查制度体系不完善。（1）现有法律中，我国尚未对未成年人的羁押必要性审查制度进行专门的规定，相比于成年人，未成年人并没有得到特殊照顾，没有体现出这一群体的特殊性；在羁押必要性审查启动时间和期间上，相关法律也没有作出更细致的特殊规定。（2）未成年人犯罪中，大多数家庭都不具备较好的监护条件。在未成年人羁押必要性审查中，家庭监护条件是检察机关考量是否不适用羁押措施的重点。实际审查中发现，对于家庭监护条件较差、法定代理人监护职责履行能力较弱、相关单位没有监管意愿的未成年人，检察机关出于社会危害性考量，往往更倾向于继续羁押，进而忽略少捕慎诉的司法政策。因此，为了实现羁押必要性审查制度在未成年人犯罪中的应用，必须加速相关制度的细化及完善。

最后，附条件不起诉制度尚未发挥最大作用。（1）我国未成年人犯罪中，能适用附条件不起诉的案件范围较小。《刑事诉讼法》规定，对可能判处一年有期徒刑以下刑罚的大部分犯罪，可以作出附条件不起诉决定。

---

① 苏禹铭：《未成年人刑事检察制度研究》，硕士学位论文，吉林财经大学，2019。

实务中，判处一年有期徒刑以下刑罚的案件种类单一且数量不多，附条件不起诉在未成年人犯罪中难以最大限度地发挥作用。（2）帮教考察制度作为附条件不起诉制度的核心环节，考察落实情况不甚乐观。帮教考察制度执行不到位，严重影响了附条件不起诉的适用。人民检察院是帮教考察制度的执行主体，但未成年人案件主要集中在基层检察院，"案多人少"已经是基层院的共性问题，如果对未成年人附条件不起诉普遍适用帮教考察制度，会存在办案人员时间、精力严重不足问题，影响办案质效。（3）对未成年人的帮教只停留于释法说理等法律手段层面，更有助于保障未成年人身心健康的专业性措施尚未及时有效衔接，制度尚未与肩负未成年人保护职责的有关部门形成合力。

四　对未成年人实现少捕慎诉的完善路径

（一）完善未成年人刑事逮捕法律规定

我国当前法律虽然对涉罪未成年人严格限制适用逮捕，但规定得过于笼统。在相关规定的实施中，成年人与未成年人没有实质性区分。特别是在社会危险性上，两者适用相同的证明标准，这明显不利于保护未成年人。基于未成年人群体特殊性的考虑，在刑事逮捕措施上，应当本着从宽的精神，对涉罪未成年人设置更为严厉的逮捕标准。[①] 在未成年人适用逮捕措施方面，对刑罚要件与社会危险性要件应该作出更细致的规定，增加更严格的适用要求，主要表现如下。

在刑罚要件上，逮捕的标准为可能被判处有期徒刑以上的刑罚。2019年《人民检察院刑事诉讼规则》对未成年人适用逮捕的条件进行了细化，法定刑三年以下有期徒刑为"罪行较轻"，法定刑三年以上有期徒刑为"罪行较重"。法条中明确表述为"对于罪行较轻，具备有效监护条件或者社会帮教措施，没有社会危险性或者社会危险性较小的未成年犯罪嫌疑人，应当不批准逮捕"和"对于罪行比较严重，但主观恶性不大，有悔罪表现，具备有效监护条件或者社会帮教措施，具有下列情形之一，不逮捕

---

① 李新、吴乐乐：《未成年人犯罪少捕、慎诉的实现路径》，《中国检察官》2013年第20期，第30～32页。

不致发生社会危险性的未成年犯罪嫌疑人，可以不批准逮捕”。很明显，只有对“罪行较重”的涉罪未成年人，且不符合八项具体情形之一的才应当适用逮捕措施。由此可见，《人民检察院刑事诉讼规则》对未成年人适用逮捕的条件进行了进一步细化。但是，涉案“罪行较重”的未成年人犯罪并不都是重罪案件。一方面，不宜将罪行轻重作为决定未成年人是否适用逮捕措施的要件，应合理区分，如对于有较大的人身危险性的涉嫌故意杀人、故意伤害等严重暴力性犯罪的未成年人，可以明确规定对其实施逮捕；另一方面，应对法定刑进行进一步细化，以明确的法定刑期限确定逮捕的适用条件。

在社会危险性要件上，其在实践中很难准确把握。一般情况下，公安机关认为涉案犯罪嫌疑人的罪行明确，形成了完整的证据链条后，就会提请检察机关批准逮捕，对犯罪嫌疑人是否具有社会危险性并不会进行综合考量。对于大多数的批准逮捕案件，检察机关受理案件后须在七日内作出事实认定及证据认定，综合全案作出是否批准逮捕的决定。在有限的时间内，社会危险性作为是否应当批准逮捕的考量要素，在事实认定较困难、证据线索较复杂的案件中通常会被忽略。

在未成年人刑事案件中，由于未成年人认知能力、自我控制能力都比较弱，犯罪多处于冲动状态，所制造的犯罪结果往往会比较严重。司法机关如果仅考虑事实及证据认定，未成年犯罪嫌疑人会比较容易满足逮捕的适用条件。因此，为了使办案机关在实践中更容易界定社会危险性标准，法律应对未成年犯罪嫌疑人社会危险性认定进行细化。如在侦察阶段，公安机关应当在认定案件事实及证据的同时，对未成年犯罪嫌疑人进行社会调查，依靠社区、学校等组织形成调查报告，综合认定是否有必要羁押；在审查批捕阶段，将未成年人犯罪案件与普通成年人犯罪案件的办案时限进行区分，延长未成年人犯罪法定审查批捕的期限，使办案人员有充足的时间及精力对未成年犯罪嫌疑人社会危险性要件作出更准确的判断。

（二）优化未成年人捕诉工作机制

未成年人案件中，检察机关的职能无法进行无限延伸，这就需要社会各方面的协助与配合。未成年人触犯法律后，政府的配套功能应立即发挥作用。检察机关在衡量是否捕诉时，除了必须遵守法条中明文规定的要件外，还需积极联系各职能部门，考虑涉案未成年人是否具备良好的监护或帮教条件。因此，未成年人案件中，社会组织、政府职能部门与检察机关的默契配合是至关重要的。国家应当尽快制定系统化、完备化的社会帮教制度，在各部门形成合力的机制下，共同挽救未成年人。与此同时，检察机关的绩效考评机制也应当更加科学，批捕率、起诉率不能成为左右绩效考评的砝码。案件办理得好与坏，应综合考量被帮教未成年人回归社会后的表现等情况，而不能仅用冰冷的数字去衡量。

（三）加强对未成年人的羁押必要性审查

不可否认，现行的羁押措施容易带来“交叉感染”和“标签效应”等负面影响，长期脱离正常的社会生活也不利于被隔离者回归社会。因此，降低羁押率是未成年人刑事检察制度完善的重中之重。我国的看守所对未成年人与成年人的分管分押管理还有待进一步完善。在此情形下，检察机关更应加强羁押必要性审查，坚持少捕慎诉的刑事政策。

一方面，建议对未成年人羁押必要性审查制度作出以下单独规定：明确具体审查程序，形成书面审查报告，以严谨的审查报告为支撑，降低对未成年人的羁押率;[①] 将羁押必要性审查贯穿整个案件各阶段，不只局限在诉讼阶段。

另一方面，在变更强制措施后，检察机关应充分履行职能，以降低未成年人社会危险性为着力点，转变其心理认知;[②] 联合妇联、关工委、共青团等未成年人保护组织，集结企业、社区等社会力量，建设未成年人帮教基地，为未成年人更好回归社会提供便利条件。

（四）用好用足附条件不起诉制度

附条件不起诉制度的现实意义是将原本在审判后的改造工作提前到审查起诉阶段。少捕慎诉政策中慎诉的有效执行，依靠附条件不起诉制度的合理运用。

首先，明确社会调查对象，依靠社区网格、学校，深入了解未成年人

---

① 甘甜:《我国未成年人羁押审查问题研究》，硕士学位论文，东北师范大学，2020。
② 郭汝佳:《我国未成年人羁押必要性审查制度研究》，硕士学位论文，青岛大学，2019。

的家庭情况、成长经历与性格特点，对监护、帮教条件进行初步评估。检察机关应当会同公安局、司法局出台联合文件，明确社会调查内容及呈现形式，将附条件不起诉前期准备工作做好做足；[①] 其次，对未成年犯罪嫌疑人悔罪表现进行调查，查看是否存在自首、立功、坦白等减轻处罚要件，其法定代理人及家属是否具有主动赔偿被害人、达成刑事和解的意愿，同时也应听取被害人及其家属的意见，保障被害人的合法权益；[②] 再次，作出附条件不起诉决定后仍应全面掌握涉罪未成年人在考察期内的表现，确保未成年人在考察期内有适格主体进行监管，并为附条件不起诉的未成年人量身制定考察内容，严防考察泛化、形式化；最后，建设未成年人帮教基地，充分发挥组织职能，积极救治，降低未成年人再犯的可能性，助力未成年人早日回归社会。

---

① 张大子：《未成年犯罪嫌疑人严格限制适用逮捕措施研究》，硕士学位论文，暨南大学，2017。

② 王源：《论对未成年人限制适用逮捕》，硕士学位论文，西南政法大学，2015。

未成年人认罪认罚自愿性的理论省思与实现路径

朱朔成*

【内容摘要】为了提高诉讼效率、及时使案件完结，认罪认罚程序在未成年人案件中大范围适用，但是未成年人有着与成年人截然不同的身心特征和认识能力，具有极强的特殊性。如若未成年人认罪认罚自愿性得不到充分的保障，与成年人不加区分同等适用认罪认罚从宽制度，便会与保护未成年人的价值和理念相悖而带来隐患。鉴于此，通过厘清涉罪未成年人在认罪认罚中自愿性的特殊内涵，探讨夯实未成年人认罪认罚自愿性的程序与制度保障，以更好地契合未成年人保护理念。

【关键词】未成年人犯罪　认罪认罚从宽制度　自愿性

引　言

在我国当前社会，案多人少是公安司法机关办理案件时的突出问题，并且这个问题还会随着经济社会的发展而愈演愈烈。为了更好地减轻司法机关处理案件的巨大压力，认罪认罚程序应运而生，成为时代的选择。通过适用认罪认罚程序，办案的效率大大提高，同时也避免了司法资源的浪费。但是在适用认罪认罚程序的主体方面，未成年人能否成为适格主体一直以来都是理论界和实务界争论的焦点。

成年犯罪嫌疑人、被告人由于拥有足够成熟的生理和心理机制，能够正确认识自己的行为并为之承担相应的责任，因此对成年犯罪嫌疑人、被告人适用认罪认罚程序毫无争议。但是值得注意的是，由于未成年人心智

* 朱朔成，西北政法大学刑事诉讼法学 2021 级硕士研究生，主要研究方向为刑事诉讼法学、少年司法。

不成熟，极度欠缺社会经验，其认知能力远不及成年人，公安司法机关对少年犯适用认罪认罚程序时，须充分考虑其身心特殊性。在明知和真实方面对未成年人认罪认罚的自愿性进行充分考虑和衡量；以加强对其自愿性的审查、借助相关人员的力量进行辅助等相关措施为根据，使其真正理解自己行为的性质以及给社会和被害人带来的不利后果、真正领会认罪认罚的实质内涵、真正了解适用认罪认罚所带来的优惠政策和所舍弃的诉讼权利，在确保其完全真实自愿的基础上正确适用认罪认罚程序。唯有此，才能更好地契合未成年人保护的司法理念，在兼顾效率的同时保障未成年人的合法权益，使其真诚认罪悔罪，最大限度切合认罪认罚的精神和理念，更好地达到改造和挽救的目的。

一　未成年人认罪认罚自愿性之价值

无论是联合国《儿童权利公约》还是我国《未成年人保护法》，都将未成年人的权利视为核心利益予以保护，2021 年《未成年人保护法》修改时更是将最有利于未成年人原则作为少年司法的纲领性准则，以期其在实践中贯彻和落实，而未成年人在刑事诉讼中的参与权更是最有利于未成年人原则的重要内容。因此未成年人在认罪认罚从宽制度中的自愿性有着极为重要的意义和价值。

（一）核心价值：维护未成年人权益

自 2018 年《刑事诉讼法》修正以来，认罪认罚从宽制度以及相关程序的确立已经得到了理论界和实务界的共同认可。但随着未成年人犯罪率有所上升，① 为了准确认定犯罪事实，使整个诉讼程序尽快完结，对未成年犯罪嫌疑人、被告人适用认罪认罚程序也得到了立法者的认可。不过在具体适用认罪认罚程序过程中，对于保障未成年犯罪嫌疑人、被告人的正当权益，要尤其注意对其自愿性进行最大限度的保障。在我国的刑事诉讼

① “白皮书透露，当前未成年人保护仍然面临严峻复杂的形势，侵害未成年人犯罪数量上升，未成年人犯罪有所抬头。”参加《未成年人检察工作白皮书（2021）》，最高人民检察院官网，https://www.spp.gov.cn/spp/xwfbh/wsfbt/202206/t20220601_558766.shtml#2，最后访问日期：2022 年 6 月 1 日。

领域内，认罪认罚程序主要是由检察院主导并逐步推进的。由此可见，不论是程序的启动还是具体刑期的协商，认罪认罚程序的主动权都牢牢掌握在检察院的手中，而未成年犯罪嫌疑人、被告人所享有的仅仅是决定启动认罪认罚程序的权利，亦即其自愿认罪并认罚的权利。未成年犯罪嫌疑人、被告人“认罪认罚的自愿性是构建认罪认罚从宽制度的关键核心与前提要素”①，更是一种自主选择的权利。因此在认罪认罚程序中，自愿性是未成年犯罪嫌疑人、被告人认罪认罚的基础和前提，如若自愿性得不到及时、充分的保障，那么整个认罪认罚程序就如同无根之树、无翼之鸟般没有立足的依据，也难以得到有效的落实。

笔者通过在某市检察院未检部门的走访调研以及与办案检察官的交流沟通得知，对于大部分未成年犯罪嫌疑人、被告人而言，其心智尚不成熟、法律意识淡薄、诉讼能力欠缺，在自身涉罪（非惯犯，系初犯、偶犯）的情况下，会在心理上产生对犯罪的愧疚感和对司法权的畏惧感，认为与其“狡辩”，还不如“老实听话”以换取刑罚上的宽宥和社会的原谅。同时相较于成年犯罪嫌疑人、被告人来说，未成年人缺乏主见，在诉讼程序中会陷入一种被动的局面，仅依靠自身的力量很难维护其合法权益。而对于检方而言，案多人少的矛盾日益突出，检方办案压力巨大。为了尽快解决案件、减少积压、提高诉讼效率，检方对于未成年犯罪嫌疑人、被告人便有可能采取引诱、欺骗、威胁等方式换取“不真正自愿”，最大限度通过认罪认罚程序达到快速结案的目的。因此，自愿性的保障在未成年犯罪嫌疑人、被告人认罪认罚程序中具有关键和核心的地位与作用，只有充分保障认罪认罚的自愿性，使认罪认罚程序的启动主动权牢牢掌握在未成年犯罪嫌疑人、被告人手中，才能进一步强化辩方与检察院的对抗，强化对司法权的制约，使双方的地位更加均衡与平等，在追求效率的同时切实保障未成年人的合法权益不减损。

（二）理论价值：契合最有利于未成年人原则理念

认罪认罚从宽制度中自愿性的保障与未成年人犯罪特别程序在脉络上有

---

① 广东省深圳市龙岗区人民检察院课题组：《认罪认罚自愿性认定方法和证明责任分配模式》，《中国检察官》2018 年第 11 期。

着衔接关系，与最有利于未成年人原则的基本内涵高度契合。《未成年人保护法》第 4 条规定："保护未成年人，应当坚持最有利于未成年人的原则。"《刑事诉讼法》第 277 条规定："对犯罪的未成年人实行教育、感化、挽救的方针，坚持教育为主、惩罚为辅的原则。"这些都是司法机关在办理少年司法领域刑事案件时所应当遵循的基本原则、核心要义和总体要求。[①]

知名刑法学家贝卡里亚曾言："刑罚的目的既不是要摧残折磨一个感知者，也不是要彻底消除已经犯下的罪行。刑罚的目的仅仅在于阻止罪犯再重新实施危害公民的行为，并警戒其他人不要重蹈覆辙。"[②] 从立法层面来看，"究其本质，认罪认罚从宽制度是一种以充分考虑犯罪行为的社会危害性和被追诉人的人身危险性为前提基础的协商性刑事诉讼程序的制度化"[③]，其本质目的不是制裁犯罪、惩戒涉罪未成年人，而是聚焦于帮助涉罪未成年人认识到自己的犯罪行为，唤醒其内心的良知，让其对破坏社会秩序的犯罪行为进行深刻的反思与悔过。在实践层面来看，未成年犯罪嫌疑人、被告人具有独特的利益，在对其适用认罪认罚程序时必须优先考虑使其利益最大化的方式与方法，尊重未成年人的权利主体地位，树立容错思维，以此来摆脱成人司法惯性的消极影响，更好地契合未成年人的最大利益。刑事立法通过保障自愿性，确保涉罪未成年人认识到自己所犯罪行的严重程度与危害性，使其真诚悔罪而不是出于司法机关的胁迫或引诱认罪，从而使未成年人更具有可教育性与可塑性。这对于教育与感化涉罪未成年人，以此恢复因其的犯罪行为而遭受破坏的社会关系，使其有效回归社会，恢复正常的生活状态与秩序颇有裨益。这是刑事立法在制裁犯罪中为保护未成年犯罪嫌疑人、被告人的最大利益所表达出来的立法本意、价值和理念。唯有保障未成年犯罪嫌疑人、被告人在认罪认罚程序中的自愿性，确保其是因为发自内心的悔恨而自愿选择认罪认罚程序，确保其心甘情愿地接受检察院的量刑建议并为所犯的罪行付出相应代价，进而在司法程序中以未成年犯罪嫌疑人、被告人真挚的自愿性为基础推进，才能与最有利于未成年人原则实现更为有效的契合，才能使教育与预防、恢

① 郎胜主编《中华人民共和国刑事诉讼法释义》，法律出版社，2012，第 581 页。

② 〔意〕切萨雷·贝卡里亚：《论犯罪与刑罚》，黄风译，北京大学出版社，2008，第 31 页。

③ 王艺超、涂龙科：《未成年人犯罪适用认罪认罚从宽制度研究》，《青少年犯罪问题》2017 年第 6 期。

复与保护的价值体现得更为透彻。

二　未成年人认罪认罚自愿性之构成与判断

在我国的刑事司法体系中，自愿性不但决定着犯罪嫌疑人、被告人认罪认罚行为的真实性与合法性，最重要的是对犯罪嫌疑人、被告人的人身自由有着深刻的影响。在对作为认罪认罚的核心和基础的自愿性进行深刻把握时，就要着重从定义和构成方面进行解读和分析。在汉语语境下，"自愿"代表一种主观上的意愿，即不被强迫、发自内心地去做某事。《布莱克法律词典》对自愿性（voluntary）的解释是："一种不受强迫的自愿与自由的特性。不受外界的干涉和他人的影响；自发的；自主的。"① 在构成因素上，自愿性主要是由明知性和真实性两大因素构成的。这两大构成因素彼此相辅相成，共同构成了自愿性的基本定义与内涵。笔者认为，未成年人与成年人认罪认罚自愿性保障所适用的标准在构成上是相同的，区别在于未成年犯罪嫌疑人、被告人在明知性和真实性上存在一定的缺陷，这使其不能凭借自己的能力来达到认罪认罚自愿性保障的统一标准。认罪认罚自愿性保障的统一标准不会因为未成年人的特殊性而降低，应当通过对未成年人自愿性的两大构成因素的解析，更好地理解未成年人自愿性上的缺陷与不足，从而给予其特殊的优待和保护，使其尽可能地向成年人的标准靠拢，这对于更好地保障其自愿性有着相当积极的意义。

（一）未成年人认罪认罚自愿性之构成

明知性（认知层面）是指犯罪嫌疑人、被告人通过自己的认知或者在他人的帮助下，充分了解认罪与认罚这两种法律行为的性质及其可能带来的后果。其应当具有正常的理性人所具有的常规认知水平，这种认知水平与诉讼主体的年龄、生理上的身体发育程度、心理上的成熟程度等因素有着十分密切的联系。② 这一关键性因素在未成年犯罪嫌疑人、被告人身上会更为明显地体现，是未成年人在明知性方面最为显著的特征，与成年犯

---

① 转引自孔令勇《被告人认罪认罚自愿性的界定及保障》，《法商研究》2019 年第 3 期。

② 杨林霈、刘艳：《办理未成年人认罪认罚案件应注意的三个问题》，《人民检察》2022 年第 12 期。

罪嫌疑人、被告人之间存在着明显的差别。明知性与未成年人的诉讼行为能力直接挂钩。所谓诉讼能力，是指主体所具有的能力与资格，这种能力与资格使诉讼主体可以以自己的名义亲自实施诉讼行为、从事诉讼活动、行使诉讼权利和履行诉讼义务，并且能够以自己的名义承担责任。

在实体法方面，有两点内容。首先，未成年犯罪嫌疑人、被告人必须明确自己所犯的全部罪行的性质，明确自己的犯罪行为给社会带来的危害与破坏社会关系的后果。但是笔者认为，这种明知程度不应过度深化，一部分是由于未成年犯罪嫌疑人、被告人心智发育不健全，通常他们因为缺乏家庭、学校的管理而伴随着辍学造成的低学历和较差的学习能力，理解能力有限。其次，刑法和刑事诉讼法具有极强的专业性，涉及较为高深的理论，遑论“违法要件”“责任阻却事由”等专业法律术语，未成年犯罪嫌疑人、被告人对刑法上的罪名、量刑，如“侵占”“扒窃”“有期徒刑”“缓刑”等都难以理解。如若进行普法式解读必然会造成不必要的拖延与迟滞。因此，笔者认为只需要达到“明白并理解”的程度即可。所谓明白并理解，即知道或者了解自己所实施的犯罪的性质及后果，并对认罪认罚后所面临的程序处理有一定程度的认知。细致而论，就是在程序法方面，少年犯必须认识到认罪认罚的程序简化后果，尤其是要权衡认罪认罚“实体从宽”与“程序从宽”的利弊并作出取舍。在实体从宽上，其必须明白和理解在承认罪行后应当承受的刑罚，包括缓刑和有期徒刑的施行后果以及社会层面的不利评价。在程序从宽上，未成年犯罪嫌疑人、被告人必须能够清晰地理解自己认罪认罚之后所让渡的权利。作为未成年被追诉人，其享有各式各样的针对未成年人的刑事法律与政策优惠以及在审判阶段举证、质证的实体性权利。因此，其必须明确认罪认罚之后所放弃的权利的性质和意义。

真实性（认知层面）是指在认罪认罚案件中未成年犯罪嫌疑人、被告人所实施的客观犯罪事实的真实。被追诉人在主观上能够通过自己的完全的自由意志来决定是否认罪认罚，不受外界社会的任何干涉。在具体的犯罪中，很多未成年犯罪嫌疑人畏惧司法机关的权威、迫于社会的舆论影响抑或是迫于被害人及其亲属的压力，其对自身的犯罪行为根本就没有正确全面的认识而别无选择，被迫认罪认罚，这些对于自愿性而言也是影响重大的因素。在具体实践中，真实性更体现在对证明标准的要求上。有时候未成年犯罪嫌疑人、被告人会因为被强制而作出非自愿虚假陈述，此时认罪认罚中自愿的真实性便会受到损害。真实性是在证据的证明力层面之上所施加的严格标准。[①] 确保认罪认罚自愿性的核心与关键应当是保障认罪认罚的真实性，毕竟如果没有真实存在的犯罪和证明犯罪系涉案未成年人所为的证据，那么何谈认罪与认罚。

认罚从宽诉讼程序相较于普通程序而言，未成年犯罪嫌疑人、被告人所享有的权利以及应当适用的程序都有一定限缩。因此，公检法必须在侦查、起诉、审判等多个阶段确保未成年犯罪嫌疑人、被告人的认罪认罚是真实的。在程序合法的前提下高度重视认罪认罚的真实性审查，尤其是适度提高未成年犯罪嫌疑人、被告人的追诉标准，防止因为追求效率而发生冤假错案。从未成年犯罪人角度而言，未成年人在心理上比较幼稚，这也会使其相较于成年人更容易受到外界社会、家庭等一系列环境的影响，使其认罪认罚的自愿性进一步陷入困境之中。具体而言，如若未成年犯罪嫌疑人、被告人处在被羁押的严苛环境之下，其自由受到一定的约束，其心理稳定性也会受到极大的影响，自由意志的对外表露更会受到深层次的束缚。

当“少捕慎诉慎押”激活逮捕替代性措施的适用精神贯彻不到位，或者未成年犯罪嫌疑人所犯罪行极为严重之时，未成年被追诉人被司法机关剥夺自由且置于非常严苛的羁押场所如派出所中，处于严苛的羁押环境并接受侦查人员的讯问，是绝大多数未成年犯罪嫌疑人没有经历过的。而且其法定代理人或合适成年人不在场的时间远比在场的时间长得多。这种情形对未成年人的心理产生“强制力”是无法避免的。同时，未成年被追诉人在强大的国家司法机关面前，本身处于一个非常消极和被动的弱势地位，在实施了犯罪行为以后，其内心必然会受到谴责或煎熬。尤其是当面对公安司法机关的盘问时，未成年人并没有经历过社会的浸染，严重缺乏长远的眼光和成熟的思维，害怕、畏惧和盲目等情绪便油然而生。未成年被追诉人希望尽可能早地摆脱被限制自由、被反复盘问的严苛环境，其独立判断能力极其容易丧失，这可能使其认罪认罚的自愿性变得不真实。在

① 夏春竹:《认罪认罚真实性分析——以146份裁判文书为分析样本》，载《上海法学研究》（2021年第11卷），上海市法学会法学期刊研究会文集。

这种并非清醒而冷静的心理状态下作出的认罪认罚选择，真实性存疑。此外，未成年人的心智发育不成熟，社会经验较少，而且团伙作案的概率较大，因此往往会因为所谓“讲义气”、“手足兄弟”、蝇头小利、小恩小惠等因素替其他人顶罪，自愿承认没有实施过的犯罪。

（二）未成年人认罪认罚自愿性之判断

对“自愿性”的理解并不能单纯以未成年被追诉人是否“自愿作出有罪供述”为评判的唯一标准，否则就会显得机械和形而上学。应当综合明知性和真实性两大构成因素进行综合考量，以“明知性”为前提，以“真实性”为基础。[①] 公检法机关应当综合各个方面的因素来作出最有效、最合适的判断。为达到上述目的，切实保障未成年犯罪嫌疑人、被告人的合法权益，在此就需要对自愿性的判断标准加以深化研习和评判。

首先，就主观方面而言，应当包含未成年犯罪嫌疑人、被告人要明知以及有充分认识等方面的内容。第一，其应当明知认罪。未成年犯罪嫌疑人、被告人的自由意志受到诸多因素的干扰，比如其智力水平、理解能力、心理状态、对行为和事物的认知水平等。[②] 只有在对自己所为的犯罪行为有详细全面且充分的认知基础上，其所作出的决定才是具有明确思路、合乎常规理性并且真实自愿的。因此，未成年被追诉人“明知”的应当包括案件的主要事实内容、检察院所指控罪名的性质以及起诉带来的法律后果。第二，其应当明知认罚。认罪认罚从宽制度作为新修正的《刑事诉讼法》的全新制度，涉及较难理解的艰深理论。因此未成年犯罪嫌疑人、被告人应当在相关辅助人（司法人员、律师、未保组织人员）的帮助下对认罪认罚从宽制度的实际法律内涵、认罪认罚可能带来的后果（包括实体和程序后果、有利与不利后果）进行理解。第三，其应当明知权利。在认罪认罚从宽制度的适用过程中，除了未成年人不能适用的速裁程序，相较于其他程序，其权利仍有不同程度的减损。因此，未成年犯罪嫌疑人、被告人必须对自己具备的和将要让渡的诉讼权利，以及在认罪认罚下

---

① 王瑞君、陈禹衡：《未成年人适用认罪认罚从宽制度争议问题辨析》，《青少年犯罪问题》2019 年第 5 期。

② 黄珣、侯赵翔：《权利保障：认罪认罚从宽制度自愿性问题研究》，《山西广播电视大学学报》2017 年第 2 期。

需要承担的诉讼义务有明确的认知。

其次，就程序方面而言，应当对公检法三机关作出严格的要求。第一，采用肉刑或者变相肉刑等刑讯逼供非法方法获得的认罪认罚属于《刑事诉讼法》明确规定的非法证据，会严重损害未成年犯罪嫌疑人、被告人的根本人身利益，压制其自由意志，理应按照我国的非法证据排除规则予以排除。第二，在认罪认罚从宽制度的司法适用过程中，一些司法机关可能会与被追诉人存在一定的交易，即通过许诺给予被追诉人一定的量刑优惠来换取其所作的有罪供述。司法机关会告知未成年被追诉人如果其愿意承认和陈述所犯的罪行，则会有特别的量刑优惠政策；如果拒绝接受认罪认罚程序，就有可能被施以较重的刑罚处罚。因此，应当强化司法机关严格遵循相关的法律规范，以合法的手段来帮助未成年被追诉人正确理解认罪认罚从宽制度，保证其自愿性得到充分的落实，确保其合法权利得到充分的行使。

三　未成年人自愿性在刑事诉讼程序中的困境与考量

认罪认罚从宽制度已随着《刑事诉讼法》的修改而在我国全面铺开并取得了明显效果。此项制度适用于成年人自然无可非议，但是如若适用于未成年人，便会带来诸多问题与争议。因为虽然未成年人与成年人共用一套认罪认罚的自愿性保障标准，但是未成年人因身心发育不甚健全而能力具有一定缺陷和不足，这便引出了未成年人适用认罪认罚从宽制度的关键核心问题，即权利与效率之争。

（一）法律制度保护性规定不足之缺憾

未成年犯罪嫌疑人、被告人的心智发展不够成熟、不够健全，因而其并不需要对自己犯罪人格形成过程和犯罪行为的实施过程承担全部责任。问题也随之而来：既然承认未成年人的心智和理念相较成人而言不够成熟，对相关法律法规中的刑罚条件、优惠政策等理解不全面不透彻，那么认为未成年人能够充分意识和领会认罪认罚从宽制度的具体含义和详细内容就更加无从谈起。笔者通过研究和调查发现，在具体的实践中，未成年犯罪嫌疑人、被告人由于自身年龄实在过小，同时学历水平也不高，很难意识到自己的行为属于犯罪。在很多场景下，其基于所谓盲目从众、追求另类的心理实施了犯罪行为，但是其仅仅认为是小打小闹的日常行为，殊不知已经触碰了法律的底线。同时，针对《刑法》所规定的刑期标准，其在具体刑期方面也存在特殊的理解。比如对于无期徒刑，一些未成年被追诉人会认为自己将会在监狱中度过余生，基于对监狱的恐惧而作出虚假的自愿认罪认罚以换取刑事政策优惠。

《刑事诉讼法》明确规定了一系列诸如强制指派辩护、合适成年人等保护未成年人合法权益的制度，尤其是值班律师等辅助人的存在，对于保障未成年人合法权益发挥着极为重要的作用和效能。但是就笔者的观察来看，现实情况并不如立法者所期望的那样乐观。在未成年犯罪嫌疑人、被告人眼中，其会认为合适成年人、值班律师等辅助人与司法机关站在同一立场，都是为了尽快缉拿其归案，对其进行惩戒。所以说未成年被追诉人会对原本是为了保护他而存在的辅助人产生敌对情绪，这进一步影响其自愿性。在具体实践的少数情况下，合适成年人有时会与公安司法机关合作，为了提高办案效率而站在与公安司法机关相一致的立场上共同“讯问”未成年被追诉人。未成年被追诉人在接受讯问的过程中如若认为法律上规定来保护自己的人也站在了自己的对立面上，那么就可能对合适成年人丧失必要的信任而被迫作出认罪认罚的决定。在这个角度上，不同于成年人可以自行辩护、可以根据自己的意愿委托辩护人为其进行辩护、可以针对司法机关的违法行为进行控告等，未成年被追诉人对外界帮助的依赖性较强，如若意识到被自己信赖的帮助人“背叛”，那么其心理上会留下难以愈合的创伤，这会严重挫伤其对司法机关公正性的信赖。

认罪认罚从宽制度对犯罪嫌疑人、被告人提出了认罪悔罪的要求，具体的行为模式主要包含：自愿如实供述自己所犯罪行、承认自己实施的犯罪事实、自愿承担刑事责任和接受刑事处罚。这三种行为是逐层递进的，都对行为人的心理认知判断能力提出了较高的要求。[①] 而未成年犯罪嫌疑人、被告人由于自身情况而极度缺乏相应的思维认识能力，亦会对涉及自

---

① 王瑞君、陈禹衡：《未成年人适用认罪认罚从宽制度争议问题辨析》，《青少年犯罪问题》2019 年第 5 期。

身的权利与程序理解不透彻。笔者认为，通过设立辅助人来协助涉罪未成年人对罪行和程序进行理解能更为有效地解决此类问题，但遗憾的是目前司法制度并未着重从辅助人层面设立专门程序，可见，对法律制度的认知能力成为未成年人司法保护的一大掣肘，应当针对这个方面进行特别的观照，对其权利进行充分的保障。

（二）司法效率与权利保障冲突之缺憾

成年人才是认罪认罚从宽制度的适用主体。公检法机关在对成年犯罪嫌疑人、被告人适用认罪认罚从宽制度时易形成思维惯性与定势，将对待成年人的要求套用在未成年人身上。公检法机关面临案多人少的压力与窘境，为了更好地提高效率、最大限度地节约司法资源并快速结案，公检法机关常常会出现各种对认罪认罚从宽制度应用不当的问题。例如公安机关等侦查机关在侦查阶段，利用未成年犯罪嫌疑人面对国家机关的威严而产生的畏惧，以及未成年人对于自身的犯罪行为的性质与危害程度的不彻底认知，存在不当讯问行为，使其虚假认罪。再者，司法机关由于对未成年犯罪嫌疑人、被告人的心理发育情况认知不到位或者贪图省事而轻视未成年人应当享有的诉讼权利，在向未成年人告知权利义务以及后果时不甚充分，造成其基于错误的理解和认识而认罪认罚。此外，在案件进入审判阶段之后，法官为了尽快将案件审结，在涉及未成年人认罪认罚的案件中，不对认罪认罚的自愿性进行详细的审查，不充分考量未成年人的认知能力水平以及心智发育成熟程度，就匆忙开始审理并按照检察院的量刑建议作出裁判，这虽然提高了案件处理的效率，但在一定程度上因追求效率而使权利受到减损。基于司法机关在处理未成年人认罪认罚案件中出现的种种问题与弊病，为了更充分地使未成年人的自愿性得到最大限度的保障、使未成年人适用认罪认从宽制度更加合理与妥当，有必要在保护其自愿性方面进行一系列规制。

四　未成年人自愿性嵌入认罪认罚程序的有效路径

如上文所述，未成年人与成年人在认罪认罚的自愿性保障上适用一套标准：“明知性”方面，通过自己的理解或者他人的帮助充分了解认罪与认罚两种行为的性质及可能造成的后果；“真实性”方面，在主观上能够通过自己的自由意志来作出是否认罪认罚的决定，不受外界社会在精神上或者生理上的干涉。但涉罪未成年人基于身心发育不健全或法律保障不到位的种种问题，仅依靠自身能力达到与成年人同样的认罪认罚自愿性标准显然是无法实现的。为此，要想使未成年人达到成年人认罪认罚的标准，就必须通过相关措施对其明知性和真实性进行辅助，从而填补未成年人天然的不足之处。

（一）加强对未成年人的明知性审查

首先，应当加强对未成年犯罪嫌疑人、被告人的认知能力的审查，办理未成年人认罪认罚案件时，人民法院应当将关注焦点放在对自愿性的审查上，要十分重视对认罪认罚自愿性进行审查的意义和影响。对未成年人认罪认罚案件自愿性的审查不能是普通的形式审查，而应当是细致的实质性审查。要尤其注重一般与特别相结合的方法论，将查明案件客观事实和考虑未成年犯罪嫌疑人、被告人的法律思维能力和心理认知判断水平相结合，① 通过对未成年犯罪嫌疑人、被告人开展背景调查，衡量其受教育水平、学历情况以及学习能力和认知能力来确定其真实的明知能力，确保其能够真正理解认罪认罚的相关法律规定与刑事政策，能够真正领悟自己所实施的罪行的危害性，为自己的犯罪行为带来的危害结果而懊悔。

其次，应当对其是否有被强迫认罪的可能性进行审查。笔者认为，不论是公安机关结束侦查活动将案件交由检察院进行审查起诉，还是检察院向法院提起公诉，后一机关均处于刑事诉讼新阶段的开端，确有必要和有义务对前一阶段未成年人的认罪认罚进行进一步的审查与检验。为了加强对认罪认罚自愿性的保障，对其进行充分的监督，检察院对于公安机关、法院对于检察院移送的未成年人认罪认罚案件中的自愿性进行审查，避免因为追求效率而丧失公平。法检机关在审查过程中也应当有所偏重，应当着重对未成年人认罪认罚从宽制度适用的认知情况进行严格审查，需优先保证其在选择认罪认罚之前，对案件的事实认定、证据采信与证明和法律

① 拜荣静、罗景文：《认罪、认罚自愿性的有效审查机制》，《苏州大学学报》（哲学社会科学版）2020 年第 2 期。

适用等有充分明确的知悉和了解。在审理未成年人认罪认罚案件时，应当着重调查法律规定的相关制度是否得到贯彻（例如合适成年人是否到场等）以及未成年人的合法权利是否得到行使。

最后，各机关在各刑事诉讼阶段，都应当自觉宣示未成年犯罪嫌疑人、被告人所享有的权利，积极开示认罪认罚后果，自觉履行权利告知义务，确保未成年人的知悉权实现。知悉权作为一项诉讼中的权利，通常指的是被追诉人在诉讼过程中获知与自己权益相关的各种信息，以在充分衡量利弊后理性处分自己的诉讼权利。① 司法机关通过告知未成年人所享有的权利和可能的待遇，尊重未成年人的真实意愿，使未成年人对认罪认罚从宽制度进行充分了解之后依照自己的自由意志自主决定是否适用。

（二）强化未成年犯认罪认罚真实性辅助

法国法学家孟德斯鸠在《论法的精神》中曾言："刑罚在绝大部分情况下可以防止一般邪恶带来的诸多恶果，但是刑罚并不能完全铲除邪恶本身。"② 由此可见，刑罚的惩戒本身并不是目的，帮助未成年人及时改邪归正、顺利回归社会、恢复业已破坏的社会关系才是目标之所在。在真实性方面，应当充分发挥辅助人的功能与效用，协助未成年人适用认罪认罚从宽制度，帮助其正确地理解自己的行为及其背后的意义。未成年人认罪认罚权利是一项相对受限的并不充分的权利，未成年人认罪认罚权利的灭失可以通过辅助人的"提出异议权"来实现。未成年人认罪认罚权利在很大程度上是植根于辅助人而存在的，只有未成年人作出了与辅助人相一致的意思表示和行为，其认罪认罚权利方可真正有效得到行使。辅助人提出异议则表示其与未成年人认罪认罚权利行使的进程彻底分离，失去依附、无法植根的认罪认罚权利理应灭失。③ 由此可见，辅助人在未成年人认罪认罚过程中的重要地位。笔者主要从法定代理人、合适成年人以及值班律师三个角色的地位与功能来探究分析。

首先，法定代理人作为未成年人法定的守护者，应当肩负起法律赋予

---

① 孔冠颖：《认罪认罚自愿性判断标准及其保障》，《国家检察官学院学报》2017 年第 1 期。

② 〔法〕孟德斯鸠：《论法的精神》（上册），张雁深译，商务印书馆，1959，第 314 页。

③ 毛泽金：《基于诉讼行为能力分析视角下的未成年人认罪认罚研究》，《预防青少年犯罪研究》2019 年第 5 期。

的责任和担当。当未成年人在适用认罪认罚从宽制度时，司法机关应当及时通知未成年人的法定法定代理人到场并依照《刑事诉讼法》的规定听取、记录法定代理人的意见。但是该项制度的缺陷也是显而易见的，即法定代理人虽然在心智上相较于未成年人更为成熟和理智，并且能够独立地作出决定并对此负责，但是作为一名普通的公民而不是专业的法律职业者，其在未成年人认罪认罚中所起的法律作用不大。一方面，法定代理人对未成年人所犯罪行的犯罪性质不甚了解，其仅依靠生活经验常识和朴素理解并不能真正帮助未成年人进一步强化对法律的认识和了解；另一方面，法定代理人对认罪认罚从宽制度以及相关的优惠政策也理解不透彻，不能更好地帮助未成年人选择更合适的法律制度，争取到最大的利益。

其次，就合适成年人而言，其是在法定代理人不能到达现场之时由司法机关通知相关单位派出的未成年人利益捍卫者。相较于法定代理人而言，其对于法律的认知和理解程度均较高，因此可以更好地辅助未成年人理解犯罪行为的性质以及认罪认罚的后果，对其开展教育和教化，促使其在真实自愿的情况下认罪认罚，帮助其更好地回归社会。但是合适成年人归根结底而言并不是未成年人的直系血亲，而是未保组织等相关单位派遣来执行职务和履行社会职责的人员。对于未成年人的利益，其并不会像保护自己亲属家眷那样尽最大努力时时刻刻放在心上。而在更多时候，合适成年人的派出机构会与司法机关开展合作与交流，致使合适成年人制度归于形式化。

最后，从以上论述中可以看出，不论是法定代理人还是合适成年人，在帮助未成年犯罪嫌疑人、被告人适用认罪认罚程序，辅助其理解犯罪行为和程序处理时，基于种种的局限性，均并不能在最大限度上维护未成年人的最大利益。由此，借助律师的重要地位是发挥辅助人功能的最优途径和必要之举。就此，《关于适用认罪认罚从宽制度的指导意见》第 10 条明确规定，犯罪嫌疑人、被告人享有获得法律帮助权，以确保其自愿认罪认罚。获得“有效的法律帮助”在制度上就已经要求，未成年犯罪嫌疑人、被告人不仅应当及时获得应有的法律帮助，而且这种帮助应当是具有实效的而非浮于表面、流于形式的，绝不能仅存象征意义。[①] 实现行之有效的

① 韩旭：《认罪认罚从宽案件中有效法律帮助问题研究》，《法学杂志》2021 年第 3 期。

法律帮助，在根本上需要强化辩护律师所享有的权利，为辩护律师在侦查阶段加强对案件情况的了解拓宽路径。根据现行的《刑事诉讼法》，在案件审查起诉阶段律师才有权行使阅卷权。如若未成年犯罪嫌疑人在侦查阶段就已经认罪认罚，那么保障其在侦查阶段获得有效的辩护与法律帮助就显得十分必要。在一般情况下，阅卷权作为律师了解案件、提供法律帮助的最为重要的权利之一，在侦查阶段并不能如理想中那样发挥有效作用。由此，在适用认罪认罚从宽制度的侦查阶段，如果不能在最大限度上保证未成年人获得及时有效的法律帮助，其真实自愿性在认罪认罚从宽制度适用过程中的意义与价值就大打折扣。为此，在未成年人认罪认罚的案件中，应当根据个案的实际情况赋予律师较为宽泛的相应权利，使律师能够更加深入地了解案情与未成年犯罪嫌疑人的心理、真实想法，利用自身专业的法律知识帮助其更好地认识认罪认罚从宽制度，为其自愿性的充分落实保驾护航。

综上所述，笔者认为在辅助未成年人适用认罪认罚程序时，应对三类主体进行有针对性的赋权，使三者能够在各自的权利范围内发挥出最大的功能和作用，使未成年人的合法权益得到最大限度的保障。具体而言，有三点。一是法定代理人在最终决策方面享有（仅次于未成年人的）最大权利。因为法定代理人一般与未成年人具有息息相关的亲缘关系，因此在一定程度上双方的利益具有同向性，法定代理人会设身处地从未成年人的核心利益出发考量并作出决定。而律师作为专业的法律执业者，凭借自身专业水平和能力完全可以协助法定代理人作出最有利于未成年人的决定。为此，在对未成年人适用认罪认罚程序时，一方面，法定代理人在场可以起到监督的作用，确保未成年人认罪认罚的真实性不会因为司法机关的行为而受到不当的影响和干预；另一方面，应当允许法定代理人向律师进行充分和详细的咨询，运用成年人所拥有的成熟思维和认知方式对认罪认罚程序的内容进行理解与把握，然后结合未成年人的具体情况帮助其作出正确的决定。二是在讯问阶段，应当允许律师同法定代理人协作，赋予双方充分协商的权利和机会，将律师的专业能力与法定代理人的权利融合起来，由律师为法定代理人和未成年人详细地阐述认罪认罚程序的内容以及认罪认罚带来的各种影响，使其能够充分了解认罪认罚程序背后的真实意涵和适用所带来的后果，以使未成年人的利益得到最大限度的保障和维护。在此过程中律师起到协助理解和法律阐释的作用，但是并不能真正代替法定代理人和未成年人作出认罪认罚的决定。三是要加强合适成年人的队伍建设。要健全合适成年人的选任制度，从熟悉未成年人身心特征和法律制度的人群中选拔，并定期进行专项培训和考核。只有加强人才选拔和队伍建设，使合适成年人真正代表未成年人的核心利益而不是成为司法机关的“程序工具”，才能保障合适成年人群体的队伍纯洁性和初心奉献性，从而确保合适成年人能够真正肩负起理解未成年人意愿、传达未成年人声音、维护未成年人利益的职责。

涉假毒品不能犯无罪之提倡*

曹　禹　黄礼登**

【内容摘要】我国传统刑法理论将未遂犯分为能犯未遂和不能犯未遂，通常认为贩卖、制造、运输假毒品等行为就是不能犯未遂的形态。对于此类涉假毒品行为的不能犯，理论和实践大多认为其具有可罚性，应按照《刑法》中关于犯罪未遂的规定处理。但我国《刑法》对不能犯并未明文予以规定，相关入罪处理的司法解释或司法解释性质文件也已经废止失效。在此情况下，我国对涉假毒品行为的不能犯应作无罪处理。在新的司法解释出台以前，应坚持刑法理论上的客观危险说，并通过对法益和相关构成要件进行限缩解释、严格执行毒品犯罪案件证据标准等路径来实现这一目标。

【关键词】假毒品　未遂犯　不能犯　客观危险说　毒品证据

一　问题的提出

我国《刑法》没有明文规定不能犯的犯罪形态，但实践中存在在未遂犯框架下处罚“涉假毒品犯罪”① 的相关案例。综观全部司法解释或者司法解释性质文件②，确有与该实践相契合的规定。然而，由“两高”及公

---

* 基金项目：国家社科基金项目“德奥瑞检察机关在国际刑事司法协助中的作用与我国的应对研究”（项目编号：19BFX087）。

** 曹禹，法学硕士，四川熙蜀律师事务所执业律师，研究方向为刑法学；黄礼登，法学博士，西南财经大学法学院副教授，研究方向为刑法学。

① 本文讨论的“涉假毒品犯罪”是指行为人不知是假毒品而当成真毒品进行贩卖、制造、运输等行为。

② 司法解释是指最高人民检察院根据《最高人民检察院司法解释工作规定》和最高人民法院根据《最高人民法院关于司法解释工作的规定》制定的规范性文件；司法解释性质文件是指最高人民法院和最高人民检察院发布的，但不是根据前述两个规定制定的，对下级法院和检察院具有指导作用的规范性文件。本文对司法解释和司法解释性质文件以下统称为“司法解释文件”。

安部发布的有关假毒品犯罪定性的司法解释文件大部分已废止，这就导致实践中对涉假毒品行为进行处罚缺乏有力的法律根据。

通过最高人民法院“裁判文书网”[①] 检索“刑事案由”和“假毒品”两个关键词，判决书和裁定书的数量分别为1189份、373份。可见，此类案件为数不少，其定性正确与否关乎被告人的切身利益以及司法机关的办案质量。

因此，在我国历来奉行从严惩处毒品犯罪的刑事政策[②]和实践中存在数量庞大的涉假毒品案件这两大前提下，司法机关一方面废止了相关司法解释文件，另一方面又要按照原来的司法解释文件定性处罚，这一做法凸显了矛盾性。而废止对假毒品犯罪定性的相关司法解释文件，是否意味着司法解释文件的制定机关主张不再处罚不能犯？或者说，废止相关司法解释文件，是否已经对《刑法》第23条[③]关于未遂形态的规定产生了实质影响？

本文认为，在相关司法解释文件被废止以后，不应套用《刑法》第23条犯罪未遂的规定对以假毒品为犯罪对象的毒品类犯罪的不能犯进行刑事处罚。事实上，不能犯具有可罚性虽然存在一定理论和规范上的依据，但其理由难以成立。本文首先考察主张可罚的依据，然后对其进行分析反驳，最后提出涉假毒品行为不可罚的核心主张和出罪路径。

二 惩罚涉假毒品不能犯的依据

（一）支持不能犯可罚性的理论学说

理论上学者们通常把涉假毒品的犯罪视为不能犯。[④] 我国刑法理论通

① 见 https://wenshu.court.gov.cn。

② 张洪成：《毒品犯罪刑事政策之反思与修正》，中国政法大学出版社，2017，第95~114页。

③ 《刑法》第23条规定：“已经着手实行犯罪，由于犯罪分子意志以外的原因而未得逞的，是犯罪未遂。对于未遂犯，可以比照既遂犯从轻或者减轻处罚”。

④ 高铭暄、马克昌主编《刑法学》（第八版），北京大学出版社、高等教育出版社，2017，第157页；陈兴良：《判例刑法学》（第二版上卷），中国人民大学出版社，2017，第374页；张明楷：《刑法的基本立场》（修订版），商务印书馆，2019，第349页。

说认为，不能犯未遂和能犯未遂是未遂犯的两个类型，[①] 因此不能犯就是未遂犯，且实质上就是不能犯未遂这种形态。不能犯未遂是指行为人对有关事实认识错误而使犯罪行为不可能达到既遂的形态。[②] 通说认为不能犯具有可罚性，[③] 理由是“其犯罪行为仍然具有社会危险性”[④]，并且在“不能犯未遂的情况下，行为人的犯意已经外化为行为，行为人主观上也具有明显的犯罪故意”[⑤]。这就意味着不能犯具有了主观罪过与客观犯罪行为这两个犯罪构成中最基本的因素，从而决定了其具有刑法上的可罚性。不少学者认为，通说在学说定性上就是大陆法系的抽象危险说，即以行为人当时认识到的事实为基础，从一般人的角度判断，如果对法益存有危险，那么即便是事后判断出的不能犯，也具有犯罪未遂的可罚性。能犯未遂和不能犯未遂的区别只在于量刑，在可罚性上没有区别。[⑥] 学界对通说最严厉的批评莫过于认为其在一定程度上存在主观归罪的倾向，[⑦] 尽管如此，仍有学者高举主观危险理论的大旗试图证成不能犯的可罚性，认为违反了规范就已经表现出法益侵害的危险，规范违反的判断重心在于行为人的主观意志，而着手行为是逾越规范的最后时间点，是由行为决意推动的从观念世界到现实世界的过渡。[⑧] 还有学者抛弃主观视角，专注于从客观层面论证不能犯可罚性，典型的思路就是援引德国刑法理论中的印象理论来论证。其认为，行为人实施了法敌对憎恶的行为并且动摇了法秩序的效力和公众的法安全感，这种客观上的效应才是不能犯的处罚依据。[⑨]

---

① 高铭暄主编《刑法专论》（第二版），高等教育出版社，2006，第 295 页；马克昌主编《刑法》（第二版），高等教育出版社，2010，第 135 页；苏惠渔主编《刑法学》（第六版），中国政法大学出版社，2016，第 125 页。

② 高铭暄、马克昌主编《刑法学》（第八版），北京大学出版社、高等教育出版社，2017，第 156 ~ 157 页。

③ 高铭暄、马克昌主编《刑法学》（第八版），北京大学出版社、高等教育出版社，2017，第 156 ~ 157 页。

④ 高铭暄主编《刑法学》（修订本），法律出版社，1984，第 179 页。

⑤ 曲新久：《刑法学原理》（第二版），高等教育出版社，2014，第 139 页。

⑥ 陈家林：《为我国现行不能犯理论辩护》，《法律科学（西北政法学院学报）》2008 年第 4 期。

⑦ 赵秉志：《论不能犯与不能犯未遂问题》，《北方法学》2008 年第 1 期。

⑧ 石佳宇：《论不能未遂的处罚依据——主观危险理论之再提倡》，《政治与法律》2021 年第 1 期。

⑨ 刘晓山、刘光圣：《不能犯的可罚性判断——印象说之提倡》，《法学评论》2008 年第 3 期；刘继烨：《论我国不能犯的认定——印象说的提倡》，《南海法学》2017 年第 6 期。

（二）支持涉假毒品不能犯可罚性的规范依据

最高人民法院、最高人民检察院和公安部都曾对贩卖、制造、运输假毒品等行为发布过司法解释文件，皆主张将该行为定性为犯罪未遂并予以刑事处罚。公安部的相关文件现行有效，“两高”的相关司法解释文件虽然已经废止，但司法机关通常以司法解释文件的原则精神未变为由，而继续对涉假毒品的案件以犯罪未遂进行入罪处理。

（1）最高人民法院曾将涉假毒品行为定性为犯罪未遂。1992 年 12 月 17 日，最高人民法院发布的《关于十二省、自治区法院审理毒品犯罪案件工作会议纪要》（以下简称《毒品犯罪纪要》）第 8 点“关于贩卖假毒品的定性和处罚问题”规定：“行为人完全不知是假毒品，以为是真的毒品进行贩卖而获利……行为人虽然卖出的是假毒品，但他主观上具有贩卖毒品的故意，故应定为贩卖毒品罪（未遂）……”另外，最高人民法院在 1994 年 12 月 20 日发布的《关于适用〈全国人民代表大会常务委员会关于禁毒的决定〉的若干问题的解释》（以下简称《禁毒决定解释》）第 17 条规定：“不知道是假毒品而当作毒品走私、贩卖、运输、窝藏的，应当以走私、贩卖、运输、窝藏毒品犯罪（未遂）定罪处罚。”

2013 年 1 月 14 日，最高人民法院在《关于废止 1980 年 1 月 1 日至 1997 年 6 月 30 日期间发布的部分司法解释和司法解释性质文件（第九批）的决定》中将上述两个规范性文件同时废止。

（2）最高人民检察院曾将贩卖假毒品行为定性为犯罪。1991 年 4 月 2 日，最高人民检察院在《关于贩卖假毒品案件如何定性问题的批复》（以下简称《贩卖假毒品批复》）中指出：“不知是假毒品而以毒品进行贩卖的，应当以贩卖毒品罪追究被告人的刑事责任，对其所贩卖的是假毒品的事实，可以作为从轻或者减轻情节，在处理时予以考虑。”可见，最高人民检察院认为贩卖假毒品构成贩卖毒品罪，但对其是否属于犯罪未遂未予明确，假毒品只作为量刑情节。这与最高人民法院的观点稍有区别，因为前者没有将贩卖假毒品定性为犯罪未遂，且在量刑上也不遵照未遂犯规定的“比照既遂犯从轻或者减轻处罚”，仅将其作为从轻或减轻的量刑情节予以考虑，而不是法定必须适用。

2013 年 1 月 4 日，最高人民检察院在《关于废止 1980 年 1 月 1 日至

1997年6月30日期间制发的部分司法解释和司法解释性质文件的决定》中将《贩卖假毒品批复》废止。

（3）公安部曾将贩卖假毒品行为定性为犯罪未遂。1989年1月26日，公安部作出《关于海南省公安厅对认定贩毒案件请示的批复》（以下简称《贩毒案件批复》），其中提出："以贩毒罪提请批准逮捕王某若等人是正确的。最高人民检察院认为：行为人贩卖假毒品，本人不明知是假毒品的，应按贩毒罪认定，但可按未遂犯追究刑事责任。"公安部在1990年5月7日发布的《除"六害"斗争通知》规定，"制造、贩卖、运输假毒品的，应分别不同情况以制造、贩卖、运输毒品罪或诈骗罪追究"。2004年8月19日，公安部在《关于保留修改废止部门规章及规范性文件的通知》中将《贩毒案件批复》和《除"六害"斗争通知》废止，但公安部曾经按照《贩毒案件批复》和《除"六害"斗争通知》，认为贩卖假毒品等行为可以成立相关毒品犯罪，其犯罪形态应当是未遂犯。

三 涉假毒品行为以不能犯未遂处罚依据不足

（一）支持不能犯可罚性的理论不具说服力

虽然理论通说认为不能犯未遂具有刑事可罚性，但不少学者并不赞同这种观点，他们认为，通说所持有的不能犯未遂的观点具有浓烈的主观主义刑法的色彩。[①] 周光权教授甚至批判通说是纯粹的主观说，认为其"从行为人的主观恶性出发，考察行为人的心理状态，强调行为人在该主观目的支配下实施了行为，并希望发生结果，因此推断主客观是统一的，从而首先肯定其构成了犯罪……采取了从主观到客观的思考方法，有主观归罪之嫌"[②]。还有学者指出不能犯的行为不具有侵害法益的"先在"危险性，因此其并不含有真正的犯罪客观要件。[③]

---

① 张明楷：《刑法的基本立场》（修订版），商务印书馆，2019，第332页；周光权：《刑法总论》（第三版），中国人民大学出版社，2016，第285页；赵秉志：《犯罪未遂形态研究》（第二版），中国人民大学出版社，2008，第193页；陈兴良：《不能犯与未遂犯——一个比较法的分析》，《清华法学》2011年第4期。

② 周光权：《刑法总论》（第三版），中国人民大学出版社，2016，第271~272页。

③ 聂长建：《不能犯与未遂犯区分标准研究》，《法商研究》2018年第6期。

通说对危险的判断也不符合客观归责理论。贩卖、制造、运输假毒品等行为并没有制造侵害毒品犯罪所涉法益的风险，不符合“行为制造法所不容许的风险”[①] 这个基本的归责要件。如若行为人将冰糖当作冰毒贩卖给长期低血糖的吸毒者，则不仅没有制造侵害法益的风险，而且降低了该风险，更不能归责于相关贩卖假毒品行为。

此外，认为违反规范本身就含有法益侵害的危险，这种使用规范违反说论证不能犯具有刑事可罚性的路径过于片面。违反规范往往只意味着行为具有违法性的表征，行为是否具有真正的法益侵害危险，还需要作实质判断。实质意义上，不能犯正是由于行为本身不具有导致危害结果的风险，所以不可能具有法益侵害的危险。“印象说”认为不能犯动摇了法秩序和法安全感，这确实是一种外在的、客观的损害后果。但这是任何一种犯罪都有的附带后果，行为的入罪基础恰好不在于此，而在于具体的法益损害。事实上，法秩序和法安全感本身从来就不是独立的法益，否则当它们受损时，就没有犯罪未遂的成立空间，这恰好和不能犯未遂损害法秩序和法安全感的论证自相矛盾。综上，认为不能犯具有刑事可罚性，在理论上难以自圆其说。由于所谓的“相对不能犯”其实就是能犯，所以其可罚性理由并不能对不能犯不具可罚性的立场构成冲击。

（二）相关规范已经过时且不具有可参照性

最高人民法院 1992 年《毒品犯罪纪要》和 1994 年《禁毒决定解释》强调贩卖假毒品以及其他对假毒品的处理行为应当以犯罪未遂进行处罚。但最高人民法院在 2013 年废止了这两个司法解释文件。废止之后，对于能否继续参照原有司法解释文件的精神，我们可以从废止理由来分析。

废除《毒品犯罪纪要》的理由是“社会形势发生变化，不再适用”[②]，那么社会形势发生了什么变化？2013 年 3 月 10 日，《最高人民法院工作报告》中“过去五年的主要工作”部分载明“坚持惩罚犯罪与保证人权并重，严格贯彻宽严相济的刑事政策”和“认真做好司法解释清理工作，提高司法解释质量”；“2013 年主要工作”部分载明“规范法律适用，严格

---

① 陈兴良：《从归因到归责：客观归责理论研究》，《法学研究》2006 年第 2 期。

② 《最高人民法院关于废止 1980 年 1 月 1 日至 1997 年 6 月 30 日期间发布的部分司法解释和司法解释性质文件（第九批）的决定》。

裁判标准，维护国家法制统一、尊严、权威”。由此可知，在2013年之前的五年中，最高人民法院坚持惩罚犯罪与保证人权并重，严格贯彻宽严相济的刑事政策。这在司法领域形成一种社会大氛围，即社会形势发生变化。具体到司法解释文件上的表现，就是清理低质量的司法解释文件，提高司法解释文件的质量，未来进一步规范法律适用标准。

从上述《最高人民法院工作报告》来看，在2013年1月18日正式废止《毒品犯罪纪要》与最高人民法院努力提升司法解释文件质量有关。《毒品犯罪纪要》将贩卖假毒品定性为犯罪未遂的做法在理论上尚不完善，实践中也颇有非议，将其废止是为了让实务界和理论界充分探索，最终助力形成新的高质量的司法解释文件。最高人民法院“坚持惩罚犯罪与保证人权并重，严格贯彻宽严相济的刑事政策”也体现了一定的社会形势变化，这使对贩卖假毒品进行从宽处理具有了充分的刑事政策依据。

废止1994年《禁毒决定解释》的理由是“《全国人民代表大会常务委员会关于禁毒的决定》已被《刑法》代替，通知不再适用”①。但《全国人民代表大会常务委员会关于禁毒的决定》中没有关于贩卖假毒品的规定，因此也就不存在《刑法》承继贩卖假毒品内容的问题。既然制定机关废止时明确要求其后不再适用该司法解释，那么在这之后当然不能再将该司法解释条款作为裁判依据。

就最高人民检察院的相关司法解释文件而言，1991年的《贩卖假毒品批复》要求以贩卖毒品罪追究贩卖假毒品者的刑事责任。该批复于2013年被最高人民检察院废止，理由是“相关司法解释已作出规定”②。从时间上来看，“相关司法解释”是指尚未废止的最高人民法院作出的《毒品犯罪纪要》和《禁毒决定解释》，当时也仅存在这两个规范性文件对贩卖假毒品行为的定性作出了规定。“皮之不存，毛将焉附”，在最高人民法院废止上述两个司法解释文件后，最高人民检察院的司法解释文件自然也就失去了可参照性。

---

① 《最高人民法院关于废止1980年1月1日至1997年6月30日期间发布的部分司法解释和司法解释性质文件（第九批）的决定》。

② 《最高人民检察院关于废止1980年1月1日至1997年6月30日期间制发的部分司法解释和司法解释性质文件的决定》。

四　刑事处理涉假毒品行为的司法现状

实践中出现大量司法混乱的现象，这不仅体现在认定涉假毒品行为属于绝对不能犯还是相对不能犯的标准不一，还有法院定性失据、裁判理由自相矛盾等情况。但法院或者检察机关能够注意到相关司法解释文件已经废止，从而正确地对涉假毒品案件作出无罪处理或不起诉决定，是很让人感到欣慰的。

（一）不同法院区分绝对不能犯与相对不能犯的标准不一

在“何某甲、何某乙制造毒品案”① 中，被查获的黄色粉末状物品中检出苯丙酸乙酯（非制毒原料）成分。法院认为该案所涉犯罪属于绝对不能犯的未遂，理由是被告人用非制毒原料没有制造出氯胺酮（俗称“K粉”），从而判决被告人制造毒品罪（未遂）。而在“何某某贩卖毒品案”② 中，法院认为被告人贩卖合成大麻素（烟丝状，非毒品），其内含我国未列管的两种大麻类精神活物，该贩卖行为与毒品交易无差别。该贩卖行为属于对象不能犯中的相对不能犯，而绝对不能犯是指行为在任何情况下都不可能引起危害结果的发生，如迷信犯。因此，法院认定被告人成立贩卖毒品罪（未遂）。

在后一案例中，法院对贩卖假毒品为什么属于相对不能犯阐述了相关理由，但其理由没有说服力。法院认为迷信犯没有社会危害性，因此才属于绝对不能犯，但这种认定范围过于狭窄，因为贩卖假毒品同样没有社会危害性。在大多数此类案件中，法院并不阐明相关行为属于哪种不能犯，这说明法官认为区别不能犯的具体形态对定罪量刑并未产生实质性影响。这种立场是可以接受的，因为相对不能犯实质上就是能犯，没有必要在不能犯框架下讨论它。相关案例中对这两种形态的区分，无非表明实践中部分法官认可绝对不能犯实际上存在不具有可罚性的可能性，在入罪或出罪路径上进行一番理论上的努力。

① 参见广东省惠东县人民法院（2016）粤 1323 刑初 845 号刑事判决书。

② 参见新疆维吾尔自治区克拉玛依市克拉玛依区人民法院（2021）新 0203 刑初 55 号刑事判决书。

（二）直接把废止的司法解释文件作为裁判依据或理论参照

司法实践中有法院仍然在判决中引用2013年最高人民法院已经废止的司法解释文件，或者在裁判文书中明确指出以该司法解释文件为理论参照。

在2016年“施某某等人贩卖毒品案”[①] 中，辩护人提出“假毒品对社会没有造成实际危害”的辩护意见。但法院根据《贩卖假毒品批复》，认定假毒品只作为从轻或者减轻情节而被考虑，以此否定了该辩护意见。又如2020年“李某、周某某走私、贩卖、运输、制造毒品案”[②] 中，法院根据《禁毒决定解释》和《贩卖假毒品批复》认定被告人成立贩卖毒品罪（未遂）。而2020年“陈某走私、贩卖、运输、制造毒品案”[③] 中，法院直接根据《禁毒决定解释》第17条认定被告人成立贩卖毒品罪（未遂）。

问题是，《禁毒决定解释》和《贩卖假毒品批复》在2013年就已经废止，法院直接将这两个已废止的司法解释文件作为贩卖假毒品定性的法律根据，这明显属于适用法律错误。

“把废止的司法解释文件作为理论参照”与“直接把废止的司法解释文件作为裁判依据”虽然在形式上表现不同，但在本质上是相同的，都是为了论证涉假毒品行为属于犯罪未遂，从而使裁判结果具有合理性和正当性。例如，在2020年“李某、马某某走私、贩卖、运输、制造毒品罪案”[④] 中，法院认为应根据原有司法解释文件的精神和司法惯例定性，认定被告人成立贩卖毒品罪（未遂）。该案判决书正文之后的附件“理论参考依据”包括《贩卖假毒品批复》和《禁毒决定解释》的规定及《刑事审判参考》第37号“胡某、张某某等故意杀人、运输毒品（未遂）案”。这类裁判存在以下问题。

第一，“原有司法解释文件的精神”不得作为裁判理由。所谓的“原有司法解释文件”暗指已经废止的《贩卖假毒品批复》和《禁毒决定解释》，其中有关于贩卖假毒品定性的规定。规定既已废止，从中衍生出的

---

① 参见陕西省渭南市中级人民法院（2016）陕05刑初65号刑事判决书。

② 参见江西省南丰县人民法院（2020）赣1023刑初87号刑事判决书。

③ 参见湖南省岳阳市中级人民法院（2020）湘06刑终311号刑事判决书。

④ 参见江西省南昌市东湖区人民法院（2020）赣0102刑初296号刑事判决书。

“精神”更不能作为裁判的参考依据。只有《宪法》和普通法中的“法律原则”才能衍生出诸如公平、正义等概括性的“法律精神”，而贩卖毒品罪的刑法条款属于“法律规则”，其自身本就具有明确性，不能衍生出概括性的法律精神。此外，探寻原有司法解释文件的精神并不是法官在裁判中的一种法律解释方法。法律解释目的是让法律规定含义更加具体明确，从司法解释文件中再解释出更加模糊的“精神”并不能实现法律解释的目的。

第二，“司法惯例”亦不得作为裁判理由。首先，我国不是判例法国家，司法惯例相较于具有约束性的指导性案例，其明确性程度更低，难以作为理论参考依据，有学者直接主张所谓的司法惯例应被摒弃。[①] 虽然，2021 年 12 月 1 日《最高人民法院统一法律适用工作实施办法》规定人民法院可以参照类似案例进行裁判，但上述《刑事审判参考》所载的第 37 号案例并不适合参考。因为这个案例只是上海市高级人民法院的裁决，而同时存在山西省高级人民法院关于“薛某某非法持有假毒品”不构成犯罪的裁决，[②] 也就是说，上海市高院与山西省高院两个同级别法院，对于涉假毒品行为得出了截然相反的裁判结果，这涉及理论和实践上的重大争议，司法界对此并没有形成统一的“司法惯例”。

（三）否定涉假毒品行为的社会危害性，又肯定行为人成立犯罪未遂

在“梁某某、谭某某贩卖毒品案”[③] 中，法院认为“虽然被告人贩卖的假毒品不具有真毒品的社会危害性，但两被告人贩卖毒品的故意和行为均存在，对社会同样具备危害性，成立未遂”。法院的这种认定实际上契合德国刑法上的“印象理论”观点。[④] 该理论认为犯罪行为损害公众对法秩序效力的信任的印象，恶化规范的效力，因此具有危害性。

但这种观点相互矛盾且难以成立。首先，法院既然否定贩卖假毒品具

---

① 童新：《摒弃不良司法惯例维护刑事诉讼正常程序》，《现代法学》1995 年第 1 期。

② 参见山西省高级人民法院（2016）晋刑终 401 号刑事判决书。

③ 参见广东省江门市新会区人民法院（2017）粤 0705 刑初 339 号刑事判决书。

④ 〔德〕乌尔斯·金德霍伊泽尔：《刑法总论教科书》（第六版），蔡桂生译，北京大学出版社，2015，第 286 页。

有社会危害性，那么假毒品就不会对真毒品所涉法益造成真正的损害，因此贩卖假毒品行为不满足成立犯罪行为必须有社会危害性这一特征。其次，从逻辑上讲，既然假毒品没有危害性，那么贩卖假毒品行为同样不具有危害性。最后，在假毒品和贩卖假毒品行为不具有危害性的前提下，法院肯定贩卖故意的危害性。法院的潜台词是行为动摇了公众对于守法的信心和对法秩序应得到遵守的“印象”，这实际上是在处罚人的思想，即主观入罪。而“印象”并不能成为一种法益，它是任何犯罪都可能涉及的，不符合法益的专属性特征。

更有甚者，有法院的判决竟然认定对假毒品的贩卖行为构成犯罪，但同案中的容留吸食行为不构成犯罪，其潜在逻辑是后一行为的对象不是真毒品，因而行为不具有社会危害性。比如在“周某某、胡某某走私、贩卖、运输、制造毒品案”[①] 中，被告人误把氟胺酮（非毒品）当作氯胺酮购买并进行贩卖，且开房容留他人将氟胺酮当作氯胺酮进行吸食。法院认为，被告人将氟胺酮当作氯胺酮贩卖，属于因意志以外的情况未能得逞，成立贩卖毒品罪（未遂）。鉴于被告人容留他人吸食的物品不属于毒品，故指控被告人构成容留他人吸毒罪证据不足，法院不予认定。此处的裁判逻辑混乱矛盾，如果说法院认为容留吸食行为属于事后不可罚行为，没有侵害新的法益，因此为其出罪，则这不难理解。但法院出罪理由并非如此，而是认为事后容留吸食的是假毒品而为该行为出罪，法院显然适用了不同的证据规则和证明标准，前后明显矛盾。

（四）法院仅适用《刑法》第23条作为定罪的依据

仅适用《刑法》第23条之规定，而不援引或参照相关司法解释文件的现象更为普遍。如“张某某走私、贩卖、运输、制造毒品案”[②] 和“张某某、李某某、夏某某贩卖毒品案”[③] 中，法院认为行为人不知是假毒品而将之当作甲基苯丙胺予以贩卖，已经着手实施犯罪，由于意志以外的情况而未得逞，系犯罪未遂。但上述案例均没有对成立犯罪未遂的要素加以分析说理，导致裁判理由过于空洞而没有说服力。比如，法院认为被告人

① 参见湖南省长沙市雨花区人民法院（2021）湘0111刑初187号刑事判决书。

② 参见上海市静安区人民法院（2020）沪0106刑初461号刑事判决书。

③ 参见四川省金堂县人民法院（2020）川0121刑初206号刑事判决书。

由于意志以外的情况未得逞，但对于被告人为什么未得逞以及行为人是否“着手”没有作出阐释说明。法院仅将《刑法》第23条作为裁判依据，这明显是采取通说中不能犯未遂的观点。法官不援引或参照相关司法解释文件，可能是法官内心潜意识认同司法解释文件的入罪处理方式，但又注意到相关司法解释文件已经被废除，因此不便引用。但即便按照通说，裁判理由也没有说服力，因为“着手”要求行为已经对法益造成紧迫的危险，贩卖假毒品不满足犯罪未遂的“着手”这一基本要素。

（五）法院明确对假毒品部分不予处罚

在“查某某运输毒品案”[①]中，法院只认定运输真毒品部分构成犯罪，而运输假毒品部分无罪。该案被告人把购买三包毒品运回本地，其中一包经鉴定属于N－苄基异丙胺成分（非毒品）。法院认为，公诉机关指控被告人非法运输的该“毒品”是N－苄基异丙胺，不属毒品范畴，指控运输该包物品属犯罪未遂没有法律依据，对公诉机关的该指控不予支持。但对于真毒品部分的运输则认定构成运输毒品罪。言下之意，法院认为成立运输毒品罪，要求运输对象必须是真毒品，而不是假毒品。行为人不知是假毒品而将之当作真毒品进行运输不成立犯罪未遂，运输假毒品不是犯罪行为，不成立犯罪。这种处理是契合法理的，值得肯定。

（六）检察机关以相关司法解释文件已废止等理由不起诉

在“杨某某贩卖毒品案”[②]中，杨某某于2016年卖给吸毒人员疑似是海洛因的物品三小包，但它们均未检出毒品成分。公安机关以杨某某涉嫌贩卖毒品罪移送检察机关审查起诉。检察机关认为，最高人民法院1994年《禁毒决定解释》和最高人民检察院1991年《贩卖假毒品批复》已经于2013年废止，现行《刑法》、相关司法解释和会议纪要对于贩卖假毒品案件的规定空白。该案杨某某的行为因其客观上贩卖的假毒品不是《刑法》规定的毒品，事实上不可能造成侵害刑法所保护法益的结果，不具有实质违法性，依据《刑法》第3条“罪刑法定”原则，检察机关认定杨

① 参见江西省浮梁县人民法院（2017）赣0222刑初138号刑事判决书。

② 参见甘肃省庆城县人民检察院庆城检诉刑不诉（2016）33号不起诉决定书。

某某不构成犯罪，决定对杨某某不起诉。

此外，在“潘某某贩卖毒品案”[①] 和“陈某某贩卖毒品案”[②] 中，公安机关对毒品疑似物均未检测出毒品成分。检察机关均以嫌疑人没有实施真实的毒品交易为由，认定其行为不构成犯罪，从而决定不起诉。

检察机关在上述贩卖假毒品案件中对嫌疑人作了无罪处理，这无疑是正确的。但实践中仍有不少公安机关向检察机关移送涉假毒品案件，检察机关以相关毒品犯罪的罪名向法院起诉，法院作出有罪判决的情况出现。[③] 在澄清理论误区和实践现状的情况下，对涉假毒品案件出罪路径的探讨就显得非常重要了。

五　涉假毒品案件的出罪路径

在《刑法》对此没有修订的情况下以及新的司法解释文件出台之前，应在司法适用中为涉假毒品案件找到适当的出罪路径。

第一，在理论阐述上，应当在涉假毒品案件中坚持不能犯学说中的客观危险说。认定刑法中未遂犯的处罚根据在于现实的法益侵害直接危险，进而逻辑性地推论出行为人意图侵害的结果始终都不可能实现，相关行为属于不能犯，不具有可罚性，最终明确提出贩卖、运输、制造假毒品等行为无罪。

第二，在贯彻罪刑法定要求的基础上，应认为贩卖、运输、制造假毒品等行为不符合毒品犯罪的对象。以贩卖假毒品为例，《刑法》第 347 条第 1 款规定，“走私、贩卖、运输、制造毒品，无论数量多少，都应当追究刑事责任，予以刑事处罚”，这里规定的“无论数量多少”意味着真毒品数量必须大于零。最高人民法院发布的《全国法院毒品犯罪审判工作座谈会纪要》“二、关于毒品犯罪法律适用的若干具体问题”在“（三）毒品数量认定问题”这一部分规定：“裁判文书中，应当客观表述涉案毒品

---

① 参见四川省马边彝族自治县人民检察院马检公诉刑不诉（2014）7 号不起诉决定书。

② 参见福建省厦门市同安区人民检察院同检二刑不诉（2021）Z51 号不起诉决定书。

③ 本文第二作者在 2021 年作为辩护人办理的一起贩卖假毒品的法律援助案件中，提出了不能犯的辩护理由，但一、二审法院仍然在判决和裁定中认定被告人构成贩卖毒品罪，判处七年有期徒刑。详见最高人民法院（2021）川 01 刑终 112 号刑事裁定书。

的种类和数量，并综合认定为数量大、数量较大或者少量毒品等，不明确表述将不同种类毒品进行折算后累加的毒品总量。”该规定着重强调了对毒品数量予以明确，这表明法院认定行为人成立毒品犯罪，至少要以一定数量的毒品存在为前提。因为假毒品不是毒品，所以涉假毒品案件中的毒品数量为零，未达到入罪的数量标准。

第三，在犯罪构成的要件判断上，应当认定犯罪未遂“着手”这一要件难以满足。“着手”是指行为已经对相关法益造成了紧迫的危险。通说认为，贩卖毒品侵犯的法益是“国家对毒品的管理制度”,[①] 其是指国家通过颁布一系列法律、法规对麻醉药品、精神药品进行严格管理的制度[②]。“国家对毒品的管理制度”并没有包括《刑法》和司法解释文件的规定，仅包括国务院制定的《麻醉药品和精神药品管理条例》对麻醉药品和精神药品的管理性规定。因此，国家对“假毒品”没有形成管理制度，贩卖假毒品等行为在客观上就不会对“国家对毒品的管理制度”造成侵害或危险。还有观点认为，毒品犯罪侵害的法益是“公众的身体健康”。[③] 但“假毒品”不可能侵害公众的身体健康。相反，如果行为人将护肝片误认为麻古片剂贩卖给吸毒者，不仅不会造成损害，反而有利于身体健康。既然贩卖假毒品等行为对两类法益均不会造成侵害或危险，那也就不可能成立毒品犯罪的“着手”。

第四，在证据标准上，严格执行最高人民检察院制定的毒品犯罪案件证据标准，将假毒品排除在毒品犯罪案件的证据范围之外。最高人民检察院公诉厅在2005年发布的《毒品犯罪案件公诉证据标准指导意见（试行）》“（三）关于犯罪客观方面的证据”在“收集、审查、判断上述证据需要注意的问题”这一部分规定：“毒品犯罪案件中所涉及的毒品、制毒物品，以及毒品原植物、种子、幼苗，都必须属于刑法规定的范围。”从该规定可知，在人民检察院对毒品犯罪案件提起公诉的证据标准中，要求“毒品”这一客观证据必须属于《刑法》规定的毒品种类范围。而刑法规

① 高铭暄、马克昌主编《刑法学》（第八版），北京大学出版社、高等教育出版社，2017，第594页。

② 赵长青主编《中国毒品问题研究——禁毒斗争的理论与实践》，中国大百科全书出版社，1993，第262页。

③ 张明楷：《刑法学》（第六版），法律出版社，2021，第1505页。

定的毒品种类，必然是真实的毒品，那么作为公诉证据的“毒品”相应地也一定是真实的毒品。因此，对涉假毒品案件以毒品犯罪定罪处罚，并不符合最高人民检察院的证据标准，应将假毒品排除在证据之外。

第五，在案件类别的界定上，应当严格执行“两高一部”的规定，将涉假毒品行为排除在毒品犯罪案件之外。最高人民法院、最高人民检察院、公安部在2016年发布的《办理毒品犯罪案件毒品提取、扣押、称量、取样和送检程序若干问题的规定》第35条第1款规定：“本规定所称的毒品，包括毒品的成品、半成品、疑似物以及含有毒品成分的物质。”根据该规定可知，毒品犯罪案件中的毒品，是以涉案“毒品”是否存在毒品成分为标准来进行认定的。因此，涉假毒品行为中的假毒品不存在毒品成分，相应案件不在刑事处理的毒品犯罪案件之列，亦不涉及毒品犯罪。

六　结论

在涉假毒品案件中，通说以及一些少数派学说所持的入罪观点在理论上存在一定的弊端，而且在实践中出现明显的论证困难，很难自圆其说。因而法官不得不违背裁判规则，引用废止的司法解释文件、不当解读原司法解释文件的精神或者参照司法惯例。而客观危险说不仅在理论上优于通说，而且在实践中很好地解释了不处罚涉假毒品行为的原因在于其不会对法益造成侵害或危险。更值得关注的是，实践中出现了认为相关司法解释文件已经被废止或涉假毒品行为不是犯罪行为，所以不作入罪处理的案件，这说明司法实践可以接受贩卖、制造、运输假毒品等行为不构成犯罪的结论，该倾向值得大力提倡。相关司法解释文件的废止对《刑法》第23条所规定的未遂可罚性产生了实质影响，为了维护法治的尊严，此类案件不宜再作犯罪未遂处理。此类案件可以通过坚持不能犯的客观危险说立场、宽严相济的刑事政策，限缩解释毒品犯罪涉及的法益和具体构成要件要素，以及严格执行最高人民检察院关于毒品犯罪的证据标准来为涉假毒品案件中的犯罪嫌疑人、被告人出罪。但是要根本性解决实践中的争议，“两高”出台新的司法解释对涉假毒品犯罪行为作无罪处理是法律人尤为期待的事情。

受虐妇女反杀案中的无罪辩护研究

——以防御性紧急避险理论为视角

朱梁伟*

【内容摘要】对于受虐妇女反杀案，我国辩护实践往往过早地求诸量刑辩护，而忽视了此类案件还有无罪辩护的空间。首先，在为受虐妇女进行无罪辩护时，正当防卫、免责的紧急避险以及超法规责任阻却事由都存在一定的辩护困境，能够影响量刑的“受虐妇女综合征”理论也无法为无罪辩护提供支持。其次，直接针对施暴者的防卫行为，除了可能成立正当防卫以外，还可能以防御性紧急避险的名义合法化。因此，受虐妇女在实现“不得已”要件，且为了保护自身或其他家庭成员的生命以及重大身体健康的情况下将施暴者杀伤的行为，仍可通过防御性紧急避险制度进行无罪辩护。

【关键词】防御性紧急避险　正当防卫　受虐妇女综合征　法益衡量标准

一　引言

近年来，社会中家庭暴力案件频频发生，家暴行为一般会呈现出循环往复的周期性，并且暴力程度也会逐渐加剧。在面对家庭暴力时，一般情况下受虐妇女往往会考虑家庭和子女而选择忍气吞声，但是施暴人并不会因此唤醒自我良知，反而会对受虐妇女施以更为严重的暴力。这些受虐妇女在走投无路的情况下，可能选择反杀施暴者的方式来保护自己。对于受虐妇女而言，反杀虽然摆脱了家庭暴力，但是可能让自己身陷囹圄。对于

* 朱梁伟，南京师范大学法学院2021级刑法学硕士研究生，研究方向为刑法学。

这些受虐妇女已深受伤害并将反杀视为救命稻草的案件，是否应当要求其承担刑事责任，是否有足够强有力的理由为其进行无罪辩护等问题，在社会和学界一直充满争议。虽然法秩序并不赞同这样的私力救济，但不可否认的是，此类案件发生后，受虐妇女真正从家暴中走了出来，而且面对施暴人的恶劣行为，人们往往会更加同情受虐妇女，其中不乏被害人家属主动谅解、当地群众联名写信请求对受虐妇女予以宽宥处理。因此类案件充满复杂性，所以进行无罪刑事辩护时，便要尽可能发掘更多、更有力的辩护理由，为这些受虐妇女去争取最大的公平和正义。

针对此类非对峙性反杀案件的刑事辩护，很多学者都曾提出关于无罪辩护的理由，比如通过扩张正当防卫的时间条件进行无罪辩护，以受虐妇女综合征评价行为人的精神状态来证明反杀行为的必然性，以受虐妇女行为时不具有期待可能性进行无罪辩护，以刑罚处罚受虐妇女不具有一般预防和特殊预防效果而应阻却其可谴责性进行无罪辩护，等等。这些辩护理由在司法裁判中都具有一定的可参考性，不仅促使司法机关将行为人认定为受虐妇女，而且在司法机关考量反杀案件中家暴情节和被害人过错的过程中都产生了积极的影响。遗憾的是，司法机关即使在裁量过程中考虑了以上的无罪辩护理由，实践中仍只将相关事实作为影响量刑的依据，这也从另一个侧面说明了这些理由还无法真正为无罪辩护提供强有力的支持。本文认为，在如此的出罪困境下，要敢于跳出传统的无罪辩护视角，挖掘并运用正当化事由中一项长期被忽视且可能尚未被“激活”的无罪辩护理由——防御性紧急避险。

二　受虐妇女反杀案件刑事辩护的路径及困境

刑事辩护过程需要接受刑法教义学中三阶层理论的检验。在构成要件符合性阶段，受虐妇女的反杀行为已经符合故意杀人罪或故意伤害罪的构成要件，其行为是否具有违法性以及其是否需要对此行为承担责任，便成为刑事辩护过程中的关注点。在刑事辩护中，首先，应当考虑是否存在能够阻却反杀行为违法性的正当化事由；其次，应当考虑是否存在能够阻却反杀行为有责性的责任阻却事由；最后，在阻却违法性和有责性的刑事辩护都无果的情况下，再考虑是否存在可以影响量刑的刑事辩护理由。

（一）阻却违法的无罪辩护理由——正当防卫

在支持将正当防卫扩张理论作为无罪辩护理由的学者中，有观点认为，可以借鉴"受虐妇女综合征"理论中暴力循环理论的相关内容，基于家暴行为连续性、经常性、周期性等特殊性质，将家暴行为看作一个整体，不孤立判断家暴行为是否正在进行，从而扩张正当防卫的时间条件，以正当防卫进行无罪辩护；① 有观点认为，可以借鉴"受虐妇女综合征"理论中习得性无助理论的相关内容，以女性主义视角和最后有效性理论重新理解"正当防卫"，也就是在进行刑事辩护时要明确受虐妇女因其体型和体能上的劣势，在家暴发生时无法有效保护自身，所以对于受虐妇女来说，仅有的防卫时机就在家暴的间隙之中，这种情况下的反杀行为不具有违法性；② 也有观点通过对虐待罪的教义学分析并参考作为典型继续犯的非法拘禁罪的持续状态来理解家暴行为，将虐待性家庭暴力界定为一种持续侵害，以此诠释虐待性家庭暴力在整个周期内都属于不法侵害正在进行，因此对于虐待性家庭暴力的正当防卫来说，虽然在防卫时有形的殴打等虐待行为并不存在，但不能否定此时虐待行为处于持续之中，因而为避免将要到来的虐待性家庭暴力而实施的反制行为，完全符合防卫的时间条件。③

但正当防卫具有严格的认定条件，无论是 1997 年《刑法》对正当防卫条款进行的立法修改，还是《最高人民法院、最高人民检察院、公安部关于依法适用正当防卫制度的指导意见》对正当防卫制度的解释，都明确要求严格认定不法侵害是否具有现实性、不法性、侵害性。在不法侵害尚未发生的情况下，要严格避免借防卫之名行不法侵害之实的违法犯罪行为。因此，司法机关在认定正当防卫中不法侵害是否正在进行时采取十分

---

① 参见季理华《受虐妇女杀夫案中刑事责任认定的新思考》，《政治与法律》2007 年第 4 期；钱泳宏《"受虐妇女综合症"理论对我国正当防卫制度的冲击》，《温州大学学报》（社会科学版）2008 年第 5 期。

② 参见陈红、李华《从女性主义的视角重新理解"正当防卫"》，《浙江学刊》2005 年第 4 期；魏汉涛《正当防卫的适用条件之检讨——来自"受虐待妇女综合症"的启示》，《四川警察学院学报》2013 年第 1 期。

③ 陈兴良：《家庭暴力的正当防卫》，《政法论坛》2022 年第 3 期。

谨慎小心的态度。虽然先通过非法拘禁罪来将虐待罪理解为相同的继续犯，再通过虐待罪来认定虐待性家暴行为符合正当防卫时间条件，[①] 为无罪辩护提供了一种新的思路，但仍存在几个值得讨论的问题：首先，非法拘禁是一种不间断限制人身自由的状态，且此状态在拘禁期内达到了长期稳定，但虐待罪中的被害人并非时刻处于被虐待的状态，也无法认为虐待罪中的被害人在正常睡觉、吃饭时也处于被虐待中，在这些不存在虐待行为的时间区间内进行正当防卫不符合不法侵害正在进行的时间条件，所以非法拘禁罪中的连续性含义无法等同于虐待罪中的连续性含义；其次，虐待罪中连续性的核心含义是将具有周期性的数次虐待性家暴行为作为一个整体进行评价，可以说连续性家暴行为或者多次的虐待性家暴行为构成虐待罪，但并非虐待罪一定具有连续性，一次严重的家暴行为也可以构成虐待罪，但不能说施暴人仅有一次这样的行为后受虐妇女就长期拥有正当防卫权，因此虐待罪的连续性不能成为正当防卫时间条件扩张的依据；最后，如果对虐待罪进行正当防卫，也应该是对虐待罪中每一次家暴或虐待行为的即时发生进行正当防卫，而不是对虐待罪整体状态进行正当防卫，虐待罪中单次的家暴或虐待性家暴完全符合正当防卫的前提条件，但是很难认为虐待罪具有的连续性就等同于受虐妇无时无刻不在面临暴力威胁，否则任何一种具有连续性特征的犯罪都可能导致正当防卫的时间条件被不当扩张。

除此以外，虽然女性主义视角和最后有效性理论展示出了女性在家暴中的弱势地位，但弱势地位很难成为当然消除受虐妇女正当防卫限制的理由。首先，正当防卫权是刑法总则中的一项基本制度，不应该因某一类群体的某些特征进行特别解释；其次，对于女性在家庭生活中的权益地位，不仅需要法律部门之间的协调运作进行保障，更需要通过社会、文化、经济、教育多方面的发展来改善；最后，改善女性弱势地位不能仅仅寄希望于一项正当化事由，即使以这个理由进行无罪辩护，也可能会因为这样的辩护理由只有价值判断而没有清晰的定义标准，从而对司法认定正当防卫施加更大的压力。综上所述，无论是家暴侵害行为整体说还是女性主义视角与最后有效性理论都很难突破正当防卫严格的时间条件限制，在刑事司

---

① 陈兴良：《家庭暴力的正当防卫》，《政法论坛》2022 年第 3 期。

法实践中，正当防卫无法成为受虐妇女反杀行为的无罪辩护理由。

（二）阻却责任的无罪辩护理由——免责的紧急避险及超法规责任阻却事由

在支持将免责的紧急避险和期待可能性作为无罪辩护理由的学者中，有观点认为受虐妇女反杀行为虽然不成立正当防卫，但可以成立免责的紧急避险，这一理由参考了《德国刑法典》第35条第1款之规定——司法机关在处理类似案件时存在通过阻却责任的紧急避险达到无罪的刑事效果的可能；[①] 但也有观点认为对于非对峙型受虐妇女反杀案件，既不能以违法阻却事由进行辩护，也不能以免责的紧急避险进行辩护，只能在超法规的责任阻却事由（如期待可能性）中寻找无罪辩护的依据。也就是说，在少数案件中，受虐妇女会因为缺乏期待可能性而宣告无罪，在受虐妇女并不完全缺乏期待可能性时，可以承认不可避免的期待可能性的积极错误，因而受虐妇女没有责任，[②] 因此，根据主客观情况，认定受虐妇女在走投无路、无奈自救的情况下被迫杀人是没有期待可能性或者是期待可能性较小的行为，[③] 从而为受虐妇女进行无罪辩护。

首先，支持阻却责任的紧急避险作为无罪辩护理由的学者无疑支持紧急避险二分说的观点。[④] 但是二分说所面临的问题是，在同一法律条文中，原本并未规定多个不同的要件，如何能够将紧急避险这一制度解释为不同的犯罪阻却事由，[⑤] 这并不符合我国现行法律规定。其次，关于以“期待可能性”为核心的超法规责任阻却事由作为无罪辩护理由也存在疑问，因

---

① 参见隗佳《责任阻却性紧急避险的厘清与适用——以受虐妇女杀夫案为视角》，《法学家》2020年第1期；张怡静《论受虐妇女事后反击行为出罪事由——以紧急避险二分说为视角》，《东南大学学报》（哲学社会科学版）2021年第S1期；姜敏、谷雨《“受虐妇女综合征”概念、体系地位与启示》，载赵秉志主编《刑法论丛》（2019年第3卷·总第59卷），法律出版社，2020。

② 张明楷：《受虐妇女反杀案的出罪事由》，《法学评论》2022年第2期。

③ 屈学武：《死罪、死刑与期待可能性——基于受虐女性杀人命案的法理分析》，《环球法律评论》2005年第1期。

④ 马克昌：《比较刑法原理——外国刑法学总论》，武汉大学出版社，2002，第376页。

⑤ 〔日〕山口厚：《刑法总论》（第三版），付立庆译，中国人民大学出版社，2018，第146页。

为时至今日，期待可能性理论在其发源地德国已经变得无足轻重，[①] 德国通说认为，期待可能性是在给防卫过当、免责的紧急避险等责任阻却事由提供理论基础，并不具有直接作为故意犯罪免责事由的功能。[②] 最后，无论是阻却责任的紧急避险还是期待可能性理论的单独适用，都会承认施暴人面对受虐妇女反杀行为时具有"正对不正"的优越地位，[③] 并可以行使致受虐妇女重伤或死亡的特殊防卫权，这样的结论无疑是在给予受虐妇女希望的同时，也给施暴人提供合法杀死受虐妇女的自我辩护理由。

不可否认的是，免责的紧急避险和超法规责任阻却事由能够作为量刑辩护理由在刑事司法审判中对最终的裁判结果产生积极的影响，但同时这也意味着此时受虐妇女的反杀行为已经没有任何无罪辩护的空间。

（三）影响量刑的罪轻辩护理由——"受虐妇女综合征"

20 世纪六七十年代，美国心理学家沃克在对 400 名家暴妇女进行长期跟踪调查后提出了"受虐妇女综合征"的概念。20 世纪 90 年代初，我国学者引入"受虐妇女"相关概念，并在刘某霞案中首次以被告人系"受虐妇女"为由抗辩，[④] 但当时法院在对"受虐妇女"的认定上采取了极为谨慎的态度，最终没有认定刘某霞为"受虐妇女"，而以故意杀人罪追究了刘某霞的刑事责任。[⑤] 随着《反家庭暴力法》、《最高人民法院、最高人民检察院、公安部、司法部关于依法办理家庭暴力犯罪案件的意见》（以下简称为《意见》）等法律法规及司法解释的出台，司法机关在办理类似

---

① 耶塞克指出，期待可能性理论已经变得无足轻重了。在帝国法院首先表明"根据现行法，行为人在故意犯罪情况下，法律规定之外的免责事由，不得予以承认"的立场后，学术界贯彻了这样一种认识，即刑法在责任领域需要标准，这些标准虽然应当包含对意志形成的评价，但必须被形式化，并从法律上加以规定。不可期待性，无论是从主观还是客观上理解，都会削弱刑法的一般预防效果，导致法适用的不平等现象，因为所谓的"不可期待性"，并不是可适用的标准。参见〔德〕汉斯·海因里希·耶塞克、托马斯·魏根特《德国刑法教科书》，徐久生译，中国法制出版社，2017，第 676 页。

② 张明楷：《刑法学》（第六版），法律出版社，2021，第 424 页。

③ 〔日〕山口厚：《刑法总论》（第三版），付立庆译，中国人民大学出版社，2018，第 145 页。

④ 陈敏：《受虐妇女综合症专家证据在司法实践中的运用》，载陈光中、江伟主编《诉讼法论丛》（第 9 卷），法律出版社，2004。

⑤ 钱泳宏：《"受虐妇女综合症"对正当防卫要件的质疑——由刘栓霞受虐杀夫案说起》，《郑州轻工业学院学报》（社会科学版）2006 年第 2 期。

案件时逐渐接受“受虐妇女”这一概念,[①] 但遗憾的是，司法机关只是将“受虐妇女”在量刑情节中予以评判，“受虐妇女综合征”理论在无罪辩护方面基本上没有产生实际效果。

这一理论无法作为无罪辩护理由和其本身的缺陷有着很大的关系，因为即使是在这一理论发源地的美国，对不同的案件情况的认定也有很明显的差异。如在贝蒂·亨德利（Betty Hundley）案（对抗性反杀）[②] 中，初审法院拒绝对陪审团作出考虑被害人先前的威胁行为的指示，并且要求陪审团考虑自卫指令中的“立即”因素。上诉法院则认为不能将死者对行为人的暴力历史排除在陪审团的考虑之外。这一考虑对于上诉人认为在该案中有必要为自己辩护至关重要，因此造成了可逆转的错误，判决被推翻，该案发回重审。这说明在对抗性的凶杀案中，有关自我防卫的抗辩事由能够得到法官的支持并呈现在陪审团面前，进言之，对抗性冲突的属性使有关自我防卫的抗辩具有合理性。但在唐娜·雅克利奇（Donna Yaklich）案（非对抗性反杀）[③] 中，虽然原审法院就雅克利奇自卫和被胁迫的肯定性向陪审团作出了指示，并对“迫在眉睫的危险”“明显的必要性”“合理信念”给出了定义，但上诉法院则认为在存在雇用合同的情况下，即使被告提供了可信的证据证明她是“受虐妇女综合征”的受害者，也不能提供自卫指导，同时上诉法院认为“受虐妇女综合征”并非对殴打或谋杀指控的辩护，这种综合征的存在本身并不能确认妇女杀死施虐者的合法权利，只是在某些自卫的情况下，可以将其视为证据。

由此可以看到，即使是在广泛接受“受虐妇女综合征”这一理论的美国，各个州的法院对于此类证据的作用与目的的规定也并不相同。有些州的法院允许对受虐妇女综合征进行证据采信，但是并不允许专家作证说明被告人是否受此症状影响。有些州的法院允许专家提出观点表明被告人在主观上相信特定情形中使用致命暴力具有必要性，但不允许出示相关证据以证明被告人在特定情况下的行为具有客观上的合理性。“受虐妇女综合

---

① 参见浙江省温州市中级人民法院（2015）浙温刑初 4 号刑事判决书；云南省楚雄彝族自治州中级人民法院（2016）云 23 刑初 15 号刑事判决书；浙江省温州市中级人民法院（2015）浙温刑初字 68 号刑事判决书。

② *State* v. *Hundley*, 693 P. 2d 475 (Kan. 1985).

③ *People* v. *Yaklich*, 833 P. 2d 758 (Colo. Ct. App. 1991).

征”这类证据在陪审团眼里具有病理学分析的色彩，即可以表明被告人受到某种症状的影响从而使自身没有能力对客观的现实进行正确的评估，但实际上虐待者此时对受虐者并不具有紧迫的致命威胁。

在我国，随着《反家庭暴力法》《意见》等法律法规及司法解释的出台，司法机关近年来已经逐渐接受“受虐妇女综合征”这一概念，[①] 但是在认定上也只将其作为证人证言证据而采纳，仅在最终量刑中考虑。这是因为“受虐妇女综合征”在司法实践中存在着病理学分析的色彩，但又无法完全等同于导致行为人丧失责任能力的精神疾病，所以即使辩护律师提出对行为人进行精神病司法鉴定，[②] 法官也会根据具体情况，通过医学和法学的双重标准进行判断，[③] 在刑事司法实践中，“受虐妇女综合征”理论无法成为受虐妇女反杀行为的无罪辩护理由。

综上所述，阻却违法的正当防卫、阻却责任的紧急避险和超法规责任阻却事由、影响量刑的“受虐妇女综合征”等辩护理由在无罪辩护方面或多或少存在着难以解决的问题，因此司法实践中对于受虐妇女反杀行为进行无罪辩护也就处处受限。但是无罪辩护中还存在着一项容易被辩护人所忽视，并且可以有力解决上述问题的正当化事由——防御性紧急避险。

三 防御性紧急避险的无罪辩护思路

防御性紧急避险的概念来源于《德国民法典》第228条的规定，即为了避免自己或他人受到危险而破坏或损毁他人之物者，若破坏是为了防止危险发生的必要手段，且造成的损害和避免的危险之间符合比例原则，那么该行为就不属于违法行为。[④] 有学者认为，这一制度来源于德国民法，在德国也仅限于通过损毁财物的方法保护合法利益，此制度能否适用于针

① 参见浙江省温州市中级人民法院（2015）浙温刑初4号刑事判决书；浙江省温州市中级人民法院（2015）浙温刑初68号刑事判决书；安徽省高级人民法院（2016）皖刑终29号刑事判决书。

② 参见《难忍家庭暴力 妻子怒杀丈夫》，千千律师事务所网站，http://www.woman-legalaid.org.cn/news/573.html，最后访问日期：2022年12月2日。

③ 参见浙江省金华市中级人民法院（2020）浙07刑初47号刑事判决书。

④ 杜景林、卢谌：《德国民法典——全条文注释》（上册），中国政法大学出版社，2014，第151页。

对人进行紧急避险存在争议,① 并且我国《刑法》中没有规定防御性紧急避险,《民法典》中也没有类似的规定,所以我国的紧急避险制度并不当然包含防御性紧急避险。② 但是同样有学者认为,我国传统刑法理论对于紧急避险的界定是不完整的,只涵盖了攻击性紧急避险,而忽视了强势程度介于正当防卫和攻击性紧急避险之间的防御性紧急避险,这也导致通说将一些本应属于紧急避险的情形归入正当防卫制度之中。③ 本文认为,防御性紧急避险在刑事司法实践中被运用于无罪辩护,并不能仅因德国民法中规定的是对物的避险以及我国民法中没有相关制度就予以否认。以防御性紧急避险为由进行无罪辩护,要从紧急避险制度的目的出发,在违法性阶层中探索该制度的无罪辩护规则。

(一)防御性紧急避险中"避险"的规范解释

要以防御性紧急避险为无罪辩护的理由,首先要对存在争议的"避险"概念进行规范解释。关于我国的紧急避险制度,有学者认为:"我国《刑法》第 21 条明文表述的是'不得已采取的紧急避险行为',而非表述为'不得已采取的紧急行为'。既然如此,我们就不能离开汉语的'避险'一词来解释紧急避险。不管是按现代汉语词典还是按古汉语字典的解释,'避'的基本含义是躲开、回避,'避险'便是躲避危险。"可见,"避险"不存在反击的含义。该学者也指出:"德语中关于紧急避险使用的是'Notstand',是紧急状态的含义,不同于我国的紧急避险。"④

但对避险一词进行如上的"拆字"解释是否妥当,进而这种文理解释能否站得住脚,是存在疑问的。⑤ 只以词语本身基本含义确定涵射范围,可能并不符合立法目的以及社会的动态发展的现实需要。在当下的出罪事由冲突场合,形式解释论和实质解释论均认可实质出罪的观点,也就是在违法性阶层的判断过程中,应考虑正义、价值、目的等方面的因素,即使行为人形式上符合某罪的构成要件,在一定情况下也可以通过目的解释的

---

① 张明楷:《受虐妇女反杀案的出罪事由》,《法学评论》2022 年第 2 期。

② 陈兴良:《家庭暴力的正当防卫》,《政法论坛》2022 年第 3 期。

③ 陈璇:《家庭暴力反抗案件中防御性紧急避险的适用——兼对正当防卫扩张论的否定》,《政治与法律》2015 年第 9 期。

④ 张明楷:《受虐妇女反杀案的出罪事由》,《法学评论》2022 年第 2 期。

⑤ 付立庆:《积极主义刑法观及其展开》,中国人民大学出版社,2020,第 154 页。

方法进行出罪。那么根据现行法律条文——“为了使……免受正在发生的危险”，能够明确看出避险的核心目的是避免正在发生的危险造成损害的结果，如果可以通过反击危险源实现避免损害结果的目的，那么该行为就没有超过紧急避险的目的范围。同时，概念本身会具有一定的多义性，同样是“Notstand”一词，在《德国刑法典》第34条中规定的内容是一般的紧急避险，在第35条中规定的内容是免责的紧急避险，在《德国民法典》第228条中规定的内容是防御性紧急避险，可见同一词语在不同条文以及不同部门法中的含义不尽相同，所以在对一个法律概念进行比较时，其语义概念固然重要，但更为重要的是确定概念所指向的规范目的，因此德国关于“Notstand”概念下的制度内容和我国的紧急避险并不会因为翻译的不同而产生明显的区别。

（二）防御性紧急避险的前提——“危险发生的紧迫性”

针对紧急避险，我国刑法通说认为自保行为是否损害第三人的合法权益，是正当防卫和紧急避险比较重要的区分标准，同时也是认定是否构成紧急避险的前提条件。[①] 但将紧急避险对象限定为与侵害无关的第三者，是否符合我国《刑法》相关规定存在一定的疑问。《刑法》第20条明确表述正当防卫的对象是“不法侵害人”，但第21条并没有明确将避险的对象限定为“无辜第三人”。同时，紧急避险中关于“造成损害”的表述，当然不仅包括对无辜第三人造成损害，也包括对危险制造人造成损害。[②] 在此，需要论证紧急避险中的避险对象既可以是无辜第三人，也可以是危险制造人（施暴人），从而进一步明确受虐妇女反杀施暴人的行为可以通过防御性紧急避险进行无罪辩护。

关于正当防卫和紧急避险的法条规定，两项制度拥有的共同点是对法益保护对象有着明确的界定——“国家、公共利益、本人或他人”，对所要保护的法益也有着明确的限定——“人身、财产和其他权利”。但是两项制度对于因为行使权利而可以损害的对象却有着完全不同的描

① 参见高铭暄、马克昌主编《刑法学》（第十版），北京大学出版社、高等教育出版社，2022，第138页；陈兴良《规范刑法学》（第四版上册），中国人民大学出版社，2017，第152页。

② 冯军：《刑法教义学的立场和方法》，《中外法学》2014年第1期。

述：在正当防卫中是“对不法侵害人造成损害的，不负刑事责任”，但紧急避险中仅有“造成损害的，不负刑事责任”的表述，如果认为两项制度的区分标准为损害对象是不是无辜第三人，那么紧急避险制度完全可以明确表述为“对无辜第三人造成损害的，不负刑事责任”，如此也正说明了立法者原意并非将避险对象是不是无辜第三人作为正当防卫和紧急避险的区分标准。

本文认为，“危险发生的紧迫性”才是防御性紧急避险和正当防卫的区分标准，也是以防御性紧急避险进行无罪辩护的前提。《刑法》中关于正当防卫的条文采用了“正在进行的不法侵害”的表述，关于紧急避险的条文却采用了“正在发生的危险”的表述。立法者用不同的表述，是为了表明二者在时间条件上存在差别，“正在进行的不法侵害”指向现实、紧迫的程度，形容的是不法侵害已经着手，随时会造成侵害结果的危险状态，而“正在发生的危险”在现实和紧迫的程度上要缓于“正在进行的不法侵害”，描述的是损害尚未开始但是损害的发生已经达到高度盖然性的程度，所以要采取紧急避险的行为防止损害发生。关于这一问题有学者提出疑问，其认为紧急避险中的“正在发生的危险”在含义上等同于正当防卫中的“正在进行的不法侵害”，所以防御性紧急避险实际上就相当于我国的正当防卫。[①] 但实际上在刑法教义学中，对紧急避险的时间条件掌握较为宽松，“危险的现在性”比“侵害的现在性”概念更广泛。[②] 虽然“正在进行的不法侵害”固然是“正在发生的危险”的一种，但是后者明显涵盖面更广，危险产生并不以不法侵害为唯一前提，如果认为“不法侵害”完全等同于“危险”，那么在攻击性紧急避险的场合下，就只能认为意外事件也是一种不法侵害。

在受虐妇女反杀案中，如果现实的不法侵害尚未开始，但是根据案件事实能够证明家暴行为已经产生了高度的危险，受虐妇女若不提前采取反击措施，便无法防止即将到来的重大人身法益被侵害的结果，那么这种高度的危险性就可以作为受虐妇女采取防御性紧急避险以自我保护的抗辩理由之一。在司法实践中，已经出现过施暴人施暴后扬言要将受虐妇女及其

---

① 张明楷：《受虐妇女反杀案的出罪事由》，《法学评论》2022 年第 2 期。

② 陈兴良：《家庭暴力的正当防卫》，《政法论坛》2022 年第 3 期。

全家杀死[①]、施暴人已经连续多次实施强奸或伤害行为[②]、施暴人施暴的手段对受虐妇女的生命造成重大威胁[③]的情况，此时在进行无罪辩护时可以将辩护重心放在这种可能造成重大人身损害的危险的发生已经处于临界点的状态，从而行使防御性紧急避险的权利来自我保护的行为不应受到刑法处罚上。

相对于正当防卫的无罪辩护理由，防御性紧急避险具有反击时间条件更为缓和的优势，在刑事辩护中更有可能被法官接受。但同时需要明确的是，高度的危险只是受虐妇女行使防御性紧急避险权利的充分条件。若想将防御性紧急避险这样一项具有强大效用的违法阻却事由作为无罪辩护理由，还需要准确把握防御性紧急避险的必要条件——“不得已”的补充性要件以及法益衡量标准。

（三）防御性紧急避险的基础——“不得已”要件何时实现？

在受虐妇女反杀案中，并非家暴行为一经发生，行为人就当然获得反击并将其杀死的避险权利。在家暴周期的初期，施暴人一般只会进行轻微的殴打、辱骂、冷暴力等，在这个阶段中，行为人尚可以采取其他更有效的方式去摆脱家暴，但是如果家暴已经严重威胁到受虐妇女的生命或者人身安全，行为人便可以进行防御性紧急避险以自我保护，只是在此时，施暴者的社会团结[④]资格并没有完全丧失，因此这就要求受虐妇女在已无其他救济可能的情况下才拥有防御性紧急避险的权利。那么需要进一步讨论的是，在受虐妇女反杀案中，对于长期受到严重家暴的受虐妇女而言，

---

① 参见莫耘红《禽兽继父强奸女儿 愤怒羔羊重伤色狼》，中国法院网，https://www.chinacourt.org/article/detail/2004/03/id/107307.shtml，最后访问日期：2022 年 11 月 9 日；云南省澜沧拉祜族自治县人民法院（2021）云 0828 刑初 599 号刑事判决书。

② 参见谢寅宗《重庆女子杀害丈夫受审，是否构成正当防卫成庭审焦点》，澎湃网，https://www.thepaper.cn/newsDetail_forward_10517711，最后访问日期：2022 年 11 月 9 日。

③ 参见湖南省桃源县人民法院（2021）湘 0725 刑初 114 号刑事判决书。

④ 为了防止对自由平等的强调演变为极端的个人主义，公民在享有独立权利空间时对他人应在一定程度上予以照应，社会共同体成员之间应当休戚与共，任何人在必要时应适当为他人牺牲自身利益，部分地放弃自己的自由。根据我国《宪法》第 1 条第 2 款，社会主义制度是中华人民共和国的根本制度，这一条款在表述和体系位置上都说明“社会主义原则”是我国《宪法》的根本原则，而社会主义制度中天然包含着扶助经济生活中的弱者、维护社会正义和社会平衡的精神。参见张翔《财产权的社会义务》，《中国社会科学》2012 年第 9 期，第 110 页。

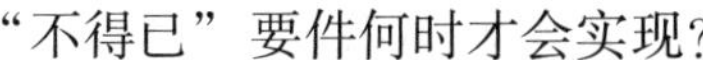

“不得已”要件何时才会实现？

1. 是否有机会寻求第三方介入解决家暴问题？

在姚某某案、曹某案、晏某某案[①]中可以看到，受虐妇女不乏采取报警、向工作单位以及妇联等机构求助的自救方式，但是最终的效果极为有限，甚至在我国广大的农村地区，受传统的婚姻家庭观念的影响，负责处理相关家暴问题的一些工作人员会认为离婚对家庭和孩子都会造成不利影响，从而建议受虐妇女“凑合着过”，[②] 但这种调解劝说的方式不仅无法教育施暴人使其不再实施家暴行为，而且极有可能会让施暴人认为“家丑外扬”从而变本加厉地施加暴力。因此在这些极端案件中，若受虐妇女已经尽己所能求助第三方介入，但仍无法解决家暴问题，则满足“不得已”要件之一。

2. 能否以离婚诉讼解决家暴问题？

通过离婚诉讼解决家暴问题，看似是最好的选择，但实际上仍是困难重重。(1) 施暴人通常会以受虐妇女及其家人、子女的人身安全为要挟，导致受虐妇女根本不敢离婚。(2) 在民事诉讼中家庭暴力存在证明困境，处于弱势地位的女性很难搜集证据，而出警记录、妇联证明、医疗记录等《反家庭暴力法》列举的证据难以得到法院认可。[③] (3) 离婚诉讼有一定周期，即使适用简易程序，审理期限也为 3 个月，在此期间受虐妇女可能仍处于被家暴的危险之中，并且在离婚诉讼中施暴人可能会因为受虐妇女试图摆脱自己的行为而施加更为严重的暴力。离婚诉讼对于解决家庭暴力是有效的，但是这样一种以受虐妇女继续忍受家暴为代价的途径，可能是缺乏时效性的。(4) 人身保护令在强制性上、刑事诉讼在审理期限上也会面对和离婚诉讼同样的困境，无法有效约束施暴人的家暴行为。因此，若受虐妇女准备或已经诉诸离婚诉讼、人身保护令、刑事诉讼等方式来解决家暴问题，但一样未对解决家暴问题产生作用的话，则满足“不得已”要件之二。

---

① 参见浙江省温州市中级人民法院（2015）浙温刑初 4 号刑事判决书；浙江省温州市中级人民法院（2015）浙温刑初 68 号刑事判决书；安徽省高级人民法院（2016）皖刑终 29 号刑事判决书。

② 宋晓俐：《女子不堪丈夫毒打性虐待 将其杀死被轻判》，搜狐新闻网，http://news.sohu.com/20041029/n222750518.shtml，最后访问日期：2022 年 12 月 2 日。

③ 任凡：《民事诉讼中家庭暴力的证明困境及其化解》，《法治现代化研究》2020 年第 4 期。

3. 能否帮助受虐妇女转移到安全的地方，再提起离婚诉讼、申请人身保护令或者提起刑事诉讼？

帮助受虐妇女摆脱困境的首要任务就是将她们转移到一个安全的地方，但是这个看似简单的事情，如果遇到特殊情况就会变得比较困难。也就是说，受虐妇女不得不长时间和施暴人处在同一屋檐下。同时，在政府面对大型突发事件采取紧急应对措施后，外部可求助力量也可能会因为各种不可抗力的因素无法第一时间介入家庭暴力问题，所以在不可抗力导致受虐妇女只能与施暴人共处一室的情况下，受虐妇女可能处于“不得已”的极端状态。因此，在客观环境下，若受虐妇女不可能通过自己的力量摆脱施暴人，则满足“不得已”要件之三。

综上所述，在无罪辩护过程中，就主观方面的证明而言，需要明确提出施暴人已使用要挟、控制等手段对受虐妇女不断实施剧烈的家暴行为，并且施暴人具有杀死受虐妇女及其家人的动机，此时辩护理由要说明在受虐妇女的视角中，其已经具备了“不反击，就会死”的合理信念。就客观方面的证明而言，要积极证明以下几个方面：(1) 受虐妇女已通过自己的努力诉诸各种摆脱手段，但是没有任何效果；(2) 受虐妇女客观上无法通过离婚诉讼、刑事诉讼、人身保护令等方式摆脱家暴，或者已经采取以上方式但对摆脱家暴产生的作用甚微；(3) 囿于一定的不可抗力，外界力量无法及时介入较为严重的家暴行为且受虐妇女人身已受到重大威胁。基于以上主观方面和客观方面的证明，可以认为以防御性紧急避险为无罪辩护理由的“不得已”要件已经实现。

（四）防御性紧急避险的检验——法益衡量标准如何判断？

法益衡量原则是紧急避险制度的重要原则之一，在法益衡量原则的要求下，防御性紧急避险损害的法益不能明显超过所保护法益。在受虐妇女反杀案件中，需要进一步追问的是：何种法益能够与施暴人的生命法益相当或者仅仅略低于施暴人的生命法益？

毋庸置疑，生命法益在所有法益类型中处于最高地位，是其他一切法益的基础。但是承认生命法益的重要性并不是说生命法益具有绝对的不可比较性，在异质性的法益对比过程中，不能通过简单的数理换算得出何种法益具有更高保护价值的结论。尊重生命是法律的基本要义——无论财产价值多大都无法与生命价值相提并论，但是在进行法益衡量时，还需要考虑危险的紧迫性与严重性、危险源的具体情况、损害行为的程度、当事人的忍受义务等，所以在紧急避险限度的认定中，真正疑难的问题就是异质性法益的对比，即当二者之间的法益具有不可比较性时，如何比较法益的大小。[①] 在受虐妇女反杀案中，施暴人的生命法益原本具有最高性，但是由于施暴人对受虐妇女的生命法益和人身法益造成了紧迫直接的危险，一方面，施暴人对他人自由空间造成了严重威胁，其要承受避险人反击行为带来的后果；另一方面，施暴人对受虐妇女本享有的自由空间造成了侵犯，其负有恢复平等自由空间的义务，因此施暴人的生命法益值得保护性要弱于受虐妇女的生命法益值得保护性。

紧急避险制度规定了若行为“超过必要限度”“造成不应有的损害”则行为人应当承担刑事责任，但是应当减轻或者免除处罚。“造成不应有的损害”就是对法益衡量要件的明确表述，但《刑法》并没有明确规定，甚至不可能明确规定什么才是不应有的损害。紧急状态下的避险行为，在考虑是否造成不应有的损害时，需要结合案件具体情况来把握，而无法形成绝对的判断标准。《意见》第 20 条明确规定要考虑案件中的防卫因素和过错责任，其中就包括施暴人自身存在的过错以及受虐妇女长期遭受严重家庭暴力而身体、精神受到重大损害的因素。在一般的案件中，如果受虐妇女通过限制施暴人的人身自由、侵害施暴人的财产权等方式摆脱家暴，比如为了逃避家暴将施暴人捆起来或者将夫妻共同财产全部带走等行为，都是在以一个较小的法益来保护一个较大的法益，因此在比例原则的视角下，这部分行为当然符合紧急避险。但是在极端案例中，受虐妇女所面临的紧急状况已不允许其有计划地实施摆脱行为，在其身处的环境下，其已经面临来自施暴人的严重威胁，此时结合案件整体情况，施暴人的生命或重大人身健康法益的值得保护性已明显弱于受虐妇女相同法益的值得保护性。因此在无罪辩护中，可以提出受虐妇女的生命法益或重大人身健康法益已经遭受严重且紧迫的威胁，施暴人生命或重大人身健康法益值得保护性减弱，法益衡量条件已经实现。

① 石聚航：《刑法中避险限度的目的解释——基于对建构主义刑法学的反思》，《政治与法律》2015 年第 10 期。

四 结语

从《民法典》《反家庭暴力法》《意见》等法律法规和司法解释中关于婚姻家庭的规定可以看出，国家对婚姻家庭秉持着坚定的态度，即维护婚姻家庭的稳定、保护弱者。现代社会生活飞速发展，物质生活、精神生活相较于以前已十分富足，但是婚姻家庭关系仍是全世界范围内都需要面对的问题：婚姻家庭深受文化传统中历史遗留问题的影响，婚姻家庭关系存在很多的不确定因素，婚姻家庭中男女平等的理念难以得到良好的树立，妇女权益保护任重而道远，等等。家庭暴力就是将这些隐性问题显性化的导火索，也是压垮婚姻家庭的最后一根稻草，在这种情况下，婚姻家庭关系不可避免地走向悲剧。虽然国家不断采取各种积极的措施来预防家庭暴力并努力救济家庭暴力中的受害人，但是家庭暴力的隐蔽性、持续性、极端性等特征也导致国家介入的有限性，很多受虐妇女无法得到很好的保护，在中国广大的偏远农村地区更是如此，受虐妇女在求生无望的情况下只能选择最极端的道路。为这一群体提供无罪辩护不仅是维护其合法权益，也是保护弱势群体，旨在真正实现婚姻家庭关系的稳定发展。

紧急避险制度的设置旨在于法律所保护的权益遇到危险而不可能采用其他措施加以避免，国家公权力无法介入，不立即采取避险行为将会造成难以挽回的损失时，允许行为人实施必要限度的避险行为来保全即将被损害的权益。紧急避险制度不同于正当防卫制度蕴含着“能够有效地遏制违法犯罪行为的发生”[①] 的目的，也不会赋予避险人“正对不正”的优越地位。紧急避险制度更多的是一种利益上的权衡[②]：分配规范主体之间的利益，对弱者适当倾斜。让这些极端案件中的受虐妇女获得无罪辩护，完全符合紧急避险的制度设计。

回顾全文所述，在受虐妇女反杀案中，将防御性紧急避险制度作为受虐妇女无罪辩护的理由有着显著优势，应当获得司法实务界的重视：第一，防御性紧急避险允许对危险源进行反击，可以使受虐妇女在家庭暴力

① 陈兴良：《家庭暴力的正当防卫》，《政法论坛》2022 年第 3 期，第 78 ~ 88 页。

② 陈兴良：《刑法哲学》（第六版），中国人民大学出版社，2017，第 116 页。

的发生达到高度盖然性时进行自我保护，这解决了正当防卫时间条件无法扩张的辩护难题；第二，防御性紧急避险可以排除极端案件中受虐妇女反杀行为的违法性，施暴人即使有机会反抗也不当然拥有“正对不正”的优越地位，只能同样采取防御性紧急避险，接受“不得已”要件和法益衡量标准的审查，这避免了施暴人以合法（正当防卫）方式杀害受虐妇女，实现了制度本来的目的；第三，防御性紧急避险并不提倡以保护较小利益而损害较大利益，因此只有在受虐妇女生命法益或重大人身健康法益受到严重威胁的极端案件中，才可以进行防御性紧急避险的无罪辩护，审慎的辩护策略可以让无罪辩护的理由更为有力；第四，防御性紧急避险并非遏制家庭暴力发生的唯一方法，它只是给予受虐妇女最后自我救济的可能性，站在这个角度上为受虐妇女进行无罪辩护符合公众“情理”上的认知；第五，防御性紧急避险不是为所有家庭暴力反杀案件寻找出罪的理由，在“不得已”要件和法益衡量标准的限制下，这一制度仅能适用于部分极端案件，站在这个角度上为受虐妇女进行无罪辩护符合“法理”上的标准。因此，将防御性紧急避险作为无罪辩护理由，不仅可以较好地缓解极端案件中“情”与“法”的紧张关系，还能符合公众预期，在司法实践中为受虐妇女争取应有的公平与正义。

试论侦查的痛处和辩护的攻处

徐贵桥[*]

【内容摘要】 侦查是公安机关等刑事侦办机关在刑事案件侦破过程中调查及采取强制措施以收集证据证实犯罪与否的过程；辩护是律师等具有独立辩护权的人，在刑事案件侦查至审判阶段接受委托或指派，提出犯罪嫌疑人、被告人无罪或罪轻主张与理由的过程。侦查具有主动性和进攻性，辩护具有被动性和防守性，两者同属于刑事案件流转过程中的职能活动，知彼知己，百战不殆，辩护人知侦查人之短，才能扬己之长；反之，侦查人知辩护人之利，才能有备而无患。两者一阴一阳、一张一弛，构成既矛盾又统一的一个整体，侦查是领跑，辩护是护航，侦查辩护互砺是实现中国式法治现代化的必由之路。

【关键词】 侦查　辩护　法治现代化

引　言

侦查是指公安机关等刑事侦办机关在刑事案件中，为了确定犯罪事实和证实犯罪嫌疑人、被告人确实有罪而进行调查及采取有关强制措施从而收集证据的过程；辩护是指律师等有资格的人员在刑事案件侦查至审判阶段，提出有利于犯罪嫌疑人、被告人的证据和理由，从而达到使其无罪或者减轻罪行的目的。从概念中可以看出，侦查和辩护是刑事案件侦查至审判过程中不同机关及其人员的不同职能活动，是在打击和维护、限权和扩权、入罪与出罪等方面既具有针对性，又具有统一性的法律职能平衡活动。

尺有所短寸有所长，侦查活动虽然具有主动性、扩张性、追溯性特

---

* 徐贵桥，法学学士，江苏省盐城市公安局亭湖分局一级警长，公职律师，研究方向为经济刑法学、网络刑法学。

征，但正如古人所言，具备天时、地利、人和，凡事皆可成。只有如此，刑事案件的侦查告破、提起诉讼方可期，若缺失其中的任何一种，都有可能给侦查活动带来困难和缺憾。就笔者多年从事公安工作的经验而言，侦查活动陷于被动的主客观因素很多，对此，本文梳理侦查的痛处与辩护的攻处，以期实现侦查辩护互砺。

一　侦查的痛处

（一）痛处之一：取证失时失势力不能及

取证失时指职能机关在侦查过程中收集证据错过了最佳时机。时机即是得天时的一种情形，时机越适当从事的活动越容易获得成功，反之，时机越不得当从事的活动越容易受到挫折，侦查活动更是这样。众所周知，侦查活动受到犯罪发生时间的牵制，犯罪发生当时或之后及时被发现，证据显现或未灭失，及时立案，合法进行证据收集常常能事半功倍。反之，“时过境迁”，“物是人非”，收集证据就力不能及。侦查部门收集证据错失时机，过去常常是由信息闭塞造成的，人员流动小、交通不畅通、通信不普及往往是时机失当的缘由；而现今侦查部门收集证据时机失当，相反是由信息流太快或者信息流量太大而无法识别信息导致的，基于网络社会与现实社会的融合、航空高铁现代交通的高度发达，人们从事活动的空间和维度与过去有很大不同，从事活动的难度又大大降低，动动手指就能达成协议，协议对方的身份真假不辨，等到发现受害报案时，犯罪嫌疑人早已销声匿迹。

取证失势是指职能机关在侦查过程中收集证据错过了最佳火候，与失时的区别于失时表现为事物空间特征的“加速度”和“影响力”。人们做事都讲究个度，如中药采集在不同季节的药势，加工的切、炒、煮制势，针对不同年龄阶段受教育者施之启蒙、背诵记忆和自学的学势，农作物播种、施肥和收获长势，等等。某些刑事案件证据具有犯罪的规律性，在节律出现时取证就是最佳的火候，超前或者滞后，取证的效果和证据的质量都会大打折扣。例如杀人案件的尸表检验、尸体解剖、胃内容物的提取化验，就有最佳取证规律可循，过了最佳火候取证，物理特征就会消失，对分析案情、确定致死原因、锁定犯罪嫌疑人会造成障碍。群体性案件如集资诈骗罪、非法吸收公众存款罪、传销犯罪等，从发生到发现有一定的生成期，在一轮作案顶峰对犯罪流水进行取证，无疑是最佳的火候，此时取证，记账最全，涉案人员最广，此时取得的证据对突破全案具有中心证据地位。

然而，由于各种主客观情况，很多案件的证据收集错失了最佳收集时机和火候，欲收证据而不能，欲显证据而不达，给侦查工作留下了缺憾。

（二）痛处之二：犯罪嫌疑人（被告人）的恶意辩解和零口供增加取证难度

重证据、不轻信口供，讲的是主观归罪和客观入罪的关系问题，并不是否定口供的证据作用。零口供不仅加大侦查的难度，而且很可能使案件无解，如十多年前笔者主侦的一起合同诈骗案，犯罪嫌疑人李某是一个三次服刑二十余年的惯犯，释放后又与他人“签订”租用模板的合同几次骗得他人模板十余车并销赃，在到案后死活不开口，在取得口供无望的情况下，笔者用了一个多月时间，调取了可能调取的录像，通过比对和走访，最终锁定了千里之外的销赃地，才使间接证据形成链条，从而使案件告破。实践中有几种类型的案件，没有犯罪嫌疑人（被告人）的口供是定不了案的，这几类案件是：必须凭口供定案的案件，如甲、乙两个犯罪嫌疑人在公交车上实施扒窃，甲是实行犯，甲对乙称没有偷到钱而独吞，如乙不供述很难对其定罪，现乙供称甲下手前双方使了眼神，凭此供述乙成为当然的共犯；不同的口供涉及不同罪名的案件，如同样是毁财，甲供述是发生矛盾而为之，而乙供述是为了要特权抖威风，则前者是毁财后者是寻衅滋事；不同的口供分别适用重罪和轻罪或上游和下游犯罪的案件，如参与基础犯罪和仅参与销赃或洗钱未参与基础犯罪，两者在罪数和刑罚轻重上是不同的。

零口供是欲取口供而不得，除此之外，犯罪嫌疑人（被告人）的供述与辩解对侦破案件有相当重要的作用。进一步而言，犯罪嫌疑人（被告人）合理的辩解，对揭开案件真实面纱有一定的帮助作用，也有利于形成证据体系。侦查人员在讯问犯罪嫌疑人（被告人）时，须对口供加以分辨，这是一件细活和绝活，虽然成功获取有效口供的案例不少，但负隅顽抗的也大有人在，即试图模糊侦查人员的视线，而作出恶意辩解，使案件陷入重重迷雾，增大侦破案件的难度，侦查工作因此留下缺憾的也不在少数。

（三）痛处之三：证据种类的混淆及排除不力

我国没有制定统一的证据法，有关规定散见于《刑事诉讼法》《公安机关办理刑事案件程序规定》等规范性文件中。《刑事诉讼法》第50条对证据种类作了原则性的规定，但实际应用中存在证据种类概念含糊、内涵不清、划分不确切、种类不全的问题。举例来说，就物证的概念，传统意义上的物证概念一般表述为“物证是指证明案件真实情况的一切物品和痕迹”。20世纪80年代开始，随着现代分析方法联用技术、激光技术、微区分析技术、电子计算机及图像处理技术、声纹技术等应用于物证检验领域，传统的物证检验技术与现代尖端分析技术的结合，解决了我们过去无法识别的许多问题，大大拓宽了物证检验的范围，促使人们重新认识沿袭多年的传统概念，形成了现代意义上的物证概念，相关表述有“物证是以其自身属性、特征或存在状况证明案件事实的客观存在”“物证是以其自身属性、外部特征或存在状况证明案件事实的客观实在”等，从而把无形物质划入物证范畴。再如，随着虚拟网络进入人们的日常生活，实体社会和虚拟社会并存于现代人的实际社会生活中，因此，如若仅以一条或若干条电子数据证据独立评价虚拟社会而忽视其与实体社会的联系，是不够客观和全面的。因此，笔者在《试论网络犯罪电子数据证据类型次解析及证据庭示模式》（第六届警察刑事执法论坛暨依法防治网络犯罪维护网络安全研讨会获奖论文）一文中，探索将电子数据进行次解析，析分为电子数据名下的物证、书证、视听资料、软件代码，并据此在法庭上出示质证。

上述举例是想说明，在我国目前没有形成统一证据法的背景下，刑事诉讼证据存在以下问题：一是部分证据类型概念不尽科学，内涵和外延也不周全；二是整体证据类型划分体例不尽合理，与现实有一定的脱节；三是随着社会变革，部分新型的证据种类没有被归入。证据是侦查人和辩护人共同使用的“武器”，“武器”本身的欠缺限制武器成为使用人加以利用并制胜的法宝，表面看短时间内可能离刑事诉讼之目的越来越远，长远看阵痛正是新生的前提。

（四）痛处之四：言词证据过度、不及与定性冲突

言词证据是实物证据的对称，又称“人证”“人的证据”，是指以言词形式提供的证据，包括证人证言，被害人陈述，犯罪嫌疑人、被告人供述和辩解，鉴定意见等，是古老的证据类型。言词证据的优点是生动、形象、具体，缺点是客观性较差，具有不稳定性和可变性。正是上述特性，使该证据在同一案件中呈现出同一身份主体的言词前后不同、差异较大，不同身份主体的言词证据内容迥异、相去甚远。

1. 言词证据较客观情况过度

曾有这样的一份案卷，受害人是一个智力障碍、性防范能力缺失的人，侦查机关为此也作了无性防卫能力鉴定，但在受害人言词证据的收集上，询问谈话时其没有一点智力障碍的影子，一份言词证据表现出其十分正常。面对这样的案卷，不得不让人怀疑究竟受害人客观上是不是智力障碍者，鉴定意见是否造了假，以及受害人言词证据是否应排除适用。

2. 言词证据较客观情况不及

这样的情况也并不少见，比如伤害案件的伤害方、受害方、证人之间，击打的工具、击打的部位、击打的程度，不是犯罪嫌疑人供述不及，就是受害方陈述或证人证实不及，或者同案犯罪嫌疑人之间供述有差异，有的表现出与客观的伤情记录不相符合。再如网络诈骗，电子数据体现的数额多，而犯罪嫌疑人供述的数额少，受害方或证人的言词证据缺失等，这些都表现出言词证据较客观证据不及。

3. 言词证据与客观证据相冲突

这种情况表现出言词证据与客观证据之间的交集，此多彼少、此少彼多，或者一笔数额上彼多，另一笔数额上此多，两者呈现出矛盾的结论，也可能在性质上产生分歧，是所得还是窃取，是正当报酬还是诈骗获利，存在定性的冲突。

上述对言词证据与客观证据的分析，一方面体现了言词证据的不确定性，可能与客观证据存在龃龉；另一方面体现了侦查人员去伪存真之难，排除证据矛盾不易。

二 辩护的攻处

世界上本没有十全十美的事物，己之所短即为别人之长，侦查既有其痛处，则辩护自然能以此为攻处。具体而言，辩护人如果能以侦查的痛处为着力点，握准进攻的方向，辩护的质效将更为显著。前文述及的侦查取证失时、失势时，对于理论上能够取得的证据，特别是必要证据和中心证据不能取得，势必影响案件整体证据的证明力、证据的组合及证据体系的形成，辩护人该当抓住侦查这一劣势有的放矢，以必要证据或中心证据缺失为辩护攻势，以证据不足为切入点，辩护时就能切中要害而一招制胜；犯罪嫌疑人（被告人）的恶意辩解和零口供无疑增大了侦查的难度，侦查人因为直接证据短缺会施以补救措施，取而代之的是收集更多的间接证据，而间接证据证明体系的构建不同于完美证据体系，是否形成完善的证据体系正是辩护人有效辩护的着力点，行间接证据体系之辩的重点在切断侦查证据的体系链接——推理；证据概念及内涵不明确、证据种类划分不周密，加深了侦查和辩护各方对证据理解的分歧，基于不同证据取证方式不同、证明对象有异、证明效力迥别，辩护人可以行证据属性之辩，提出证据取得方式不合、证据证明力不及，动摇证据取得基础和消减证据证明力；言词证据过度、不及及定性冲突表现出言词证据的不足，对于侦查存在这样的不足，主客观原因都存在，辩护人既可以子之矛攻子之盾，形成排除非法证据之辩，也可补充取证，提供有利于犯罪嫌疑人（被告人）的新证据，兹将辩护的攻处分述如下。

（一）辩护的攻势之一：针对必要证据的缺失切中要害

必要证据的缺失，是涉嫌罪名必不可少的证据没有、虚无，或者证明力不能达到涉嫌罪名的证明标准。证据缺失，要么是犯罪嫌疑人未作为，要么是侦查机关取证不能或不得力，若是前者，犯罪嫌疑人本身不涉及犯罪，若是后者，适用无罪推定原则的一个派生标准——疑罪从无。必要证据的缺失，势必动摇犯罪构成的基础，辩护人如何才能切中要害，涉及对罪名通透的理解、对证据构建的体系化掌握及对案卷认真细致的阅览。

1. 何为定罪的必要证据

我国《刑事诉讼法》第55条规定："对一切案件的判处都要重证据，

重调查研究，不轻信口供。只有被告人供述，没有其他证据的，不能认定被告人有罪和处以刑罚；没有被告人供述，证据确实、充分的，可以认定被告人有罪和处以刑罚。证据确实、充分，应当符合以下条件：（一）定罪量刑的事实都有证据证明；（二）据以定案的证据均经法定程序查证属实；（三）综合全案证据，对所认定事实已排除合理怀疑。”法条对定罪量刑给我们提供了三个方面的有效信息，即证据的质和量、证据的可信性、证据的合理排除性。笔者这里讲的必要证据，应当是满足定罪要求的质的证据，言下之意，排除其他量的证据可以替代的证据。

2. 如何识别定罪的必要证据

根据犯罪的理论分类，刑法在理论上根据不同的标准对犯罪进行了不同的分类，我们可以借此分类，识别不同犯罪类型的必要证据。第一，自然犯和法定犯。自然犯是指违反公共善良风俗和人类伦理，由刑法典或者单行刑事法律所规定的传统性犯罪。法定犯是指违反行政法规中的禁止性规范，并由行政法规中的刑事罚则或刑法所规定的犯罪。自然犯涉及犯罪年龄要求、智力要求（有犯罪能力）、自然受害人年龄对构罪的影响等，辩护人对其一般都比较重视，而对于法定犯，其定罪的必要证据必定包含违反行政法规中的禁止性规定，以及这种对禁止性规定的违反又被刑事法律规定为犯罪，只有在两者都满足的情形下，法定犯的犯罪嫌疑人（被告人）才符合该罪名设定的构成犯罪的主体资格，如果没有这类证据，涉嫌的罪名无从谈起。第二，身份犯和非身份犯。身份犯是指以国家公职人员、企业管理人员、科学技术人员等一定身份作为犯罪主体条件的犯罪。非身份犯为除身份犯外的普通人的犯罪。非身份犯相对身份犯入罪没有特殊的主体资格的要求，而身份犯除了一般犯罪入罪的主体条件外，另行有国家工作人员、企业员工、企业管理人员的特殊要求，这些特殊身份，对构成特殊类犯罪来说，就是定罪的必要证据。第三，行为犯和结果犯。行为犯是指以侵害行为实施完毕为犯罪既遂条件的犯罪。结果犯是指以侵害行为产生相应的法定结果为构成要件的犯罪，或者是指以侵害结果的出现为犯罪既遂状态的犯罪。行为犯之行为，是刑事法律条文规定的客观要件，从三阶层犯罪构成理论来讲，是第一阶层该当性的构成要件（若从两阶层来说，为违法性），没有行为构成要件，法条规定的犯罪没有着落点，其他证据再全面也是白纸，实施特定的行为是本罪构成的必要证据。而对结果犯来说，没有达到法条规定的犯罪结果，或者轻于法条规定的犯罪结果，都可能否定该罪的发生，产生的结果与犯罪规定的结果要求不相符合，也不能类推将之作为定罪的依据。第四，实害犯和危险犯。实害犯是指以出现法定的危害结果为构成要件的犯罪。危险犯是指以实施危害行为并出现某种法定危险状态为构成要件的犯罪。实害结果和危险状态对于构成法条规定的犯罪是必要的证据，有被害无结果和有危害无危险状态的存在都因没有达到罪名法条规定的法定标准而不构成犯罪。

3. 针对必要证据缺失的辩护策略——无罪辩护

在准确理解何为类罪或个罪定罪的必要证据之后，及在确认定罪必要证据确实缺失的情形下，基于犯罪构成理论及定罪必要证据不可或缺的特性，辩护人形成辩护思路的不二选择即为无罪辩护。

（二）辩护的攻势之二：针对间接证据体系漏洞切断推理

间接证据体系是建立在直接证据体系基础上的犯罪构成体系，一般情形下，侦查取得的证据构建的是直接证据体系，是有犯罪嫌疑人（被告人）供述的完整的证据构成体系。间接证据体系的存在，是现代法治文明的体现，也是摒弃口供为证据之王、无口供不定罪的结果。因为没有口供，法律上对间接证据体系提出了更高的要求，辩护律师对间接证据体系的推定要有足够的认识，才能在履行职务时游刃有余、处变不惊。

1. 看证据是否构成体系

间接证据体系如何审查？首先看间接证据是否构成体系。单一的证据只能起单一的证明作用，而一个证据体系，除了犯罪嫌疑人（被告人）的供述和辩解缺失之外，对于其他能收集的证据，应当一应俱全，同一种类证据的数量和不同种类证据的质量都要保证。其次看证据之间是否互补余缺。证据之间是如何架构起证据体系的？散乱的、并列的证据都不能架构起证据体系，证据之间的有机组合、相互衔接、互补有无是中心。最后看证据体系是以什么为中心串联起来的。证据体系主干在证据体系中处于什么位置，关联证据之间是一个什么样的逻辑结构，各个证据与证据中心的关系如何，都是审查证据体系时必须考虑的。

2. 看是否符合推理形式

间接证据体系能够证明犯罪嫌疑人成立犯罪，是建立在科学的推理基础上的，这种推理应当是三段论式的逻辑推理，而不是归纳或其他不周延推理方式。三段论是由大前提、小前提和结论构成的，它们之间是层层设定的严密的逻辑关系，如果间接证据体系不能构建这样的逻辑关系，自然不能达到逻辑证明的目的。

3. 看是否排除合理怀疑

我国《刑事诉讼法》规定的证据标准是证据确实、充分，在处理具体案件时该标准应当成为我们的原则遵循，在此前提下，因为确实、充分标准的量化不一定尽如人意，《刑事诉讼法》在具体适用确实、充分标准时，又引入了一个判断标准——排除合理怀疑。该标准是指对于事实的认定，已没有符合常理的、有根据的怀疑，实际上达到了确信的程度。笔者理解排除合理怀疑是从反向检视证据是否经得起检验，看定罪的证据基础是否牢固、无懈可击，这在司法实践中扩大了思维的空间，对减少误判确实能够起到帮助作用。

（三）辩护的攻势之三：针对证据种类的冲突消减证明力

按照我国现行《刑事诉讼法》之规定，可以用于证明案件事实的材料都是证据。解读这一规定，要注意两点：一是证据的载体为材料，二是证据以材料载明的信息内容实现其功能。但是，现实中要对材料、材料载明的信息内容以及两者的结合作出具体划分，还是存在许多争议的，对证据作不同的划分，关乎收集证据程序的差异和证据证明效力的高低，证据种类不同对我们运用证据肯定或否定犯罪及量刑的影响是不容忽视的。

1. 证据信息及获取过程

从认识论的角度出发，通过对传统理论中的客观性进行反思，证据的实体属性应当是可信性。可信性的具体体现，即证据的信息属性。“信息是泛宇宙存在着的一切事物的状态和多样性，它不依赖于是否被接受、反映而存在。”“信息是物质运动的一种存在形式，它是以物质的属性或运动状态为内容，是物质运动的一种反映，它的传播或储存借助一定的物质作载体。”

回答信息是什么后，对于泛宇宙中存在的各种信息进行侦查的过程，就是不停地收集证据，并把自在信息不断转化为自为信息和再生信息的过程。自在信息是指物质信息还处在未被认识、未被把握的初始状态；哲学上把人类对物质世界自我显示的信息进行表征的结果称为“自为信息”；哲学上把人类在不断地认识自然、改造自然过程中通过思维对“自为信息”进行加工创造而得出的信息称为“再生信息”。侦查的过程，从信息获取的角度言，就是变自在信息为自为信息、再生信息的过程。[①]

2. 证据种类理论及实务的倾轧

基于证据载体和信息内容，司法理论和实务中对证据划分多有微词。一般认为，勘验笔录是物证信息的法定载体，是对物证信息的固定，是用另一种载体（文字、符号、图形）去保留原载体（特定的物证）上信息的证据种类，是一种通过法定形式复制形成的证据。对于书证是信息载体不存在不同认识，而对于书证的属概念则莫衷一是，有人认为书证是一种“物品”，有人认为它只是“文字材料”，也有人认为它是一种“文件”，由于存在不同的认识，在司法实践中就同一证据到底属于书证还是物证，就存在争议。言词证据（证人证言、当事人陈述、鉴定意见）是信息载体也是业内通常的认识，但鉴于言词证据的主观特性，要注意识别反常规的言词证据的“一致性”、细节处的绝对“不一致”，对待鉴定意见这类证据，不能对鉴定人的主观偏向予以很好的纠正，也是司法实务中客观普遍存在的。视听资料是信息载体，视听资料是以录音、录像设备所反映的声像、计算机储存的资料以及其他科技设备和手段提供的信息来证明案件真实情况的证据。虽然视听资料演示的信息属于声、光、电、磁这类无形物，但载体本身是否经加工或有无原始存储介质，也应成为辩护律师审查的重点。计算机数据是信息载体，它以数字信息的方式存在，以二进制编码表示，以不可见的无形编码来传递非连续性的数字信息。一种观点认为计算机数据归属视听资料范畴，另一种观点认为计算机证据是一种书证，我国《民法典》第469条就明确规定电子数据是书证的一种形式。但是，正如上面提及的笔者对网络证据的专门论述，对计算机数据不作划分，不能窥见网络证据的全貌，存在分歧是必然的。

3. 证据种类冲突对辩护的积极意义

上述已对证据载体及信息内容进行了简单的描述，由于我国并未形成统一的证据法，证据类型划分争议不可避免。比如交警部门出具的交通事

---

① 王太昌：《对信息概念的探索》，《徐州师范人学学报》（哲学社会科学版）2002年第3期。

故责任认定，在证据的种类划分上存在鉴定意见说和公文书证说；在证据的形成上包含交通事故调查取证信息、违反交通法律法规信息、责任认定人推理信息；在作用机理上表现出行政机关对民事责任大小的划分。交通事故责任认定究竟属何种证据类型，涉及证据划分认识及证据立法的统一。在形成体例上，交通警察按照行政处理的机理来看是事故调查人，从刑事案件证据来源的角度考虑则是责任鉴定人，其中有很多可推敲之处。比如，针对行政处理的《治安管理处罚法》中，调查与鉴定就是由不同人员分别行使的，再如同为责任认定的医疗事故认定，无论是民事还是刑事案件的鉴定意见，调查机关和处理机关都非同一机关，这对交通事故责任认定是否可以作为借鉴，值得研究。辩护律师应当抓住证据的本质特征及取证规范，认真核查每一件证据，仔细分析证据载体形式、取得途径、信息内容，对不符合取证规范、划分类型不准确、证明内容不相符的，要据理力争，动摇证据取得基础和消减证据证明力，取证明力最有保证的类型，防止人为损害犯罪嫌疑人、被告人的利益，减少冤假错案。

（四）辩护的攻势之四：针对言词证据的不足排除非法证据

言词证据受到主观意志的影响较大，犯罪嫌疑人、被告人有意避之，证人曲意作证，侦查人员刑讯逼供，专家故意出具虚假鉴定意见，司法实践中也存在。为此，辩护律师对于言词证据，在主观上必须高度重视，在操作上要详细规划，在细节上要有应对的策略。

1. 了解全案和突出细节相结合

律师阅卷和会见犯罪嫌疑人、被告人是辩护工作的中心环节，对体量大的卷宗，存在时间不足、精力不济的困难，不能面面俱到，泛看和重点相结合对阅卷来说，既能窥见全貌、不留死角，又能抓住重点、找到突破口，不失为一举两得的好方法。

2. 以客观证据审视言词证据

一般来说，客观证据来源正当，有原件和原始存储载体可比对，相对比较可靠。以可信的客观证据为依托，相对容易发现言词证据的不足。对明显与客观证据不相吻合的言词证据，一是要揭示是根本的不符还是合理的差错，如果是根本的不符，需要进一步列出不符之处，再作进一步的核实；二是对产生不符的原因进行剖析，是工作失误，还是有意为之，是否涉嫌在证据上做手脚，是否涉嫌取证过程中的违法犯罪，需采取相应的应对措施；三是尽可能收集造成不符的相关证据，如刑讯逼供、诱供、故意做虚假陈述。

3. 形成排除非法证据辩护的证据链

排除非法证据不是一件容易的事情，要取得法官的内心确信，就要拿出有实质说服力的证据并进行符合排除非法证据条件的法律推理。首先，提出证据之间存在矛盾的事实。辩护律师把阅卷中形成的记录及其他途径收集到的证据矛盾的事实，摆到法官面前，促使法官确信证据之间出现了矛盾。其次，分析造成证据矛盾的原因。对同一人数份笔录内容的不同，在排除记忆原因、心理起伏因素之外，要在主观上找原因，究竟是本身的原因，还是外力造成的。对于不同身份人或不同类别言词证据之间的矛盾，要追溯言词证人身份和态度，是关系人，还是有仇隙纠纷，是现场视角不同，还是别有用心。最后，对鉴定意见要特别留意。对送检的程序是否合法，送检的材料是否真实，出具鉴定意见的时间、节点是否相符，出具鉴定意见的人与案件有无关系，以及出具鉴定意见的单位与鉴定人有无资质都要仔细核实。

另外，辩护人在排除非法证据的同时，可以补充对辩护有利的新证据，补充新证据有时候即为排除非法证据的证据链的一部分，有时候表现为独立认证的证据，关于新证据的取得，辩护人既可自行调查取得，也可通过申请调查取得。

三　侦查辩护互砺是中国式法治现代化的必由之路

上述侦查的痛处揭示了侦查工作的无奈之举，实为侦查工作的短处，辩护人理论上可以抓住侦查的不同痛处施以不同的辩护进攻策略，这既在情理之中，又是矛盾对立统一的体现，但远远不是两者关系的全部。笔者认为，侦查和辩护两种权能不是非此即彼的关系，更不是水火不容的绝对对立关系，站在中国特色社会主义法治体系高度，侦查和辩护不是一方克制另一方，而是要通过侦查辩护双方的互砺助推中国式法治现代化的进程。

棋逢对手、将遇良才才能碰撞出火花，侦查为攻，辩护为守，攻势雷厉风行，守势不卑不亢方能打造出法治建设的真金白银。党的十八届三中全会通过的《中共中央关于全面深化改革若干重大问题的决定》明确提出“完善和发展中国特色社会主义制度，推进国家治理体系和治理能力现代化”①，并将其作为全面深化改革的总目标。推进国家治理体系和治理能力现代化依托于社会主义法治的实现，实现社会主义法治则需选择运用多元化的法治手段，事实上法治离不开法律制度在实践中的运行，而侦查和辩护为其中重要一环。只有两方双双亮剑、打磨自己、尊重对手才能行稳致远，共同打造法治现代化的未来。

（一）互砺机制符合辩证的思维，以习近平法治思想为指导

1. 符合传统辩证法思想

《易经》呈现了中国最古老的辩证法，推天道以明人事，讲究阴阳互应、刚柔相济，提倡自强不息、厚德载物，三千多年来对中华文化影响巨大。《易经》讲究变易，其核心思想是凡事物都具有两方面的属性，相对于他物表现为内因和外因，在事物内部表现为动因和静因。简单地说，一体两面、对立统一的关系就是事物生长的规律。该哲学观点亦能解释侦查和辩护的关系：侦查和辩护是中国司法的一体两面，统一于中国法治建设的一个体系内，侦查服务于打击犯罪，维护正常的社会秩序和人民群众生命财产安全，从整体上维护国家安全和社会稳定；辩护服务于特定的人权保障；以辩护权能检视侦查成果，维护司法权威，两者共同推动司法体制的完善，助推法治现代化进程。

2. 以习近平法治思想为指导

侦查与辩护是互砺关系，这种互砺以习近平法治思想为指导。习近平总书记在论述党的领导和法治建设的关系时旗帜鲜明地指出：“我们必须牢记，党的领导是中国特色社会主义法治之魂，是我们的法治同西方资本主义国家的法治最大的区别。”② 2020 年 11 月举行的中央全面依法治国工作会议首次明确提出了“习近平法治思想”的概念，张文显教授在《习近平法治思想的理论体系》一文中是这样描述习近平法治思想的：

---

① 《全面建成小康社会重要文献选编》（下），人民出版社、新华出版社，2022，第 721 页。

② 《习近平关于全面依法治国论述摘编》，中央文献出版社，2015，第 35 页。

"习近平法治思想鲜明的科学品格和强大的真理力量，使我们深切体悟到，这一思想体系不仅集中体现了马克思主义法治理论中国化的光辉成果和我们党在全面依法治国实践中的理论创新，而且深刻蕴含着中华民族自古至今绵延不断的治国理政智慧和人类社会法治文明的思想精华，更驱散了削弱法治定力、影响法治进程的意识阴霾，照亮了新时代坚持和发展中国特色社会主义的法治征程。"① 在谈到向实践转化时，张文显教授说："我们将用心感悟和不断探寻习近平法治思想的内在理论逻辑，着力对其中丰富的法治概念、命题、论语等进行系统化梳理、学理化阐释、体系化构建，使之彰显出更强的解释力、穿透力、感染力。我们将紧跟习近平法治思想的创新发展步履，持续做好深化拓展、转化应用工作，把科学思想转化为推动法治工作质量变革、效率变革、动力变革的强大力量。"② 莫纪宏研究员在谈到习近平法治思想理论贡献时也说："科学地构建了当代马克思主义法治理论的理论框架和体系，营造了走中国特色社会主义法治道路的'话语系统'，真正使得我国的法理学摆脱了西方法治观和宪政理论的束缚，解决了在弘扬新时代中国特色社会主义法治理论的法学研究中'追不上、打不赢、说不过、判不明'的学术弊端，使得中国特色社会主义法治理论自成一体、体系科学、结构清晰、逻辑严谨，成为推动中国特色社会主义法治理论发展和法学研究事业不断进步的学术阶梯。"③

习近平法治思想是顺应时代而生的全面依法治国的根本遵循和行动指南，上述论述表明：党的领导是中国特色社会主义法治之魂，中国特色社会主义法治最不同于西方法治之处，在于中国共产党的领导；中国特色社会主义法治体系继承了传统的治国理政智慧，吸收了人类社会法治文明的思想精华，理论独特、体系完整、结构鲜明、话语独创，是独树一帜的法治体系；中国特色社会主义法治要求不同职能机关既独立行权、各负其责，又相互配合、相互监督。

侦查和辩护是我国司法体系内不同机关的职能活动，侦查有痛处，是由于受到自然规律的约束，自然规律束缚了其权能的拓展，侦查是为公诉服务的，公诉与辩护在自然状态下呈现对抗的局面，辩护人了解到侦查的

① 张文显：《习近平法治思想的理论体系》，《法制与社会发展》2021 年第 1 期。
② 张文显：《习近平法治思想的理论体系》，《法制与社会发展》2021 年第 1 期。
③ 莫纪宏：《习近平法治思想的法知识学特征分析》，《求是学刊》2021 年第 1 期。

痛处，就能更好地把握辩护的方向，实现更高质量的辩护，反过来促使侦查扬长避短、利剑出鞘。反之，侦查的痛处不是侦查的失败，也不是侦查之不能，更不是对侦查权的否定，而是侦查人自揭短处、知不足而奋进、自我亮剑、不回避辩护人挑战的姿态；辩护的攻处不是不尊重侦查权，无视侦查权的存在，也不是对正常侦查取得的证据不加斟酌、横加指责，而是了解对手，从对手容易忽视或不易着手的地方下手，找到薄弱环节，更好地履行职责、保障人权。侦查与辩护的关系正如习近平法治思想论述的，是同一司法体系内的不同职能分工关系，是同一体系内的亮剑与反亮剑的关系，是共同促进法治进程、建设高质量的法治队伍和培养高质量的法治社会建设者的关系。

（二）侦查当以审判为中心收集证据

侦查机关的侦查行为应以审判为中心。具体而言，第一，司法审判是一个流程，侦查在该流程的前端，案件最终能否顺利进入庭审，取决于侦查取得的证据能否达到法律规定的证明标准，即侦查的最终目的在于推动应当进入审判的案件进入庭审；第二，侦查取证以庭审中出示证据的标准为标准，只有经得住庭审质证的证据，才是最终有效的证据，背离庭审要求的证据都将成为无效证据；第三，庭审的双方为公诉人与被告人及其辩护人，侦查收集的证据在庭审中出示，必然面临被告人及其辩护人的质疑，从这点来说，侦查的痛处必然是辩护的攻处，侦查人早知攻处，当思如何去除痛处、减少痛处；第四，树立以庭审为中心的理念，有利于侦查人目光远大、思维清晰、尊重对手，避免以自我为中心，慎重使用强制措施，“少捕慎诉慎押”，做到既打击犯罪又保障人权。

减少痛处才能少给人以攻处，如何减少痛处当是侦查人思考的课题。针对侦查痛处产生的原因，笔者以为侦查人当努力做到以下几点。

1. 及时收集证据，避免失时失势收集证据

发现犯罪有多种途径，报案、控告、举报是途径，其他机关移送也是途径，更重要地，侦查机关自己发现还是途径，因此，侦查机关既要善于打击犯罪，更要擅长预防犯罪，在犯罪展露苗头之时就敏锐发现，当为避免失时失势收集证据的正确之举。

2. 提高通过询问、讯问收集证据的水平

中医讲究望闻问切，所谓“望而知之谓之神，闻而知之谓之圣，问而知之谓之工，切而知之谓之巧”（《难经》），这体现了功夫的好坏。侦查询问、讯问功夫的好坏，关键在于观察的细致与否、问话的切入点是否适当、对对象的心理把握得是否准确、与客观证据结合的紧密程度是否适宜，功夫下足了，结果自然就能令人满意。

3. 把握证据特征，做到划分准确、收集程序合法

证据表现为材料为载体承载的信息，材料及信息内容决定了证据划分的类型。对于不同种类的证据，证明内容不同，证明方式有异，收集程序有别。收集证据的前提是证据种类划分。因此，在证据种类识别上多下一点功夫，会降低收集证据的盲目性，增大成功的概率。

4. 甄别真假，避免言词证据的矛盾

言词证据受收集人主观意志的影响较大，当我们知道这个证据特性后，就应当多加注意，对报案人要识别动机，防止虚假报案，对证人与被证对象的关系多加了解，防止产生错觉，对犯罪嫌疑人（被告人）要减轻其恐惧和投机心理，让其开口讲话，避免零口供，同时对照客观证据，防止其瞒天过海，或是信口开河。

（三）辩护当推动法治建设体现担当

在我国，独立的辩护制度起步较晚，辩护人以律师事务所为枢纽接办案件，以辩护人身份提出辩护意见、出席法庭，辩护人常有势单力孤、孤军奋战之感，随之而来的责任感也有所降低，这与辩护人承担的辩护职责、历史使命不符。辩护人应当清楚，辩护人构成一个重要的法律群体，扮演着独立的法律角色，在中国特色社会主义法治建设中具有无可替代的法律地位，是法治建设的重要参与者，是推动法治现代化建设不可或缺的力量。只有这样，辩护人才能以法治建设者的身份体现担当。

1. 辩护人应当明白身份角色

作为律师的辩护人首先要明白自己在中国特色社会主义法治建设中的角色定位。我国《律师法》第1条指出：“为了完善律师制度，规范律师执业行为，保障律师依法执业，发挥律师在社会主义法制建设中的作用，制定本法。”《律师法》明确指出，发挥律师在社会主义法治建设中的作用，既是律师在司法过程中法律地位的体现，更是对律师社会责任担当的要求。律师发挥社会作用，一个重要的方面就是在本职岗位上有所建树，这首先要求律师有身份意识。律师不仅承担为其当事人辩护的职责，还兼具社会治理的职责，换言之，律师应以法治参与人与建设者的身份推动社会主义法治不断发展。一般来说，律师对于自己辩护人的身份很清楚，但对法治参与人与建设者的身份认识不足，由于存在这样的不足，在履行职责时站得不够高，看得不够远，把做业务看成个人的事，较少从政治与社会担当的角度看问题，遇有曲折挫折，不敢坚持原则、据理力争，而是选择顺从，殊不知这样做，小处不利于问题的解决，大处不利于推进法治现代化进程。

2. 辩护不具有针对性，未能把握侦查痛点

辩护人特别是律师都是具有专门法律知识的人，掌握一定的法律法规，经过一段时间的锻炼也具备了一定的职业技能，应付一般的刑事案件还是游刃有余的。但是，从律师政治担当、推进法治进程的角度而言，这显然是不够的。要真正对得起辩护人的身份，绝不能仅仅关注案件的结局而已，而应全盘掌握司法过程的每一个环节，善于发现环节漏洞、制度因素、科学技术、社会进化可能给司法带来的整体影响，站在避免影响社会安定、政治稳定、社会秩序、人民群众生命财产安全的高度，带着问题辩护，带着责任辩护，带着担当辩护。从这个角度说，辩护人了解侦查的痛处，强化自己的攻位优势，不仅是必要的，而且是必需的，这不仅有利于平衡辩诉地位，也能成为胜任职责的砝码。

3. 侦查是领跑，辩护是护航

侦查与辩护的关系，从实现法治现代化的角度来说，是双赢共荣的关系，是对立统一的关系，是一体两面的关系，打个比方，如果说侦查在法治建设中处于领跑的地位，辩护就处于为领跑者护航的地位。领跑具有显性，护航具有隐性，领跑有道路选择，护航对危险可亮红灯，领跑会遭遇千难万险，护航亦需患难与共，领跑可能责难护航不力，护航也会怒斥领跑而无所顾忌，但不管两方是否观点相左、语言交锋、非难诘难，都改变不了其方向一致、目标一致、同舟共济的本质。侦查从与辩护的交锋中汲取经验从而能更好地补缺，奋发蹈厉；辩护深入了解侦查是为了更积极地履职，登高望远；两者的深度融合才是法治现代化的必由之路。

诱供排除问题实证研究

马世英*

【内容摘要】 我国"宽禁止，严排除"模式的非法证据排除规则使犯罪嫌疑人、被告人供述得以排除的"痛苦规则"仅适用于酷刑，导致诱供的排除在司法实践中陷入是否排除的两难抉择。通过实证研究发现，诱供问题在各类案件中均普遍存在，但由于明确的排除依据缺乏、审讯环境的密闭特点，辩方很难提出指向明确的诱供线索或证据，申请排除非法证据的进程备受阻碍，致使实践中往往不予排除。但是，司法实践也表现出支持诱供排除的倾向。在以审判为中心的诉讼制度改革下，要推进诱供排除的进程，控辩审三方必须共同努力探索排除路径，共同推进庭审实质化，实现司法公正。

【关键词】 诱供　非法证据排除　有效辩护　庭审实质化

诱供本身含有威胁和欺骗的要素，并且实践中非法取证手段往往竞合出现，各国刑事诉讼规范均对引诱收集证据有一定程度的容许性，如日本在立法上没有禁止诱供，实践中也体现出对诱供的容许性;[①] 德国的刑事规范虽然明令禁止诱供等"非任意性"内容，但其司法实践中非任意性自白并不必然排除，而是法官根据个案的情况来判断[②]。但是若诱供已经达到严重违法程度以及针对盲聋哑人、精神疾病患者、未成年人等特殊群体的引诱手段未受到有效规制，不仅会对司法公正和犯罪嫌疑人（被告人）的人权保障产生负面作用，也会冲击社会大众对司法制度的信赖。从庭审实质化角度来看，诱供破坏了控辩双方的平等地位，辩方天生的举证劣势

---

* 马世英，西北政法大学法律（法学）专业2021级硕士研究生，研究方向为刑事侦查学。

① 纵博:《以威胁、引诱、欺骗方法获取口供的排除标准探究》,《法商研究》2016年第6期。

② 〔德〕克劳思·罗科信:《刑事诉讼法》（第24版），吴丽琪译，法律出版社，2003，第232~235页。

更加凸显，控辩双方无法进行平等的、充分的辩论，辩方难以做到有效辩护。因而，控辩审三方须共同努力，尤其是辩方应当在现行刑事诉讼规范下充分发挥作用，注重证据的收集，及时提出非法证据排除申请，充分行使其调查取证权以及庭审中的辩护权并充分发挥判例说服的作用，与控方进行充分对质。

一　司法现状

在“中国裁判文书网”输入“非法证据排除”，点击“刑事案由”，选择“判决书”完成检索，共得到4693份判决书，[①] 笔者选择该网站于2022年和2021年收录的判决书作为研究对象，分别得到12份和165份判决书（包含2份重复文书）。整理这175份判决书发现，存在“诱供”“引供”“诱导性发问”等词的文书共有32份（占比约18%）。其中1份法律文书仅有辩护人提出非法证据排除，但法院未采纳。[②] 因而下文以31份法律文书为基础。31份法律文书中有30份是对犯罪嫌疑人、被告人供述提出排除申请，1份是对证人证言提出排除申请。[③] 本文主要以引诱取得的犯罪嫌疑人、被告人供述为研究对象。

（一）诱供问题现状

在涉及“诱供”“引供”“诱导性发问”的12类案由中，涉及诱供问题的诈骗案件占比最高（见图1），走私、贩卖、运输、制造毒品案件次之，诱供问题在各类案件中普遍存在。诈骗案件和走私、贩卖、运输、制造毒品案件占比高，说明在犯罪嫌疑人（被告人）的犯罪行为隐秘性程度高、犯罪嫌疑人（被告人）的反侦查意识强的案件中，侦查人员缺乏突破口，难以收集证据，口供的获取成为破案的关键。诱供普遍存在的原因主要如下。第一，口供是直接来源于犯罪嫌疑人（被告人）的证据，相较于其他间接证据具有更强的证明力，也能通过其收集其他证据。第二，讯问

---

① 数据收集截至2022年9月17日。

② 参见（2021）豫0225刑初361号判决书。

③ 参见（2021）宁04刑终33号判决书。

场所封闭，侦查人员的讯问行为受到监督的空间有限，[①] 并且诱供行为具有隐秘性，辩方难以提供相关线索或证据，难以启动非法证据排除程序，遑论能够成功排除。第三，"宽禁止，严排除"的证据排除模式导致诱供的排除立场模糊。

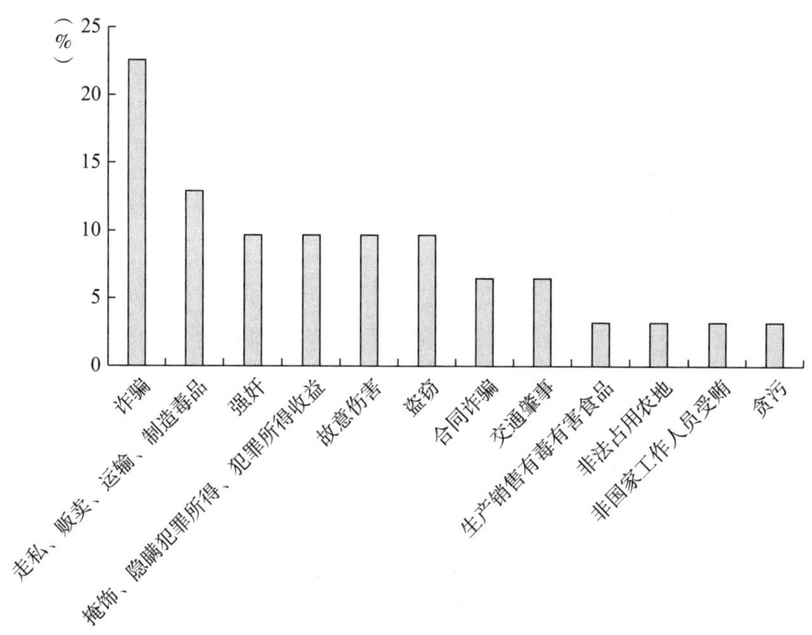

图 1　涉及诱供的 12 类案由占比

（二）排除率低，法庭倾向裁量排除

31 份判决书均对排除诱供的申请不予支持，排除率极低。法院对排除申请不予支持的依据主要有以下几个。第一，记录在案的同步录音录像或侦查机关执法记录仪视频，讯问期间犯罪嫌疑人的语言、神态和侦查人员的互动表现，同步录音录像与讯问笔录的一致性，讯问笔录落款处签字和书写的"以上笔录我看过，和我说的相符"，被告人庭上所作供述与多份供述内容稳定一致等证据能够证明不存在诱供。第二，根据理性人的认识能力判断不构成诱供。主要是默认犯罪嫌疑人、被告人知晓强制措施变

① 王杉：《刑事侦查中骗供、诱供问题研究——以非法言词证据排除为视角》，硕士学位论文，山东师范大学，2020。

更的法律后果，强制措施的变更不构成诱供。第三，公安机关的情况说明。第四，犯罪嫌疑人、被告人及其辩护人未提出非法证据排除申请或未向法庭提供侦查机关非法取证的证据或线索。第五，综合案件情况分析，不存在诱供行为。

在31份文书中，有3份文书法院未对被告人提出的诱供排除申请予以采纳，[①] 其余28份文书均对诱供问题进行审查判断，认为诱供属于非法证据排除范围，最终没有排除的原因包括能够证实不存在诱供情形，犯罪嫌疑人（被告人）及其辩护人未提出非法证据排除申请或者未提供相关线索、证据，以及该证据具有的瑕疵能够被其他证据补强，即说明诱供达到应排除的违法程度就能够被排除。

对诱供问题作出审查处理的28份判决书中，有24份通过审查公安机关出具的情况说明、同步录音录像显示的内容来判断口供的获取是通过合法的政策宣讲还是非法的引诱，依此裁量口供的收集是否“违反法定程序”或者“可能严重影响司法公正”，基于此而作出不予支持的决定，这说明对引诱取得口供的排除是裁量排除而不是强制排除。[②] 正如有学者所言，严重违法的诱供将损害证据的真实性和正当性，损害程序公正，侵犯犯罪嫌疑人（被告人）获得公正审判的权利，应当给引诱获得的口供留有排除路径，允许对其裁量排除，[③] 这也是对强制排除规定的补充，赋予法官基于司法公正排除非法口供的保留性职权，拓展非法证据排除范围。[④]

（三）证明机制以契合规范为主

1. 证明责任分配

根据《中华人民共和国刑事诉讼法》（2018年修正，以下简称《刑事

---

① 参见（2020）云0628刑初376号、（2021）湘0922刑初23号、（2021）渝0151刑初12号判决书。

② “裁量排除”，即法官结合案件情况权衡裁量决定是否排除。“强制排除”，即只要存在非法取证的手段就必须强制性地排除。

③ 戴长林、罗国良、刘静坤：《中国非法证据排除制度：原理·案例·适用》，法律出版社，2016，第96页。另可参见智嘉译《非法证据界定中法官的自由裁量权探析——兼评〈关于办理刑事案件严格排除非法证据若干问题的规定〉》，《北京政法职业学院学报》2017年第4期。

④ 王仲羊：《论非法口供的裁量排除》，《中国人民公安大学学报》（社会科学版）2019年第6期。

诉讼法》）第58条、第59条，《最高人民法院关于适用〈中华人民共和国刑事诉讼法〉的解释》（2021年实施，以下称《最高院司法解释》）第127条，《最高人民法院、最高人民检察院、公安部、国家安全部、司法部关于办理刑事案件严格排除非法证据若干问题的规定》（2017年实施，以下称《两高三部证据规定》）第25条、第34条的规定可知，非法证据排除的证明责任分配为：申请排除非法证据的辩护方提供涉嫌非法取证的人员、时间、地点、方式、内容等相关线索或者证据，公诉机关证明证据收集的合法性，不能证明其合法性时承担不利后果。虽然辩护方应当提供相关材料，但其不承担诉讼上的不利后果，不承担严格意义上的"责任"，而公诉机关的证明责任是要承担诉讼不利后果的"责任"。①

判决书所体现出的非法证据排除的证明责任分配主要有以下四种类型：A类，犯罪嫌疑人、被告人及其辩护人提供线索或证据，公诉机关提供证据证明证据收集的合法性；B类，犯罪嫌疑人、被告人及其辩护人未提供线索或证据，公诉机关提供证据证明证据收集的合法性；C类，未说明；D类，特例（见图2）。

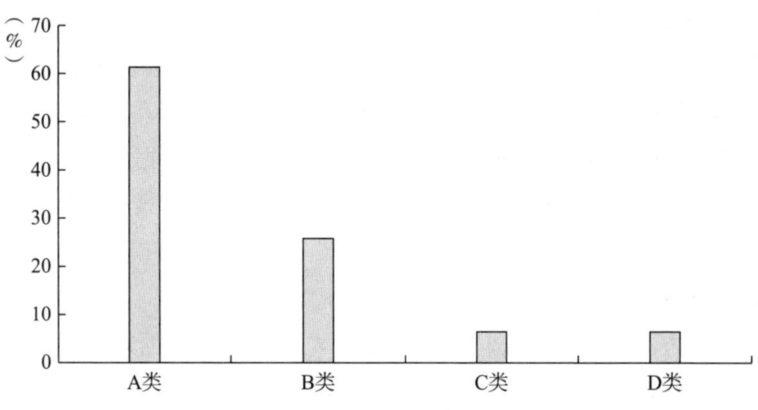

图2　A、B、C、D四类证明责任分配的占比

由图2可知，超半数的判决书体现辩方提出非法证据排除申请或对证据收集的合法性提出异议，并提供非法收集证据的时间、地点、方式和内容等相关线索或证据，公诉机关出示执法记录仪视频、同步录音录像、情况说明等证据证明收集证据的合法性。超过四分之一的判决书

① 周颖：《口供制度研究》，博士学位论文，复旦大学，2013。

中，虽辩方未提供涉嫌非法取证的线索或证据，但公诉机关仍提供了讯问同步录音录像、情况说明等证据证明收集的合法性，承担了其证明责任。不足十分之一的判决书未体现出对证明责任的分配，法院认为犯罪嫌疑人（被告人）的后期供述与在案其他证据能相互印证，[①] 足以作为定案依据而不支持非法证据排除，对于在案其他证据是控辩何方提供并未说明；或是根据《两高三部证据规定》认定没有同步录音录像不符合非法证据排除的条件，从犯罪嫌疑人（被告人）作出供述的态度判定其合法性而不支持非法证据排除[②]。

D 类属特殊案例。在魏某某贪污罪案中，[③] 法庭的处理有两处不妥。一是被告人向法庭提供了非法收集证据的时间和方式的材料，已符合法律规定，但法庭进一步要求被告人提交指向明确的非法取证人员、地点的线索或能够反映非法取证的伤情照片、体检记录、医院病历、讯问笔录等未被被告人掌握的证据，忽视了被告人在讯问过程中的被动性，忽略了被告人无法提供伤情照片、医院病历等证据的客观事实。二是认为“辩护人提出对魏某某的审讯光盘还出现画面黑屏、无声的情形，但并未提交相关证据证明讯问同步录音录像存在选择性录制、剪接、删改等情形”，该表述是将审讯光盘合法性的证明责任由公诉机关转移到被告人及其辩护人。在徐某某走私、贩卖、运输、制造毒品一案中，[④] 法庭认为被告人没有提供线索或证明材料，也未提出非法证据排除申请，因而对诱供问题未进行审查，对公诉机关是否证明了证据收集的合法性也未作说明。

2. 证明标准

根据我国《刑事诉讼法》第 60 条、《两高三部证据规定》第 34 条、《最高院司法解释》第 74 条的规定，在刑事诉讼中排除非法证据的证明标准为“确认存在以非法方法收集证据的情形”或者“不能排除存在以非法方法收集证据情形”，因此排除引诱取得的口供也适用该标准。

判决书所体现的排除引诱取得的口供的证明标准有以下两种类型：一

---

① 参见（2020）豫 01 刑终 1269 号判决书。

② 参见（2021）吉 0403 刑初 27 号判决书。

③ 参见（2019）甘 0102 刑初 165 号判决书。

④ 参见（2021）湘 0922 刑初 23 号判决书。

是确认不存在诱供情形，即证实不存在非法证据排除的情况或确认不存在非法证据；二是未对证明标准作出说明（见图3）。

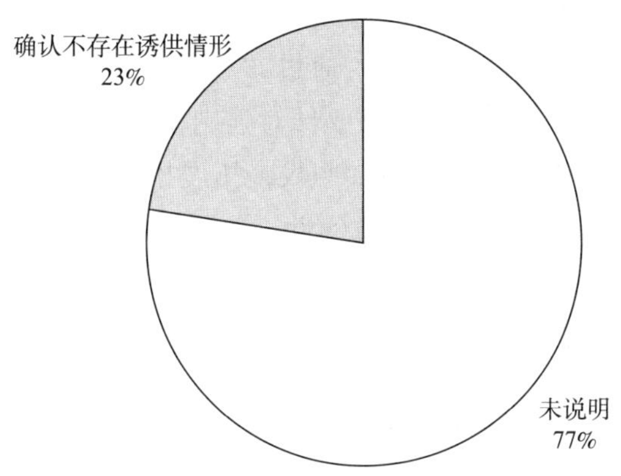

图3　两种类型的证明标准占比

未说明证明标准的案件占比近80%，这侧面说明了司法实践中法庭对证明标准大多是默认的，判决书说理部分虽未明确写明“能够排除不存在以非法方法收集证据的情形”，但根据其以记录在案的同步录音录像、讯问笔录等其他证据证明证据收集的合法性的过程，可见其证明标准是同上述法律规定相契合的。

二　诱供难以排除的原因分析

（一）诱供排除的法律依据有争议

对于引诱取得的口供是否属于非法言词证据排除的范围，立法尚不清晰，实务界和学界也未形成统一观点和处理路径。我国《刑事诉讼法》《最高院司法解释》规定，在刑讯逼供等非法方法下取得的犯罪嫌疑人、被告人供述应当强制排除。将“等非法方法”解释为使用肉刑或变相肉刑，或者采用其他使犯罪嫌疑人、被告人在肉体或精神上遭受剧烈疼痛或痛苦的方法，迫使犯罪嫌疑人、被告人违背意愿供述，而引诱方法达不到“使犯罪嫌疑人、被告人在肉体或精神上遭受剧烈疼痛或痛苦”的要求。因此，有学者认为非法言词证据排除只适用于法定的严重侵犯人权的非法取证行为，法律未明确规定的引诱、欺骗等方法均不在排除范围内。[①] 但是，不适当的引诱、欺骗会损害证据的真实性、取证的正当性，严重损害程序公正，侵犯犯罪嫌疑人、被告人获得公正审判的权利，有学者主张对其应通过裁量的方式予以排除，[②] 通过“违反法定程序”的行为要件和“可能严重影响司法公正”的后果要件对强制排除进行补充，赋予法官基于司法公正排除非法口供的保留性职权，拓展排除范围，[③] 在缺乏明确排除规定的情况下，应当优先考虑真实性、兼顾自愿性来判断是否将该种口供予以排除[④]。龙宗智教授也认为对引诱取得的口供应当排除，可以将“证据必须经过查证属实，才能作为定案的根据”的规定作为规范依据。[⑤]

（二）诱供与讯问策略难区分

引诱等非法方法与侦查讯问策略易混淆是我国对证据收集方法的限制采取“宽禁止，严排除”立法模式的原因之一。[⑥] 讯问策略往往含有一定的引诱因素，随着规范和实践对刑讯逼供、威胁等暴力手段的禁止和排除，审讯人员存在转向排除规定模糊的引诱方式来取证的可能。

对诱供问题作出处理意见的28 份判决书中，4 份判决书的说理部分直接涉及讯问策略与诱供之间界限的判断，综合分析其判断标准如下。第一，讯问的形式和实质是否合法。从证据规范层面看，我国非法口供的认定和排除相较于真实性，更注重收集程序的合法性，引诱行为本身是不合法的证据收集方法，通过此种方法收集的口供应该被排除。[⑦] “侦查策略原本的目的是维护社会法律秩序，也是侦查策略正当化的前提，侦查机关采用侦查策略，不仅不得妨碍法律秩序的形成，更不能以破坏法律秩序的

---

① 余向阳、尹淑艳：《审判阶段非法言词证据排除之认定标准——从实证分析的角度出发》，《前沿》2014 年第 ZB 期。

② 戴长林、罗国良、刘静坤：《中国非法证据排除制度：原理·案例·适用》，法律出版社，2016，第 96 页。

③ 王仲羊：《论非法口供的裁量排除》，《中国人民公安大学学报》（社会科学版）2019 年第 6 期。

④ 刘涛：《侦查讯问中威胁、利诱、欺骗之限度研究》，《中国人民公安大学学报》（社会科学版）2016 年第 3 期。

⑤ 龙宗智：《我国非法口供排除的“痛苦规则”及相关问题》，《政法论坛》2013 年第 5 期。

⑥ 龙宗智：《我国非法口供排除的“痛苦规则”及相关问题》，《政法论坛》2013 年第 5 期。

⑦ 李锦华：《论自白任意性规则》，硕士学位论文，广东财经大学，2014。

方式来实施侦查策略。”[①] 审讯人员采用审讯策略必须规范地遵守法律程序，如实宣讲“坦白从宽”的刑事政策，告知认罪认罚从宽制度及其法律后果等内容，[②] 向犯罪嫌疑人、被告人针对相关法律规定进行阐释；[③] 同时也要符合法律秩序和基本的法律原则，保障犯罪嫌疑人、被告人的人身权利和诉讼权利不受侵犯。第二，引诱方法的使用须达到使犯罪嫌疑人、被告人的自由意志受到影响而作出错误意思表示的程度，如此收集的口供才应当被归于应当排除的诱供。[④] 这需要综合考量犯罪嫌疑人、被告人的内外情况和侦查人员侦查讯问的具体强度，如考量犯罪嫌疑人、被告人的年龄、精神状态和智力水平、个人身份等反映其理性思考和辨识能力的因素，从而判断其自由意志在多大程度上受到侦查人员的引诱强制；考量侦查人员的讯问策略是否符合实质正义的要求，讯问方法是否正当等反映引诱方法使用的强度的因素。第三，讯问策略采用引诱方法须符合公众的心理接受能力。侦查行为应建立自己的道德标准与行为准则，[⑤] 侦查环节采用引诱方法不能突破公众的道德底线、不能冲击公众的心理接受能力，讯问策略中的引诱方法一旦超出公众接受能力，公众对司法机关的信任将极大减损，让公民在每个案件中都感受到公平正义将无法实现。28 份判决书中仅有 4 份提及区分标准且标准各不相同，而其余 24 份未提及区分标准，这也表明司法实践存在回避谈论区分标准以及无法有效区分二者的现实困境。

（三）辩方在侦查阶段受限

根据我国刑事诉讼规范，非法证据排除程序的启动主要是由辩方提出非法证据排除申请，而辩方提出非法证据排除申请进而最终实现非法证据排除必然要经过诱供的翻供、质证等程序，即非法证据排除程序建立在辩方收集以引诱方法取得口供的证据和线索的基础上。

---

① 万毅：《侦查谋略之运用及其底限》，《政法论坛》2011 年第 4 期。

② 参见（2019）甘 0102 刑初 165 号、（2020）京 0106 刑初 666 号判决书。

③ 参见（2021）豫 0882 刑初 50 号判决书。

④ 参见（2020）黑 0183 刑初 164 号判决书。

⑤ 龙宗智、何家弘：《“兵不厌诈”与“司法诚信”》，载何家弘主编《证据学论坛》（第六卷），中国检察出版社，2003。

1. 律师帮助制度的缺失

我国律师帮助制度的缺失导致辩方很难收集非法取证的线索或证据，阻碍非法证据排除程序的启动。我国尚未确立律师帮助制度以及讯问时辩护律师在场的制度，律师的阅卷权产生于审查起诉之后，律师难以在侦查阶段有效获得线索或证据，辩护律师对犯罪嫌疑人遭到诱供的情况只能通过讯问笔录以及与犯罪嫌疑人的会面或者梳理证据链得知，提供非法诱供的线索或证据材料基本上要由犯罪嫌疑人独立完成。而犯罪嫌疑人，特别是处于羁押状态而带有紧张、恐慌情绪的犯罪嫌疑人，往往很难对侦查讯问的流程有清晰的认知和深刻的记忆，难以提供指向明确的线索或证据。

2. 犯罪嫌疑人与被告人没有区分诱供与讯问策略的专业能力

自我国建立起非法证据排除制度起，诱供行为的实施方式逐渐隐秘，不易被察觉。如上文所述，即使是专业的法律工作者也很难区分引诱行为与讯问策略，遑论处于被讯问状态下的犯罪嫌疑人和被告人。讯问环境密闭、讯问单向性、侦查人员主导权的广泛性的特点也使犯罪嫌疑人、被告人在受到讯问压力的情况下，① 其自由意志的可选择性容易受到侦查人员的影响，特别是处于羁押状态下的犯罪嫌疑人、被告人对信息来源以及信息本身的分析会欠缺理性判断，非常容易受到侦查人员所采取的强化手段的影响，对具有暗示性、诱导性的提问实难按照自己的自由意志作出供述，② 而侦查人员在侦查初期对案情的认识多来源于猜测和推理。

3. 同步录音录像制度监督管理机制缺失

同步录音录像制度的确立对规范侦控机关的行为有重要意义，但仍有不足，录音录像的录制、制作和储存等由侦控机关自行管理，缺乏有效的监督机制，实践中也有发生侦查人员刑讯后补录的事件，因此不在审查监督机制之下的同步录音录像不能充分发挥证明证据收集合法性的作用。

4. 法官裁决的考量

法官对证据的合法性有“疑问”是非法证据排除程序启动的标准，非法证据排除凭借法官的主观心理状态，依赖于其自由心证，即法官在没有明确规则限制的情况下，基于自身的法学专业知识、案件审理经验、逻辑

① 王楷：《被追诉人如实陈述研究》，博士学位论文，中国政法大学，2021。

② 赵桂芬：《论讯问中的心理强迫》，《中国人民公安大学学报》（社会科学版）2013 年第 2 期。

思维和理性良心作出判断。[①] 辩方难以提供相关线索或证据，很难让法官的内心确信动摇，并对证据收集的合法性产生怀疑。并且我国刑事诉讼规范对排除诱供取得证据的具体操作程序和程序性后果规定得并不细致明确，加之法官须对其裁判案件负终身责任，因此若辩护人不能提出有力质证意见，法官通常会选择规避。[②] 而我国公检法三机关相互信任的传统已久，法官通常会根据自己的经验优先选择信任公安机关提交的证据，辩护人的质证意见通常会被视为辩护技巧而不采纳。加之法院案件压力大，即使骗供、诱供行为有侵犯被告人合法权利的嫌疑，法院考虑到证据价值也可能不会采纳辩护人的质证意见。

三　诱供排除难的解决路径

（一）口供排除的规范适用路径

引诱方法未达到“使犯罪嫌疑人、被告人在肉体或精神上遭受剧烈疼痛或痛苦”的程度，无法适用“痛苦规则”，但引诱作为非法取证方法应当得到规制。对其不能通过单一的“痛苦规则”路径排除时，应当通过对基本法的体系化理解寻求排除路径，才更加契合《刑事诉讼法》严禁以引诱的非法方法收集证据的规范精神。首先，龙宗智教授提出在特殊情况下对过度采用利益诱导使证据的客观真实性受到严重损害的证据，可以适用《刑事诉讼法》第 50 条“证据必须经过查证属实，才能作为定案的根据”的规定，以客观真实性为由，排除相关口供。对违法情节严重、影响恶劣的诱供情形，可直接依据《刑事诉讼法》第 52 条和第 56 条，将之作为“等非法方法”收集的证据予以排除而不考虑“痛苦规则”。[③] 其次，我国尚没有确立自白任意性规则，但是《两高三部证据规定》对非法证据的排除强调因“痛苦”而“违背意愿”的因果关系，即非法言词证据的判断要件逐步从单一的“痛苦规则”转向以“痛苦规则”为主、兼具“自白

① 智嘉译：《非法证据界定中法官的自由裁量权探析——兼评〈关于办理刑事案件严格排除非法证据若干问题的规定〉》，《北京政法职业学院学报》2017 年第 4 期。

② 王杉：《刑事侦查中骗供、诱供问题研究——以非法言词证据排除为视角》，硕士学位论文，山东师范大学，2020。

③ 龙宗智：《我国非法口供排除的“痛苦规则”及相关问题》，《政法论坛》2013 年第 5 期。

任意性规则”,[①] 我国《刑事诉讼法》也明确“不得强迫任何人证实自己有罪”，对自白任意性规则作出原则性规定。但是我国仍然保留“应当如实回答”的规定，在这样的规范背景下，将自白任意性规则作为判定非法口供的独立标准也不具备现实可行性。因此，可通过“不得强迫自证其罪”规则将“痛苦规则”不能涵盖的超出法律容许范围的诱供予以排除，弥补适用单一标准的非法口供排除制度的不足。最后，根据《两高三部证据规定》第25条、第34条可知，若公诉机关没有提供证据或者提供的证据不能证明证据收集的合法性，不能排除存在该规定所列明的以非法方法收集证据情形，对有关证据应当予以排除。由其第1条“严禁刑讯逼供和以威胁、引诱、欺骗以及其他非法方法收集证据，不得强迫任何人证实自己有罪”可知，引诱属于该规定中的以非法方法收集证据的情形，若不能排除存在以引诱方法获取证据情形，应当排除。笔者认为，对于非法证据排除的范围，不应当拘泥于《刑事诉讼法》第56条规定的方式和证据，而是应该根据《刑事诉讼法》第52条和56条作广义与狭义的理解。虽然引诱获取的口供不符合第56条狭义的排除规定，但其符合第52条广义的规定，属于非法证据，因而属于非法证据排除的范围。实证研究能够清晰地表明审判实践对引诱取得的口供的态度，若引诱取得的口供不属于非法言词证据的排除范围，则在辩护方提出排除非法言词证据申请，或对言词证据收集的合法性提出异议时，法院就应当明确表明该证据不属于非法言词证据排除的范围而不接受该申请或异议；若引诱取得的口供在非法言词证据排除的范围内，法院才会根据辩护方提出的申请和异议审查该言词证据的合法性。

（二）侦查机关内部优化提升

在侦查工作中，我国部分侦查机关尚存在监督机制不完备不健全、监督效果轻微等问题，部分侦查人员存在法理知识摄入浅显、法治意识较淡薄、执法理念尚未完全转变等问题。这在取证方面主要表现为依法取证意识不强，忽视取证的程序性要求，在侦查中违规取证而影响证据效力的发挥。[②]

---

① 卞建林:《我国非法证据排除规则的新发展》,《中国刑事法杂志》2017年第4期。

② 张磊:《刑事错案视角下侦查人员职业道德建设研究》,《北京警察学院学报》2023年第2期。

侦查部门应当加强对侦查人员的法治教育，提升侦查人员队伍的专业技能和职业道德素养，系统地从取证流程培训、取证规范培训、取证思维培训三个方面进行培训，以提升侦查人员的取证能力和刑事案件的质量。[①]特别是在区分侦查策略与诱供时，可以参考前文所提到的生效裁判文书中的区分标准，同时结合程序公正、证据“三性”以及合理性因素综合判断，保护犯罪嫌疑人（被告人）的意志自由和平等的诉讼权利，保证供述的真实性，以符合现行的司法制度和诉讼理念。[②] 防止采取引诱方法的讯问策略不受法律有效限制而膨胀，影响司法公正，从源头上杜绝非法取证，预防冤假错案。[③] 同时，侦查部门也要强化自身制度建设，加强对侦查人员的职业道德失范监督。自侦查阶段便严格落实证据裁判规则，加强刑事案件证据审查。法制部门作为对刑事案件全流程进行审查和监督的责任部门，应当严格审查证据的合法有效性，以与取证相关的侦查方法、技术手段为重点，从实体和程序两方面对所收集的证据材料进行审查。

（三）有效辩护是非法证据排除的关键

根据《最高院司法解释》的规定，“申请排除非法证据应当在开庭审理前提出，庭审期间才发现相关线索或材料的可以在庭审中提出，在庭审过程中提出申请的，应当说明理由”。在诱供的排除中，辩方可发挥作用的阶段主要是庭前会议和庭审调查、辩论环节。

为充分发挥庭前会议对证据收集合法性审查的作用，[④] 辩方在开庭审理前应当向法院提出非法证据排除申请，并提供已掌握的有关诱供的线索或证据材料，在庭前会议中补充新发现的可证实诱供存在的证据。辩方应与控审部门一同确定对诱供的调查与审议范围以及证据排除审查重点，申请公诉机关出示与侦查人员获取口供相关的录音录像、讯问笔录等证据材料，向法庭提出重点审查被告人供述自愿性、侦查人员侦查行为合法性的建议。从无罪推定原则、不得强迫任何人证实自己有罪规则、自白任意性

① 范维、樊家林：《刍议提升公安机关侦查取证培训质效的途径》，《公安教育》2021 年第 9 期。

② 武慧敏：《诱供骗供行为的法律规制》，硕士学位论文，山西大学，2017。

③ 卞建林：《我国非法证据排除规则的新发展》，《中国刑事法杂志》2017 年第 4 期。

④ 卞建林：《我国非法证据排除规则的新发展》，《中国刑事法杂志》2017 年第 4 期。

规则等方面阐释，将我国《刑事诉讼法》第50条、第52条、第56条的规定相衔接，突出强调非法诱供导致口供虚假的后果。对人民检察院为了说明证据收集合法性而出示的有关证据材料提出真实性、合法性、关联性方面的合理怀疑，让法官在亲历控辩双方的对抗后对涉嫌诱供的证据的合法性产生疑问，从而确保法官在庭审阶段对涉嫌诱供的证据进行审查，进而排除非法诱供获得的证据。

在庭审调查、辩论环节中，若发现有关非法证据的线索或证据材料，有三点要注意。首先，应及时提出非法证据排除申请，启动非法证据排除程序。根据实证研究，人民法院以辩方未提出非法证据排除申请、未提供非法诱供的相关线索或证据材料为由对排除非法证据不予支持的不在少数，因而辩方应当注意无论是否召开庭前会议，都要主动向法庭递交非法证据排除的申请，并及时提供已掌握的相关线索或证据材料，提出对证据收集涉嫌诱供产生怀疑的理由，争取人民法院准许启动非法证据排除程序。其次，在质证阶段充分行使辩护权。辩护律师的辩护权，其根本属性是保障被追诉人的基本人权不受侵犯和自我辩护权实现以及促进辩方与控方实质对抗的有力武器。[①]“实质性审判意味着对于质证权予以充分保障”[②]，辩方对证据合法性的质疑是对指控进行否认的一部分[③]。辩护律师在无法获取指向明确的诱供线索或证据，但根据在案证据之间的逻辑关系、与被告人会见时了解的情况等对讯问时可能存在非法诱供情形持严重怀疑态度时，应当立即向人民法院申请调查取证。在实质性审判中，辩护一方提供的证据以及请求调取、调查某些证据的要求都应当得到尊重，[④]辩护律师向法庭申请调查取证也是弥补辩方举证能力弱项，充分保障辩护权，以实现控辩双方平等对质的表现。最后，辩方应注重判例说服与理论分析在庭审中的影响。正如何家弘教授所言，非法证据排除规则的适用需要司法判例，[⑤] 诱供的排除自然也不例外。我国司法实践当前虽然面临非法证据排除难的困境，但是成功排除的案例不可忽视，案例的支撑能够增

① 王嘉铭：《中国辩护律师权利研究》，博士学位论文，中国社会科学院研究生院，2020。

② 张建伟：《审判的实质化：以辩方的视角观察》，《法律适用》2015年第6期。

③ 肖波：《非法证据证明责任分配问题研究》，《西部学刊》2019年第16期。

④ 张建伟：《审判的实质化：以辩方的视角观察》，《法律适用》2015年第6期。

⑤ 何家弘：《适用非法证据排除规则需要司法判例》，《法学家》2013年第2期。

强法官决定排除时的内心确信，辩方可以参考非法证据排除成功案例的做法说服法庭。除了参考案例以外，学术理论的发展也应该得到重视，法官面对大量的案件压力，办案时间严重压缩学习时间，因此，辩方尤其是辩护律师应当将涉及诱供排除的理论发展以精简化的方式向法官传递，促使法官内心对证据合法性产生疑问，对该证据展开调查，争取对诱供证据的认定和排除，理论的传输应当以诱供可以被裁量排除为主展开。

四 结语

我国现有的非法证据排除规则仍有不足之处须待完善，在司法实践中的适用面临诸多难题，[①] 诱供排除的路径看似已通过非法证据排除规则设置，实则模糊，难以准确适用相关条文排除诱供。诱供难以排除的问题在立法进一步明确之前通过统一路径解决虽然难以实现，但控辩审三方都应当以自身在刑事诉讼中能够发挥的作用去推动诱供的排除，更好地规范侦查取证行为，维护犯罪嫌疑人、被告人的合法权益，维护司法公正。

① 龙宗智等：《司法改革与中国刑事证据制度的完善》，中国民主法制出版社，2016，第21~22、25页。

刑事辩护新发展

死刑复核程序有效辩护进路[*]

高倩萌　庄新宇[**]

【内容摘要】死刑复核的行政化传统导致死刑复核辩护结构失衡，这体现在裁定书听取律师意见内容的缺位上。从程序定位、规范基础和辩护评价三个层面溯源分析，有效辩护难实现的深层原因在于死刑复核程序的行政化传统，其导致制度规范、权利行使、辩护评价三方面递进式缺位。借鉴以美国为主的域外有效辩护理论与制度安排，应突破死刑复核行政化管理机制，探索审判程序定位之下委托辩护与强制指派机制结合，死刑复核律师有效辩护评价之进路。

【关键词】死刑复核　有效辩护　指定辩护

一　问题的提出

死刑复核程序是决定被告人被判处死刑的最终环节，是指通过对死刑判决全面审查以最终裁定是否核准死刑的程序。① 有效辩护的行使是实现准确惩治死刑犯罪、坚持司法公正的保障。近年来，先后出台的《最高人民法院关于办理死刑复核案件听取辩护律师意见的办法》（以下简称《听取律师意见办法》）、《最高人民法院关于死刑复核及执行程序中保障当事人合法权益的若干规定》（以下简称《保障当事人合法权益规定》）、《最

* 基金项目：2021 年度国家法治建设与法学理论研究部级科研项目“智慧侦查背景下的大数据证据使用禁止规则研究”（项目编号：21SFD4042），2022 年中国政法大学硕士研究生创新实践项目“检察工作现代化：检察官司法下的非法证据排除规则”（项目编号：2022SSCX20210068）。

** 高倩萌，中国政法大学刑事司法学院 2021 级诉讼法学硕士研究生；庄新宇，中国政法大学刑事司法学院 2021 级诉讼法学硕士研究生。

① 翟薇：《死刑复核程序的模式选择——以指定辩护写入〈法律援助法（草案）〉为契机》，《中州学刊》2021 年第 8 期。

高人民法院、司法部关于为死刑复核案件被告人依法提供法律援助的规定（试行）》（以下简称《依法提供法律援助规定（试行）》），明确了律师的查询立案信息权、阅卷权、当面听取意见权以及按时向最高人民法院提交辩护意见的义务，扩大了律师参与死刑复核程序有效辩护的权限。2022年1月1日施行的《法律援助法》第25条更是针对未委托辩护人的被告人，规定了法律援助机构“依申请”指定辩护制度，打通了死刑案件法律援助的“最后一公里”①。

然而，死刑复核长期以来具有“行政化审批”传统，程序由最高人民法院依职权主动启动，复核采用听取意见式的书面和间接审查，承办法官在复核的过程起主导作用，复核结果仅表现为核准与否，律师意见鲜见于裁定文书中。“行政化审批”传统导致在程序的启动、运作和结果上缺乏辩护方的参与，这种程序运作结构上的失衡背离了死刑复核程序价值目标——程序正义和人权保障。在被告人获得有效辩护方式上，新出台的《法律援助法》规定的“经申请才指派”与强制指定辩护的要求有所不容，并且这种形式上的死刑案件法律援助全覆盖的制度设计存在忽视死刑复核程序辩护质量的隐忧，或对实现有效辩护产生不利影响。被告人获得有效辩护不仅对于死刑复核程序的合理构造具有重要意义，也是联合国人权活动的一项基本原则。② 死刑复核程序不能仅被视为防范冤错案件的最后一道防线，还应该成为贯彻“少杀、慎杀”刑事政策的最佳支撑。因此，有必要就死刑复核程序辩护权运转的情况作全面考察，对有效辩护理论作死刑复核阶段的边界拓展，探索构建中国特色死刑复核程序有效辩护制度。由于死刑缓期执行相对于死刑立即执行对被告人生命权益侵犯的紧迫性低，加之篇幅所限，下文所讨论的死刑复核案件仅指最高人民法院复核的死刑立即执行案件。

---

① 《法律援助法》第25条第1款规定：“刑事案件的犯罪嫌疑人、被告人属于下列人员之一，没有委托辩护人的，人民法院、人民检察院、公安机关应当通知法律援助机构指派律师担任辩护人：（一）未成年人；（二）视力、听力、言语残疾人；（三）不能完全辨认自己行为的成年人；（四）可能被判处无期徒刑、死刑的人；（五）申请法律援助的死刑复核案件被告人；（六）缺席审判案件的被告人；（七）法律法规规定的其他人员。”

② 陈兴良：《为辩护权辩护——刑事法治视野中的辩护权》，《法学》2004年第1期。

二 死刑复核程序有效辩护的样态分析

律师向最高人民法院提出辩护意见，且辩护意见得到实质性审查，是实现死刑复核程序正义的重要体现，也是死刑复核阶段辩护律师有效行使辩护权的重中之重，为2022年实施的《依法提供法律援助规定（试行）》提出的裁定书写明“辩护意见”所保障。[①] 为了分析最高人民法院在《法律援助法》正式实施和“听取律师意见”被明文规定前后，死刑复核案件裁定书中“听取律师意见”样态有无明显变化，笔者选取《法律援助法》《依法提供法律援助规定（试行）》的正式实施时间“2022年1月1日”前两年及实施后一年为样本期间，以2020年1月1日至2022年12月31日最高人民法院作出的死刑复核裁定书为样本，共检索到113份裁定书。[②]

从罪名层面看，这113件死刑复核案件绝大多数属于命案，共涉及死刑罪名16个，数量排在前三位的罪名分别是故意杀人罪，抢劫罪，走私、贩卖、运输、制造毒品罪（见图1）。

从对律师意见的处理层面看，2022年裁定书共8份，有4份提到听取律师意见，但是其中只有2份提到辩护律师的具体意见并给出回应；2021年裁定书共73份，有7份提到听取律师意见，但均未提到听取律师意见的具体内容；2020年裁定书共32份，仅有4份提到听取律师意见，其中1份提到辩护律师的具体意见并给出回应。以有限的裁定书作对比分析，尽管2022年“听取律师意见”裁定书占比和写明律师意见具体内容裁定书占比较2020年、2021年均有提升，但是2022年仍未实现律师意见在全部裁定书中写明（见表1）。前述仅有的3份写明“听取律师意见”具体内容的裁定书，对律师意见仅作概括式总结与要点式罗列，且论证过程也仅以“与在案证据不符”“与事实不符”等程式性语言为主（见表2）。

---

① 参见《依法提供法律援助规定（试行）》第11条：“死刑复核案件裁判文书应当写明辩护律师姓名及所属律师事务所，并表述辩护律师的辩护意见。受委托宣判的人民法院应当在宣判后五日内将最高人民法院生效裁判文书送达辩护律师。”

② 文书样本为截至2023年4月20日笔者在中国裁判文书网上检索到的文书。

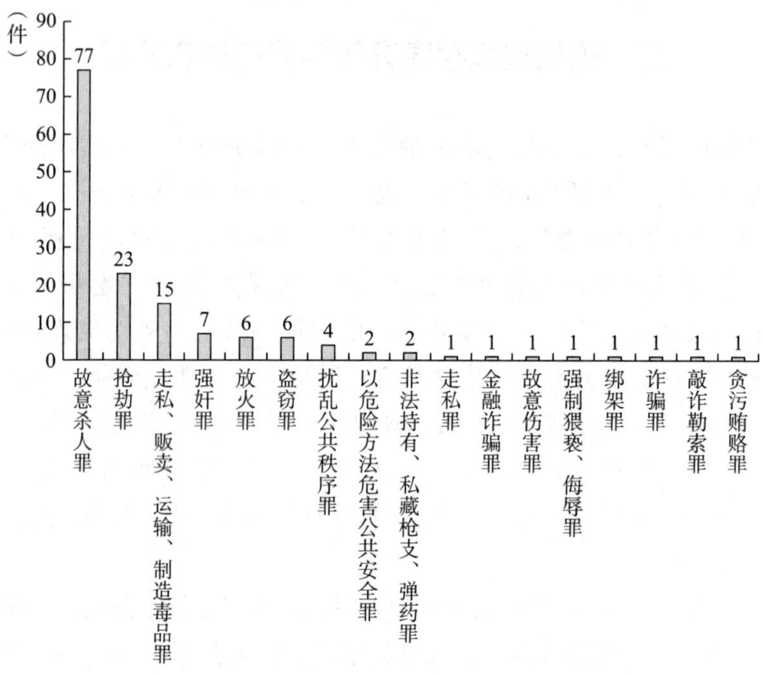

图1　2020～2022年死刑复核案件罪名分布

注：存在一案涉数罪名的情况。

表1　2020～2022年死刑复核案件裁定书分析

单位：份，%

年份	死刑复核裁定书数量	"听取律师意见"裁定书数量	"听取律师意见"裁定书占比	写明律师意见具体内容裁定书数量	写明律师意见具体内容裁定书占比
2022	8	4	50	2	25
2021	73	7	9.59	0	0
2020	32	4	12.5	1	3.13

表2　2020～2022年死刑复核案件裁定书"听取律师意见"具体内容

年份	"听取律师意见"裁定书	听取律师意见具体内容
2022	周亮抢劫罪死刑复核刑事裁定书	关于辩护律师提出周亮犯罪后有悔改表现，到案后如实供述、有坦白情节，希望对周亮从轻处罚的辩护意见。经查，周亮虽有坦白情节及悔罪表现，但其所犯罪行极其严重，仅据此不足以对其从轻处罚，该辩护意见本院不予采纳。

续表

年份	"听取律师意见"裁定书	听取律师意见具体内容
2022	张威故意杀人罪、强奸罪死刑复核刑事裁定书	对于辩护律师提出张威并非为犯罪进入现场、原判事实中未认定此情节导致量刑过重的意见，经查，张威是否为犯罪进入现场不影响对张威实施强奸、杀人行为的定罪、量刑，本院不予采纳；对于辩护律师提出证据不确实、不充分以及被害人郝某存在过错、被害人王某1的死亡与其特殊体质相关的意见，经查，均与在案证据不符，本院不予采纳；对于辩护律师提出张威酒后作案没有杀人的直接故意、认罪态度好、积极赔偿等意见，同意原判不予采纳的意见。
2020	王振楚故意杀人死刑复核刑事裁定书	王振楚的辩护人所提一、二审法院对其刑事责任能力判断有误等辩护意见与事实不符，不予采纳。

为进一步探寻不予核准死刑裁定中律师何以实现有效辩护，笔者还对中国裁判文书网上公开的所有死刑复核不予核准裁定书进行检索，共检索到5份不予核准的裁定书。其中只有2份在裁定书中写明了律师参与，但均未提及律师意见的具体内容（见表3）。据笔者前文实证研究，律师在死刑复核程序中的参与度非常低。即使是《法律援助法》正式施行之后，8份公开的裁定书中也仅有4份写明"听取律师意见"。在所统计的有律师参与的死刑复核案件中，律师在死刑复核程序中所能发挥的作用也非常有限。最高人民法院仅在"听取律师意见"15份裁定书中的3份写明了辩护律师所提出意见的具体内容，并对其作出回应。就律师参与死刑复核程序来说，向最高人民法院提出辩护意见无疑是重中之重，然而裁定书中律师意见却严重缺位，或可体现出律师参与和法院重视两方面的不足，提出辩护意见的数量占比、辩护意见的实质听取率与采纳率不容乐观。以上数据反映出当前死刑复核程序仍存在律师辩护率低、律师提供辩护质量参差不齐以及法院缺少对辩护意见的回应等问题。

表3 公开死刑复核案件裁定书"不予核准死刑"具体内容

年份	不予核准的案件	不予核准的理由	裁定书中是否写明律师参与
2018	张耻之贩卖毒品案	鉴于被告人张耻之受人指使贩卖毒品，在共同犯罪中与同案被告人廖春文作用相当，第一、二审判决对张耻之量刑不当，应予纠正。对张耻之可不判处死刑立即执行。	否

续表

年份	不予核准的案件	不予核准的理由	裁定书中是否写明律师参与
2017	依热斯别克故意杀人案	考虑被害方对引发案件有一定责任，依热斯别克·阿依提巴依归案后认罪态度好、具有悔罪表现等情节，对其判处死刑，可不立即执行死刑。	否
2016	邬平故意杀人案	鉴于本案系朋友间酒后因琐事引发，被告人邬平能认罪坦白，对其判处死刑，可不立即执行。	否
2014	周军辉、秦星强迫卖淫案	鉴于周军辉、秦星强迫卖淫的暴力、胁迫程度，犯罪情节的恶劣程度尚未达到情节特别严重，对二被告人以强迫卖淫罪判处死刑立即执行量刑不当。本案复核期间出现新的证据，可能影响对秦星是否构成立功的认定，依法应予查明。	是
2013	闫保柱故意杀人案	鉴于本案系家庭矛盾引发，并具有突发性，闫保柱归案后认罪态度好，有悔罪表现，且本案发生在亲兄弟之间，考虑家庭的实际情况，对闫保柱判处死刑，可不立即执行。	是

三　死刑复核程序有效辩护缺位的三层溯源

（一）程序定位行政化

1. 复核程序性质错位

学界对于死刑复核程序的性质的争论，可以归纳为“行政审批程序说”“监督程序论”“特殊审判程序说”三种观点。[①]“行政审批程序说”是从死刑复核程序的自动上报特征及实然状态出发，“监督程序论”则从复核程序本身的监督特性出发，只有“特殊审判程序说”从复核程序的应然状态出发，认为死刑复核程序属于审判程序的一部分。对于死刑案件，

① “行政审批程序说”认为死刑复核程序是法院在其内部进行的行政性审查核准程序，参见杨正万《死刑的程序限制》，中国人民公安大学出版社，2008，第331页；“监督程序论”将死刑复核程序视为复核法院对作出死刑判决的法院的一种监督活动，参见樊崇义主编《刑事诉讼法实施问题与对策研究》，中国人民公安大学出版社，2001，第575～576页；“特殊审判程序说”认为死刑复核程序属于审判程序的一部分，参见樊崇义《死刑复核程序的性质定位和运作》，《人民法院报》2007年3月27日。还有学者提出按照第三审程序重构死刑复核程序，参见陈卫东、刘计划《死刑案件实行三审终审制改造的构想》，《现代法学》2004年第4期。

复核作为最终的审判程序重新全面检验事实认定和法律适用，案件事实和适用法律均是通过诉讼对抗的方式确定的，经过法定程序之后暂时性的裁判结果得出的。“行政审批程序说”“监督程序论”这两种定位，反映了法官无法充分听取控辩双方的意见，无法避免之前移送的案卷和裁判文书的不利影响，这不利于法官公正行使审判权。“特殊审判程序说”的“特殊性”，亦凸显了在实际运作中呈现出来的程序行政化和监督性特点。

从死刑复核程序的历史发展来看，死刑复核程序在我国的司法实践中行政化审批特点显著。1992 年 1 月 27 日，最高人民法院研究室在一次电话答复中表示，死刑复核程序中律师参与诉讼活动不能按照一、二审程序中的有关规定办理，否认律师在死刑复核阶段具有阅卷权等辩护权利。① 此次答复将死刑复核程序区别于审判程序，定位为封闭式的行政化审批。之后，律师参与死刑复核程序的权利长期缺乏明文规定，实践中法院排斥律师参与死刑复核程序的情况屡见不鲜。直至 2007 年死刑复核权被最高人民法院收回时，最高人民法院在新闻发布会上指出：“死刑案件复核期间，被告人委托的辩护律师可以向人民法院提出辩护意见。”② 至此，死刑复核程序中开始有律师参与。2012 年修改后的《刑事诉讼法》正式将听取辩护律师意见写入法条，死刑复核程序中控辩双方对抗的雏形才基本形成，但仍与审判程序所要求的控审分离、控辩平等对抗等原则相去甚远。尽管随着死刑复核程序的改革，律师参与死刑复核程序的权利有所拓展，但是司法裁判的行政化倾向的深层问题并未改变，③ 律师难以有效表达意见并进行质证。

2. 律师行使权利受阻

无论是委托辩护还是指定辩护产生的辩护律师，在辩护权利行使方面的保障都起步晚，且受到重重阻碍。2012 年，修改后的《刑事诉讼法》

---

① 参见最高人民法院研究室于 1992 年 1 月 27 日作出的对广东省高级人民法院（1990）粤法刑一文字第 35 号《关于律师参与第二审和复核诉讼活动遇到的几个问题的请示报告》的答复——《最高人民法院研究室关于律师参与第二审和死刑复核诉讼活动的几个问题的电话答复》。

② 《最高法院新闻发言人就死刑核准制度改革问题答问》，中国新闻网，https://www.chinanews.com/other/news/2006/12-29/846388.shtml，最后访问日期：2023 年 4 月 20 日。

③ 陈瑞华：《中国刑事司法的三个传统——以死刑复核制度改革问题为切入点的分析》，《社会科学战线》2007 年第 4 期，第 200~209 页。

第240条首次明确规定死刑复核阶段听取辩护律师意见的要求。[①] 2014年，最高人民法院印发的《听取律师意见办法》第4条才将律师的查阅、摘抄、复制案卷材料的权利延伸至死刑复核阶段。[②] 尽管死刑复核程序律师辩护权利保障制度经历了十余年的发展，但律师行使会见权、阅卷权、调查取证权等权利仍有阻碍，且其他一般性权利和知情权保障不足。

在会见权方面，各地看守所基于死刑案件的敏感性或重大影响性，可能用各种理由限制被判处死刑的被告人与律师进行会见，或者将本不满足限制律师会见条件的案件设置为限制会见。而对于是否允许多次会见，仅有北京市律师协会与深圳市律师协会出台了规范性文件，且其中的规定不一。[③] 根据《最高人民法院、最高人民检察院、公安部关于羁押犯罪嫌疑人、被告人实行换押和羁押期限变更通知制度的通知》的规定，死刑复核程序由移送案件的高级人民法院填写换押证并将换押证送至看守所。但实践中，案件移送至最高人民法院后常迟迟不能换押，而羁押被告人的看守所又要求换押后才允许律师会见，这对律师会见造成阻碍。另外，被告人位于各地看守所，而司法部法律援助中心若委托北京的律师参与死刑复核程序，将导致其行使会见权交通不便，并且北京可提供法律援助的律师数量有限。

在阅卷权方面，尽管律师在死刑复核阶段的阅卷权已有法律规定，但是规定刚性欠缺。有律师提出，目前纸质案卷是可以拍照的，而视频资料则无法复制，有时过长的视频资料需要几天才能看完，视频中还可能存在方言等律师难以理解的情况，这些会导致律师有效阅卷难以实现。目前最高人民法院出于保密考虑，不提供电子卷，而对上百本案卷进行拍照无疑会极大降低律师的阅卷效率。加之毒品类死刑复核案件中

---

① 2012年《刑事诉讼法》第240条规定："最高人民法院复核死刑案件，应当讯问被告人，辩护律师提出要求的，应当听取辩护律师的意见。在复核死刑案件过程中，最高人民检察院可以向最高人民法院提出意见。最高人民法院应当将死刑复核结果通报最高人民检察院。"

② 《听取律师意见办法》第4条规定："辩护律师可以到最高人民法院办公场所查阅、摘抄、复制案卷材料。但依法不公开的材料不得查阅、摘抄、复制。"

③ 《深圳市律师协会辩护律师办理死刑复核案件操作指引》第23条规定，辩护律师可以根据案件进展，进行多次会见；而根据北京市律师协会《律师办理死刑复核法律援助案件办案指引》第18条的规定，办案期间，律师对羁押在异地看守所的被告人原则上会见一次，因客观原因需要多次会见的，需事先征得法律援助机构同意。

常见的技侦监听录音通常也不允许收听，律师的辩护空间更是进一步限缩了。[①]

在调查取证权上，律师的调查取证权有效行使也受限于行政化的程序定位。律师的调查取证权在审判程序中表现为自行取证和申请取证。在死刑复核程序中，由于死刑案件诉讼流程较长，部分未被侦查机关获取的关键证据或已灭失，律师自行取证难度较高。且最高人民法院也怠于批准律师的取证请求，这为律师的调查取证再次增添难题。[②]“应当提供便利”和“及时协调解决”的规定过于模糊，[③] 不能具体地改善律师行使权利存在的前述处境。此外，死刑复核案件的辩护律师依法应当享有发问权、质证权、庭上辩论权等律师的一般性权利，但由于死刑复核程序提交意见式的流程规定，律师无法行使上述权利。而且《听取律师意见办法》规定宣判后的五日内受委托法院应将裁判文书送达辩护律师，缺乏先期通知宣判时间和地点的规定。该规定导致律师从死刑被告人家属处得知结果的尴尬现象，不利于保障辩护律师的知情权。《听取律师意见办法》还规定，辩护律师应当自接受委托之日起一个半月内提交辩护意见，然而实践中律师反映经过一个半月案卷大多未到达最高人民法院，提交辩护意见过早，而法官提前接受律师的书面意见后，便可能以没有新的意见内容为由拒绝会面。[④] 对于律师行使基本执业权利的保障的缺乏，对辩护律师全面行使辩护权、有效提出辩护意见产生阻碍。

（二）辩护方式有争议

1. 指定辩护供给较迟

死刑复核阶段的律师辩护包括委托辩护与指定辩护两种方式。对于死刑复核阶段的指定辩护，法律供给较迟且在推行中一波三折。2012 年

---

① 张雨：《当前办理死刑复核法律援助案件存在的几个问题》，载“尚权刑辩”微信公众号 2023 年 4 月 20 日。

② 高咏：《死刑复核程序中的律师辩护》，《中国刑事法杂志》2010 年第 8 期。

③ 《依法提供法律援助规定（试行）》第 8 条规定：“辩护律师依法行使辩护权，最高人民法院应当提供便利。”第 9 条规定：“辩护律师在依法履行辩护职责中遇到困难和问题的，最高人民法院、司法部有关部门应当及时协调解决，切实保障辩护律师依法履行职责。”

④ 张雨：《死刑复核实务中的新问题及其改进建议》，载“尚权刑辩”微信公众号 2023 年 4 月 20 日。

《刑事诉讼法》修改，在首次规定死刑复核程序应当听取辩护律师意见的同时，并未规定介入程序的律师来源。2015 年，最高人民法院出台《听取律师意见办法》，明确死刑复核程序的辩护律师源于被告人及其近亲属的委托或法律援助机构的指派。然而该文件出台后，法律援助律师的经费保障与具体权利等程序细则并未跟进，指定辩护有落为一纸空文之嫌。[①] 2019 年，最高人民法院在出台的《保障当事人合法权益规定》中规定高级人民法院应当告知被告人有自行委托律师辩护权，还规定所委托的辩护律师提交手续和辩护意见及证据材料的流程和时间。[②] 2021 年，最高人民法院、司法部印发的《依法提供法律援助规定（试行）》规定死刑复核案件被告人可以申请法律援助，并明确提出申请和指派律师的流程规范，赋予被告人拒绝法律援助律师、自行辩护或者委托辩护的权利。在死刑复核指定辩护规范确立的近十年后，拒绝指定辩护权利等配套条款才逐步补足，这从侧面反映了死刑复核阶段指定辩护推行不畅。

2. 辩护方式衔接冲突

在二者的衔接上，与死刑案件存在“占坑式辩护”[③] 的风险一样，死刑复核阶段也存在被告人申请法律援助律师与其家属为其委托辩护律师冲突的风险。在指定辩护方面，目前《法律援助法》针对死刑复核程序并未建立大陆法系国家的强制辩护制度，而是确立了依申请指定辩护制度。《法律援助法》第 25 条第 1 款规定，只有对“申请法律援助”的死刑复核案件被告人，公检法机关才“应当”通知法律援助机构指派律师为其提供辩护。[④] 根据《刑事诉讼法》第四章“死刑复核程序”规定的内容，

---

① 顾永忠：《死刑复核制度四十二年的变迁与改革》，载“尚权刑辩”微信公众号 2023 年 4 月 20 日。

② 《保障当事人合法权益规定》第 1 条规定：“高级人民法院在向被告人送达依法作出的死刑裁判文书时，应当告知其在最高人民法院复核死刑阶段有权委托辩护律师，并将告知情况记入宣判笔录；被告人提出由其近亲属代为委托辩护律师的，除因客观原因无法通知的以外，高级人民法院应当及时通知其近亲属，并将通知情况记录在案。”第 2 条规定：“最高人民法院复核死刑案件，辩护律师应当自接受委托或者受指派之日起十日内向最高人民法院提交有关手续，并自接受委托或者指派之日起一个半月内提交辩护意见。”

③ 即司法机关先为被告人申请了法律援助，并因此拒绝被告人家属委托的律师介入案件。

④ 在《法律援助法（草案）》的一审稿和二审稿中，并无“申请”一词，但最终出台的《法律援助法》添加了“申请”一词。我国法规范在强制指定辩护制度与依申请指定辩护制度之间，选择了后者。

《法律援助法》第 25 条第 1 款规定的“死刑复核案件”一词应包括由高级人民法院复核的死刑立即执行案件和核准的死刑缓期两年执行案件。而《最高人民法院关于适用〈中华人民共和国刑事诉讼法〉的解释》（以下简称《刑诉解释》）第 47 条第 2 款规定，对于高级人民法院复核死刑案件，不需要经过被告人的申请，只要被告人没有委托辩护人，就应当通知法律援助机构指派律师为其提供辩护。这种法律规定上的不一致，导致在提供法律援助方面区别对待，同样是死刑立即执行案件的复核，由高级人民法院复核到上报之前实施的是强制指派辩护，而如果是高级人民法院二审判处之后或复核之后上报最高人民法院复核则实施依申请指派辩护；同样是可能判处死刑的案件，一审和二审阶段实行的是无须申请的“应当提供法律援助”，而最高人民法院的死刑复核阶段则实行“根据申请提供法律援助”。

对于两条文之间存在的冲突，有学者认为，从法律位阶看，《法律援助法》属于法律而高于《刑诉解释》；从新旧法规范的适用顺序看，应当优先适用后来施行的《法律援助法》。但也有学者指出，这种解释方式并不能解决两条文之间的内在冲突，按照该解释方法适用《法律援助法》则必须修改或废除《刑诉解释》第 47 条第 2 款的规定。还有学者认为，若将《法律援助法》的规定视为最低限度要求，则《刑诉解释》属于高级人民法院自行提高为被告人提供法律援助的标准。因此不能以最低标准的程序保障否定或排斥更高标准的适用。[①] 概言之，对于两条文之间的冲突，学者们并未达成一致意见。依申请指定辩护无疑会导致死刑辩护覆盖率的降低，相比审判阶段，这种轻视辩护方力量配比的做法无疑体现了我国死刑复核程序内在的行政化倾向，限制了律师辩护权的有效行使。

（三）辩护评价无标准

当前，我国死刑复核阶段律师的辩护行为与辩护结果相关评估规范阙如。法律援助律师的辩护评价制度局限于被告人在刑事案件宣判后填写回执性材料，对委托律师的辩护评价则依赖于家属的单方面反馈和律师事务所的考评，裁判文书中少有对律师辩护成效的评价。《听取律师意见办法》

① 吴宏耀、王凯：《死刑复核案件的法律援助制度研究》，《法学杂志》2022 年第 2 期。

仅规定律师应当在接受委托或指派之日起一个半月内向法院提交辩护意见，并无辩护意见内容的规定；对于查询信息、当面反映意见的规定，用词都是“可以”而非“应当”。因此，法律规范中也缺乏死刑复核阶段律师有效辩护的实质判断标准。换言之，辩护律师参与死刑复核程序，其辩护效果更多依靠律师的自主性。对公开的死刑判决不核准裁定理由进行分析，这些理由包括未考虑到共犯作用导致的原审判决量刑不当、被害人对引发案件具有部分责任且被告人态度良好、朋友间酒后琐事引发案件且被告人态度良好、原审量刑不当且出现立功情形、突发性家庭纠纷且被告人态度良好等情形（见表3），可归纳为量刑不当、具有法定从轻情节、具有酌定从轻情节三种。前述不核准情形仅依靠最高人民法院复核案件难以全面发现，需要由专业律师在评价机制激励下，为被告人提供有效辩护。

四　死刑案件有效辩护的制度借鉴

通过前述分析可知，死刑复核程序行政化倾向导致程序运作结构上缺失辩护方的参与，有效辩护难以实现。分析死刑复核裁定书发现，有效辩护的缺失体现在律师辩护意见的缺位上，原因在于程序的行政化定位、辩护方式的争议以及有效辩护评价的缺失。程序的行政化定位忽视了我国死刑复核程序的定位和任务；对于“依申请”指定辩护规范保障不足，亟待参考域外强制辩护和美国的自我辩护制度经验进行改进；律师辩护行为和结果双重标准则为律师评价提供了新思路。鉴于此，有必要借鉴域外有效辩护制度。

（一）各国强制辩护之考察

我国死刑复核程序中被告人获得辩护的方式包括委托辩护和“依申请”指定辩护，与“依申请”指定辩护相对应的是强制辩护。死刑案件强制辩护制度，或称死刑案件强制指定辩护制度，意味着不需要经过被告人的申请，对死刑案件被告人先行强制指派一名律师为其辩护。强制辩护制度起源于大陆法系，适用于审判程序，在德国、日本、美国目前都已发展成一项成熟运行的辩护制度。德国要求给予死刑案件被告人从法院提供的人选中选择律师的机会，[1] 被告人有权选择信任的律师来担任自己的辩护人。日本实行国选辩护人，[2] 由国家财政来承担国选辩护人的补贴和报酬，被判处死刑的被告人不能放弃辩护权。美国的刑事法律援助由政府设置的公共辩护人实施，被强制指派律师进行辩护的被告人有权拒绝律师的辩护。[3] 各国尽管对于被追诉人能否放弃指定辩护权规定不同，在获得指定辩护的方式上也有差异，但均采取无须申请而先为被追诉人指定辩护律师的方式。有学者认为，既然强制辩护制度的目的在于保障被追诉人的辩护权，则辩护权存续的程序中应当确立强制辩护制度。[4] 死刑复核程序作为特殊审判程序，辩护权的充分行使需要得到保障，因此应当吸收强制辩护理念。

（二）美国有效辩护之考察

若从广义有效辩护概念出发，各个国家均存在为保障死刑案件被告人获得有效辩护的制度设计，特别是各国对指定辩护的不同规定可以作为制度借鉴。但是，只有美国将无效辩护事由作为发回重审或直接改判的事由，并可由此推翻之前的定罪，以保障这项由宪法第六修正案明确规定的被告人权利。在我国刑事诉讼中，已经有学者提出引入美国有效辩护理念作为理论借鉴。如有学者指出，有效辩护应当有广义和狭义之分，广义的有效辩护理论包括“保障被指控人获得律师帮助的平等、及时和有效”[5] 的内部因素和立法、司法环境等外部因素，而狭义的有效辩护理论则仅指美国法院在司法实践中提出的律师义务。[6] 还有学者从有效辩护词义和美

---

① 《德国刑事诉讼法典》第 142 条第 1 款规定：“对应当指定的辩护人，由法院院长尽可能地在法院属区内的从业的律师中选择。对被告人要给予选择的机会，被告人在规定的期限内可提出律师姓名。如果无重要原因与此相抵触的，法院院长指定由被告人提名的辩护人。”参见《德国刑事诉讼法典》，岳礼玲、林静译，中国检察出版社，2016，第 77 页。

② 魏化鹏：《比较法视野中的强制辩护制度及其借鉴》，《信阳师范学院学报》（哲学社会科学版）2011 年第 2 期。

③ 何保飞：《美国宪法第六修正案被告人律师帮助权的新解读——麦考伊诉路易斯安那州一案评析》，《视界观》2019 年第 19 期。

④ 刘奕君：《强制辩护制度：域外经验与中国启示》，《浙江工商大学学报》2022 年第 1 期。

⑤ 联合国文件《关于律师作用的基本原则》规定：“任何没有律师的人在司法需要情况下均有权获得按犯罪性质指派给他的一名有经验和能力的律师以便得到有效的法律协助，如果他无足够力量为此种服务支付费用，可不交费。”

⑥ 熊秋红：《有效辩护、无效辩护的国际标准和本土化思考》，《中国刑事法杂志》2014 年第 6 期。

国有效辩护的本源含义出发，认为中国的有效辩护应该包括尽职辩护和有效果辩护，而有效果辩护是有效辩护的本义，辩护结果应当作为有效辩护评价的主要对象。① 由于有效辩护理论发源于美国并在美国最早适用于死刑案件，而死刑复核案件对律师辩护水平无疑较其他非死刑案件具有更高要求，故而在死刑复核程序中回溯美国有效辩护理论的源起，不仅有利于引入有效辩护理念，明确辩护权有效行使的法规范和制度要求，还有利于从律师角度提出有效辩护的标准指引。

1. 美国死刑案件之程序回溯

理解制度环境的不同是吸收借鉴美国有效辩护理论的前提。美国实行的死刑控制程序与我国相比存在较大差异。横向结构上，美国由 12 人陪审团决定被告人的行为是否构成犯罪，并决定是否处以死刑；纵向结构上，美国采用死刑案件的自动上诉制度，由有管辖权的法院进行“强制审查”，同时保护初审法院在认定案件事实上的权威性，在一审中未提到的事实和法律错误不允许在上诉中首次提出。② 被告人也可以直接上诉，上诉法院必须受理被告人的第一次上诉。③ 在死刑本身的审理程序之外，存在定罪后的多重救济程序。因此，美国极为重视决定判处死刑的初审和复审程序，尤其是初审程序，其有效辩护的发展也主要围绕初审程序展开。在美国有效辩护的发展历史中，联邦最高法院首先对维护有效辩护制度环境的政府提出要求，1932 年的鲍威尔诉亚拉巴马州一案的联邦最高法院判决提出，“若指定时间或其他情形使律师不能为案件准备和审理提供有效帮助，则州政府的这一责任不应被认定为已经完成”④，这确立了各州法院应免费为被控死罪的穷苦被告人提供辩护律师的原则。之后，联邦最高法院则通过判例先后确立了有效辩护标准、被告人拒绝律师辩护权、无罪辩护的无效标准，这一过程也可被视为美国死刑案件有效辩护的发展历程。反观域内，我国死刑复核程序属于死刑程序的最后一环，因深系被告人生命法益具有紧迫性而应当符合公正审判要求。在审理过程中，我国死

① 左卫民：《有效辩护还是有效果辩护?》，《法学评论》2019 年第 1 期。

② 张栋：《美国死刑程序研究》，中国人民公安大学出版社，2007，第 41 页。

③ 杨栋：《中国死刑错案的发生与治理——与美国死刑程序比较》，上海人民出版社，2011，第 45 页。

④ 〔美〕伟恩 · R. 拉费弗、杰罗德 · H. 伊斯雷尔、南西 · J. 金：《刑事诉讼法》（上册），卞建林、沙丽金译，中国政法大学出版社，2003，第 661 页。

刑复核程序需要对案件的事实认定、法律适用和程序合法性进行全面审查，并对适用死刑立即执行的理由展开充分全面的说理。因此，死刑复核阶段引入有效辩护理论，适当借鉴美国有效辩护标准，对于从整体上贯彻“少杀、慎杀”的刑事政策，改善我国被告人有效辩护权的实现方式和明确律师有效辩护标准，具有重要意义。

2. 美国律师辩护与自我辩护

美国被告人在初审程序中享有律师辩护权与自我辩护权，辩护权利为宪法第六修正案“有效辩护”原则所保障。在初审后被告人已经被定罪量刑，原则上不受“有效辩护”约束。但是，美国联邦最高法院根据宪法第四修正案，在道格拉斯诉加利福尼亚州案中，裁定各州必须为贫穷被告人的直接上诉提供律师，而且这一帮助必须是有效的。[①] 因此在美国死刑案件的初审和上诉审中，被告人均有被告知获得律师有效辩护的权利，而下级法院则没有告知被告人享有自我辩护权利的义务。

在被告人已经享有获得律师有效辩护权利的前提下，选择自我辩护无疑会影响辩护有效性，因为自我辩护权实际上是一种“一旦行使通常会增大被告人得到不利判决可能性的权利”[②]，而律师的指导在大部分刑事案件中可以使被告人得到更好的辩护。对此，联邦最高法院在肯定被告人享有拒绝律师帮助的自我辩护权的同时，对行使自我辩护权也作出限制。被告人首先需要具有足以放弃律师辩护权的精神状态，并且必须是“自愿且明知”地作出这项选择。这两项标准在联邦最高法院的两则判例中得以确立。在爱德华兹案中，联邦最高法院明确了被告人拒绝律师辩护的精神上的适格能力（mental competence）应当高于被告人接受审判时精神上的适格能力。在法拉特案中，联邦最高法院在肯定被告人拒绝自我辩护权的同时，特别规定让被告人“意识到自我辩护的危险和不利之处，让记录能够证明‘他知道他正在做什么而且他的选择是清醒时作出的’”。此外，为了确保不会发生可撤销裁判的错误，初审法庭经常会指定一名旁观律师（standby counsel）来协助自行辩护的被告人。在维根斯案中，联邦最高法院肯定了旁观律师干预维根斯自我辩护的行为，因为旁观律师的干预并未

---

① 张栋：《美国死刑程序研究》，中国人民公安大学出版社，2007，第200页。

② See McKaskle, 465 U. S. McKaskle, 465 U. S. at 177 n. 8. For discussion of "harmless error" law generally, see 2 Dressler & Michaels, Note 34 , supra , at chapter 16.

影响陪审团、控制证人询问或实质性影响被告人的策略性决策。[①] 概言之，美国肯定被告人自我辩护权，同时又对自我辩护权进行双重限制，以最终保障被告人根据宪法第六修正案所享有的有效辩护权。

3. 美国律师有效辩护的标准

美国的律师有效辩护标准经历了从“合理性的客观标准”到“无效辩护标准”的发展。1970 年，联邦最高法院首次对辩护行为提出了“合理性的客观标准”，但对该标准并未进行具体说明。联邦最高法院的这一界定也反映有效辩护标准难以正面说明。1984 年，联邦最高法院通过斯特里克兰案反向明确了无效辩护的证明标准，即律师不合理行为损害对抗式诉讼基本功能，且产生不利诉讼后果。美国的无效辩护标准也称为“两步法审查标准”，即主张无效辩护的被告人首先必须证明律师的辩护属于低于合理客观标准的缺陷辩护；其次必须证明律师的缺陷辩护造成损害，本有合理的可能性改变诉讼结局。[②] 该证明标准同时适用于定罪和量刑程序，也同时适用于指定辩护和委托辩护。第一步的不合理行为标准在被告人可能被判处死刑的案件中确立，联邦最高法院通过威廉姆斯案、维根斯案、罗比拉案明确，若死刑案件辩护律师没有完成正常的任务，属于不合理行为，包括辩护律师没有发现或者提供减轻情节的证据、错误地未查阅法院档案等并非合理策略而是疏漏导致律师没有履行相应义务的行为。第二步的诉讼不利结果则有推定和证明两种情形。根据斯特里克兰案，诉讼不利结果被推定表现在下列情形中：事实上或相当于事实上否定辩护律师帮助，州不合法地干预律师帮助，产生利益冲突。利益冲突最常见的形式是律师代理多个利益相互冲突的被告人。对于其他情形，则需要证明出现另一结果的“合理可能性”。[③] 2012 年，联邦最高法院明确指出，律师的错误导致被追诉人错失有利答辩的机会，属于明显失职行为。美国无效辩护标准从反面规制了不合理的辩护行为，对于规范律师行为和保障被告人获得有效辩护权具有积极意义。

---

① 〔美〕约书亚·德雷斯勒、艾伦·C. 迈克尔斯：《美国刑事诉讼法精解》（第一卷），吴宏耀译，北京大学出版社，2009，第 621 页。

② *Strikland* v. *Washington*, 466 U. S. 668 (1984).

③ 〔美〕约书亚·德雷斯勒、艾伦·C. 迈克尔斯：《美国刑事诉讼法精解》（第一卷），吴宏耀译，北京大学出版社，2009，第 627 ~ 638 页。

五 死刑复核程序有效辩护的三条进路

（一）以审判程序定位保障律师辩护权利

1. 程序重新定位与分流

死刑复核程序的定位和任务采“特殊审判程序说”，较“行政审批程序说”更为合适。从刑事法典体例上来看，“死刑复核程序”这一章位于审判程序编中，与“审判组织”、“第一审程序”、“第二审程序”、“死刑复核程序”和“审判监督程序”并列。国家正是为了控制死刑的适用，设置了死刑复核程序，并在死刑核准权下放的二十三年后，最终于2007年将该权力收归最高人民法院。此外，最高人民法院开展死刑复核程序的功能是进行定罪量刑的全面实质审查，以确保死刑适用的准确性，与审判程序的功能一致。换言之，死刑复核权是司法机关所行使的审判权，而非审批权。为避免死刑案件缺乏程序保障，也应当将死刑复核程序定位为审判程序，构建死刑复核阶段的有效辩护制度以满足程序公正的要素①。

分析近几年被报道的冤错案件，② 多为未能排除所有的合理怀疑，以非法证据建构证据链所致。在死刑复核之书面审理下，难以对全案进行充分审查并发现和排除所有的合理怀疑及非法证据。如果将死刑复核程序视为审判程序，庭审实质化的第一个要求便是开庭审理。然而，全面的开庭审理不仅会大大地消耗司法资源，且案件经过多级法院的合议庭、审判委员会的层层把关，在法律适用方面发生错误和存在程序违法的可能性微乎其微，而最高人民法院囿于最高审级，难以对案涉法律事实逐一认定。笼统地谈程序的性质来选择审理方式并无实质意义，而是应当针对不同的诉请，根据纯程序性的权利主张和某些事实上的重大争议的不同，对相应的

① 陈瑞华教授将程序价值分为外在价值和内在价值，并指出程序外在价值即程序作为工具的价值，而程序内在价值就是程序公正的要素，包括程序参与原则、程序中立原则、程序对等原则、程序理性原则、程序及时和终结原则。参见陈瑞华《程序正义理论》（第二版），商务印书馆，2022，第188～196页。在死刑复核程序中，程序的中立和理性要求专门的诉讼化程序构造保障辩护开展，程序参与和对等的实现需要确保律师辩护力度，也需要对律师辩护确立相应的保障和制裁措施以确保辩护质量。

② 如杜培武故意杀人冤案、佘祥林故意杀人冤案、赵作海故意杀人冤案、聂树斌强奸冤案、呼格吉勒图故意杀人冤案。

不同审查内容进行程序安排。由此，如果被告人对事实认定和法定量刑情节有争议，则应当适用开庭审理的程序对死刑复核程序进行诉讼化改造。在整个审理过程中，检察院应当派公诉人出庭，控辩双方围绕争议部分，结合证据进行言辞辩论，使法院通过控辩双方的平等对抗尽可能准确核实案件事实，以形成正确的裁定。对法律适用等问题有争议的，可采用类似庭前会议的庭审形式，对法律适用争议之处以案件卷宗材料为基础进行审议。

2. 完善律师权利保障

律师在死刑复核阶段出具的辩护意见需要建立在充分了解案件事实的基础上，而查明案件事实则要以顺利行使会见权、阅卷权和调查取证权为前提。具体而言，应当严格保障死刑复核阶段律师会见权，换押不是拒绝会见的理由。律师凭有效证件和相关手续证明自己是死刑复核案件被告人的辩护律师的，看守所应当尽快为其安排会见。被看守所不合理拒绝会见的律师应当有权向当地的法院进行申诉，法院应当将律师请求会见遭受拒绝的情况记录在案。不仅应保障会见权的顺利行使，而且律师在会见时应当有拒绝看守人员在场的权利，以减轻被告人的心理压力，保证会见的质量。目前各地推行电子卷宗，最高人民法院可以通过与各高级人民法院联系获取电子卷宗，为律师的阅卷提供便利。而对于视频资料等，则应当为辩护律师提供必要的便利，除泄露被告人个人隐私、国家秘密、商业秘密等不公开审理的案件的信息，应当允许对视频资料进行加密复制，违规传播者会受到律师协会的处罚，严重的须追究相应的法律责任，以此规制律师的传播行为。对于毒品案件中非涉密的技侦监听资料应当允许收听，但收听需在法院特定场所进行。律师的调查取证权在实践中一直障碍重重，法院对案件事实的发现主要依靠控方提供的案卷材料，而在死刑复核程序中律师进行调查取证和采纳律师获取的证据更需要特殊支持。对此，一方面，可以加强法院依职权所进行的调查取证；另一方面，可以参考民事诉讼程序中的举措，由法院出具类似“调查令”的文件，允许律师就某些事实进行调查取证。目前有很多律师提出，由于实践中核准死刑先通知被告人家属，而《听取律师意见办法》规定律师在裁定书作出后五日内才能收到通知，中间的时间差导致律师往往通过家属了解到死刑复核结果。从增强对律师辩护成果的重视性角度出发，可以先期公告宣判时间和地点，减少时间差的影响，保障辩护律师的知情权。

（二）借鉴委托辩护优先的强制辩护制度

1. 妥善处理规范衔接

就前文所提到的委托辩护与指定辩护的规范衔接问题，应在尊重被告人选择自主权的基础上妥善处理。就委托辩护而言，由于委托辩护律师受托于被告人家属，相较于法律援助律师受法律援助中心指定，其更关注被告人的利益，因此无论是依申请指定辩护还是强制指定辩护，都应遵守委托辩护优于指定辩护的原则。被告人申请指定辩护，而被告人家属为其委托辩护，二者冲突之下最高人民法院应当居中协调，先向被告人释明其家属已为其委托律师辩护，在此基础上再询问被告人的意愿，在充分释明的基础上由被告人作出决定。

就指定辩护的规范冲突而言，如果将《法律援助法》规定的“死刑复核案件”理解为最高人民法院复核的死刑立即执行案件，则不存在《法律援助法》与《刑诉解释》第47条第2款冲突的问题。如有学者从刑事诉讼法学用语的相对性角度出发，指出《刑事诉讼法》中第三编第四章“死刑复核程序”和第四编“执行”中的同一条文及前后条文出现了“死刑”“死刑缓期两年执行”两种表述，因此“死刑”在这两部分中仅指“死刑立即执行”。[①] 从用语的相对性角度出发，在《刑诉解释》已经规定了高级人民法院无须经被告人申请的通知义务的基础上，《法律援助法》中需申请的被告人仅指最高人民法院死刑复核程序中的被告人。

2. 确立强制指定辩护

在明确委托辩护优先并处理好二者的衔接问题之前提下，就指定辩护而言，目前我国死刑复核阶段实行的是依申请指定辩护，未委托辩护律师的死刑复核案件被告人须提出申请，方可获得司法部法律援助中心委派的律师提供的帮助，根据《法律援助法》的规定，被告人若未提出申请则会自动产生类似于美国法上被告人拒绝律师辩护的效果。从最有利于保障死刑复核案件中被告人辩护权的角度出发，应当直接为没有委托辩护人的被告人指派一名法律援助律师，同时赋予被告人拒绝指派辩护的权利。辩护

① 董坤：《刑事诉讼法用语的同一性与相对性》，《法学评论》2023年第1期。

律师的存在可以保障被告人获得较自己辩护更为专业的辩护意见，并且辩护律师的全面参与也可以更有效地保障程序正义的实现。至于被告人出于自身考虑或者其他原因放弃被指派的律师为其提供辩护的，从保障被告人的自主权角度出发，应当赋予其在充分理性的思考下放弃指派律师为其辩护的权利，人民法院则对其放弃指派辩护的后果具有释明义务。先行为被告人指派律师，可以使律师与被告人进行充分沟通，从而使那些原本由于自身法律意识薄弱或者存在错误认识而未申请法律援助的被告人获得辩护的机会，提高死刑复核阶段被告人的接受辩护率，更有效地防止冤假错案的发生。

3. 完善法院告知义务

如果出于种种考量不便实行强制指定辩护制度，则应当完善告知被告人获得法律援助权利的制度。美国被告人拒绝律师辩护权的行使必须建立在充分意识到“自我辩护的危险和不利之处”基础上。根据《依法提供法律援助规定（试行）》第2条的规定，高级人民法院有告知被告人可以申请法律援助的义务。[①] 此外，还应当明确告知应达到预期效果，即以被告人能够理解的方式进行。[②] 有学者在文章中指出，告知应当涵盖三项内容：告知其拥有申请法律援助权利、申请法律援助的益处以及放弃该权利的法律后果。[③] 若包含上述内容的告知义务在实践中由法律援助先行指派的律师履行，在告知的同时赋予被告人放弃律师为其辩护的权利，更有利于实现告知效果，保障死刑案件被告人的合法权益。

（三）明确辩护双重评价

被指派律师所提供服务的质量很大程度上决定死刑复核案件被告人能否获得程序正义，得到公正的裁决结果。目前死刑复核案件的指定辩护律师由司法部法律援助中心委派，《依法提供法律援助规定（试行）》中的表述是“应当采取适当方式指派”。司法部法律援助中心可以采用委托各

① 《依法提供法律援助规定（试行）》第2条规定：“高级人民法院在向被告人送达依法作出的死刑裁判文书时，应当书面告知其在最高人民法院复核死刑阶段有权委托辩护律师，也可以申请法律援助……”

② 参见2013年《最高人民法院、最高人民检察院、公安部、司法部关于刑事诉讼法律援助工作的规定》第6条。

③ 吴宏耀、王凯：《死刑复核案件的法律援助制度研究》，《法学杂志》2022年第2期。

地司法局指派律师为死刑复核案件被告人进行辩护的方式，以更好地开展死刑复核阶段工作。对于评估与考核，则需要各地律师协会和政府对死刑复核程序中律师提供辩护的质量予以评估，因此可以采取市场化的方式，不仅要求达到一定条件的律师事务所在相应年限内完成相当数量的法律援助工作，而且根据辩护质量和数量进行年度法律援助律师事务所和个人评选，对当选者给予一定的政策优惠和财政支持。

实现死刑复核程序的有效辩护离不开正确的评价体系和律师自身提升辩护质量的努力。现有法规范对于死刑复核程序的有效辩护规定得十分简单，仅正面规定应保障辩护律师的阅卷权、会见权，并要求辩护律师及时向最高人民法院提交书面辩护意见或者当面反映意见，并未规定律师未尽职尽责辩护的法律后果和被告人的救济途径。参考美国有效辩护理论，对于有效辩护的理解不能仅从辩护结果的角度出发，还应考虑辩护功能能否充分实现，也就是律师能否在程序中有保障地充分发挥作用。因此，对我国死刑复核律师有效辩护可以从尽职辩护的行为和有效果辩护的结果两方面构建指引和评价体系。就结果方面而言，应当在裁定书中载明律师的姓名，体现辩护律师提交意见的内容以及对其的回应，增强辩护律师对死刑复核结果的参与感和贡献感。就行为方面而言，辩护质量的提升不仅需要律师提升自身专业素养和技能水平，还需要律师掌握辩护技巧和辩护策略。根据2022年《最高人民法院工作报告》，在2022年全国法院受理案件超3300万件的背景下，依法宣判无罪的被告人尚不足1000人。[①] 实践中，也常有律师反映无罪辩护的难度较大。因此，死刑复核案件辩护律师应当将重点放在罪轻辩护上，包括轻罪罪名适用以及从轻减轻量刑情节的提出。由于案件进入死刑复核程序时已经经过了一审和二审，此时对控方证据进行全面性反驳不如针对关键证据发起攻击性辩护，尤其是非法证据排除问题和违反法定程序问题。此外，还应该加强与法官的沟通。《听取律师意见办法》规定律师需要在一个半月内提交辩护意见，在实践中时间紧张来不及形成完整辩护方案的情况下，可以先与法官沟通提交初步的辩护意见，之后再补交完整的辩护意见。死刑复核有效辩护的实现固然需要

---

① 周强：《最高人民法院工作报告——2022年3月8日在第十三届全国人民代表大会第五次会议上》，最高人民法院官网，https://www.court.gov.cn/zixun-xiangqing-349601.html，最后访问日期：2023年11月1日。

制度构建上的改造，但也离不开律师进行有效辩护的努力。

六　结语

2023年《最高人民法院工作报告》指出，要“坚决守住维护社会公平正义的最后一道防线”，“严把死刑案件质量关”，“推进律师辩护全覆盖，全面落实死刑复核案件法律援助制度”。① 刑事司法是一个相对复杂、精密的系统，其中各项政策、各项理论、各项制度、各项权利、各项程序之间存在无法割裂的逻辑关联。② 针对死刑复核程序有效辩护的进路探索，本文以律师辩护权的核心“辩护意见”为切入点，通过对死刑复核裁定书的分析，在程序定位、规范保障和辩护评价三方面分析控辩失衡的原因；试图在扭转死刑复核程序行政化定位之后，针对完善辩护权利有效行使的规范保障、探索被告人有效辩护权的行使方式以及律师有效辩护评价方案提出相应的举措，探索中国特色死刑复核程序的有效辩护进路。未来随着死刑复核辩护制度日臻完善，有效辩护终将在人民群众对死刑案件的公平正义观感中实现。

---

① 周强：《最高人民法院工作报告——2023年3月7日在第十四届全国人民代表大会第一次会议上》，最高人民法院官网，https://www.court.gov.cn/zixun-xiangqing-391381.html，最后访问日期：2023年11月1日。

② 刘文轩：《辩护人化抑或转任辩护人：值班律师的身份前瞻》，《中国刑警学院学报》2021年第4期。

论缺席审判场域中的有效辩护

韩雨轩*

【内容摘要】 缺席审判制度是打击外逃贪污贿赂犯罪案件的重要手段，有效辩护理念是保障缺席审判制度辩护质量的关键。然而，刑事缺席审判场域中被追诉人诉讼权利无法得到应有的保障，辩方处于弱势地位。为保障人权和贯彻公正价值，有必要在缺席审判场域中引入有效辩护。同时，要破解有效辩护在缺席审判场域中存在的辩护律师辩护质量不高、辩方权利弱化、刑事证明规则受到挑战的难题，通过制定辩护律师准入规则、确保辩护律师诉讼过程全覆盖、完善证明规则体系来发挥有效辩护在缺席审判场域中的功能，最终促使缺席审判制度完备成熟。

【关键词】 缺席审判　对席审判　有效辩护　权利保障

一　问题的提出

2018 年新修正的《刑事诉讼法》中增加了“缺席审判程序”一章，规定对于涉嫌贪污贿赂犯罪、严重危害国家安全犯罪的恐怖活动犯罪的犯罪嫌疑人、被告人在境外，以及被告人因病无法出庭的案件，人民法院可以在被告人不出庭的情况下依法进行审判。这一新增的特别程序是在深化国家监察体制改革、坚决打击腐败的背景下作出的重大决策部署，体现了我国缺席审判程序的内在特色。

大多数情况下，我国的刑事审判采取对席的方式进行，而缺席审判的规定有效弥补了对席方式的不足。从比较法的视野观察，刑事缺席审判程序并非我国独创，域外国家也有类似的实践。值得注意的是，我国的缺席审判程

* 韩雨轩，西北政法大学刑事法学院刑事诉讼法学 2022 级硕士研究生，研究方向为刑事诉讼法学。

序适用的是重罪案件，而域外国家的缺席审判适用于轻罪或被追诉人在案但不出庭的案件。可以看出，我国创设缺席审判程序的理念带有工具主义色彩，也体现了惩治贪污腐败等重大案件的决心。有学者认为，我国缺席审判程序与传统的普通程序相比，对被追诉人权利的保障进行了一定程度的克减。[①] 现代刑事诉讼尊重被追诉人的主体地位，力求通过积极保障辩护权对最终的定罪量刑进行规制。不过，在被追诉人缺席的情形下，其辩护权势必会受到一定程度的影响。为此，缺席审判程序规定了被告人及其近亲属享有委托辩护人的权利。但是，辩护律师在缺席审判程序中能否充分行使辩护权，有效辩护能否得到充分实现是值得思考的问题。

此外，在追逃追赃过程中，对于转移到海外的资产可以通过缺席审判程序追回，而对于被追诉人却不能通过缺席审判程序将其引渡回国审判。由此反映出缺席判决在国际社会上并未得到普遍承认。缺席审判的判决如果要得到国际社会的承认，就必须在缺席审判程序中贯彻有效辩护的理念。被追诉人未出庭参与庭审并不意味着其对辩护权的放弃，缺席被追诉人与对席被追诉人的权利同样需要保护，这尤其体现在辩护权上。而对于辩护权的行使，如何在缺席审判程序中充分进行有效辩护是一个值得探讨的话题。在被追诉人处于境外的情形下，律师如何与被追诉人进行沟通、采取怎样的辩护方式都是不可回避的难题。缺席审判程序中，仅仅依靠辩护律师自主收集相关证据存在一定的难度，如果辩护律师收集证据的积极性不高，则辩护不能发挥出应有的效果。质言之，在刑事缺席审判中引入有效辩护具有必要性和迫切性。

综上，不论是基于保障被追诉人在缺席审判中的辩护权，以实现程序正义，还是为了保障追逃追赃工作的顺利进行，使缺席审判的判决得到国际社会的承认，都应当使有效辩护贯彻缺席审判程序的全过程，推动缺席审判制度的实践运用。

二 缺席审判场域中律师辩护的现状

从我国现行的法律规范中可以看出立法者对缺席审判制度持有谨慎的

① 李树民：《论刑事特别程序创设的一般法理》，《政法论坛》2019 年第 6 期。

态度，缺席审判制度的宗旨是确保刑事诉讼程序的公平公正和保障被追诉人的人权。尽管我国《刑事诉讼法》规定了缺席被追诉人近亲属可以依法委托辩护人，以及缺席被追诉人近亲属没有委托辩护人，法院应当依法指定辩护人的情形，但是辩护律师能否在缺席审判场域中进行有效辩护，仍然存在较大疑问。鉴于此，有必要对辩护律师在缺席审判场域中的辩护现状进行分析。

（一）辩方内部缺少交流机制

辩护律师是在缺席审判场域中代替被追诉人行使辩护权的重要主体，基于刑事诉讼的目的，辩护律师在庭审中应当按照有效辩护的标准充分行使辩护权。而辩护律师在庭审前与被追诉人进行有效的沟通交流，是有效辩护的基本条件。只有在被追诉人与辩护律师充分交流案情并认可辩护律师的辩护意见的情况下，才可能在庭审过程中形成辩护合力。[①] 近些年，尽管律师的会见通信权得到了极大的保障，但是实践中仍然存在着衰退的情形。在辩护律师会见被追诉人的情形下，双方有可能因为辩护意见不同而产生分歧，而在缺席审判的场域中，由于辩护律师无法与被追诉人进行充分的交流，双方的辩护意见更容易有矛盾。目前，我国的法律规范并未规定缺席审判场域中辩方内部如何沟通交流，如果辩护律师贸然与潜逃至境外的被追诉人联系，则存在一定的风险，这可能会对辩护律师造成不利的结果。

（二）公权力机关主导诉讼进程

刑事辩护能否发挥其应有的效果取决于控辩双方在刑事诉讼过程中是否处于平等的地位。公诉权是公权力，而辩护权是私权利。公权力机关主导着刑事诉讼的全过程，这就造成辩方在刑事诉讼中处于弱势地位。在缺席审判场域中，公权力机关主导诉讼进程的现象更加明显。对此，可以就刑事诉讼的各个阶段予以分析。当前我国正在推进监察体制改革，由于缺席审判主要适用于外逃型贪贿犯罪，在调查阶段主要是由监察机关负责办理该类案件。在调查阶段，辩护律师不能参与案件相关问题的调查。在调

---

① 陈瑞华：《有效辩护问题的再思考》，《当代法学》2017 年第 6 期。

查终结之后，案件移送检察机关审查起诉。在审查起诉阶段，由于辩护律师不能参与调查程序，检察机关可能仅凭借单方证据决定是否对被追诉人提起公诉。到了审判阶段，法院仅负有通知法律援助机构指派辩护律师的义务，此时是否适用缺席审判程序，决定权完全掌握在公权力机关手中，辩方无权提出异议。在被追诉人的近亲属未委托辩护人的情形下，法律援助机构指派的辩护律师往往是临时接到通知，未对案件进行全面实质的了解，其能否充分进行有效辩护，存在极大的不确定性。

（三）法庭审理形式化

庭审形式化是指对被追诉人的定罪量刑和对案件事实的审查认定不通过庭审的方式进行，庭审演变为一种形式。长期以来我国受到“侦查中心主义”的影响，侦查阶段收集的证据材料在审判阶段有可能直接作为裁判的依据。在对席审判的情况下，受侦查中心主义的影响，庭审常常形式化；在缺席审判的场域中，由于缺席审判具有自身的特殊性，缺席审判的庭审相较于对席审判的庭审具有更强的形式化倾向。缺席审判的场域中，控辩双方天然处于不平等的地位，由于被追诉人缺席庭审，辩护律师行使辩护权受到极大的限制，辩方提出事实主张和举证质证的能力严重受到削弱，辩护律师难以进行有效的辩护，控辩双方的对抗在庭审中无法充分展开。① 同时，基于我国刑事审判证人出庭率较低，在庭审过程中证人证言无法直接展示，控辩双方对证人交叉询问的空间被进一步压缩。法官仅凭借控方起诉的证据对案件事实进行认定，庭审严重虚置化。由于被追诉人身处境外，其自身供述也存在无法被展示的情形。在上述多重因素的影响下，缺席审判场域中庭审形式化已是大势所趋，辩护律师进行有效辩护的空间被进一步压缩。

三　缺席审判场域中引入有效辩护的必要性

有效辩护理念源于美国，经时代更迭与判例演变而日渐完善，从词源

① 屈新、马浩洋：《论我国刑事缺席审判法庭审理的缺陷与优化》，《福建警察学院学报》2019 年第 3 期。

语义角度分析，“有效辩护”指获得辩护律师充分、及时的帮助或协助。因应人权保障司法理念的不断强化和审判方式改革，我国对有效辩护制度的研究不断深入。缺席审判制度的构建对我国刑事诉讼产生了重大的影响，在有效打击外逃型贪贿犯罪的同时，又面临着与人权保障理念的冲突。在缺席审判场域中贯彻人权保障的理念，是缺席审判制度发挥应有作用的关键所在。在公权力机关主导刑事诉讼进程的前提下，辩护律师要尽其所能维护被追诉人的合法权益，这涵摄了有效辩护对人权保障的理论诠释。因此，强调有效辩护在缺席审判场域的适用具有深远意义。

（一）保障实体与程序双重公正

公正是刑事诉讼的价值之一，贯穿刑事诉讼的全过程。公正分为实体公正与程序公正，两者所追求的目标是不同的。质言之，实体公正与程序公正并不是简单的并列关系，实体公正自古以来就是刑事诉讼所追求的目标，而程序公正是近代才衍生的概念，两者并不在一个层面。实体公正追求结果公正，而程序公正追求过程公正。但是实现实体法是程序法所追求的目的，即程序公正最终要求实体公正的实现。对席审判与缺席审判的区分在于被追诉人是否出庭参与庭审。在对席审判中强调被追诉人出庭具备正当程序与人权保障的双重价值是毋庸置疑的，① 但是在缺席审判中保障程序公正不一定能实现实体公正，这为缺席审判场域引入有效辩护从而保障实体公正提供了条件。有效辩护是追求公平公正的必然要求。有效辩护所要求的程序正当性能够影响实体的正当性，以程序公正保障实体公正的实现。② 程序权利包含管辖、回避、出庭参与庭审等，这些程序性的权利正常行使，是辩护律师庭审辩护的关键。程序公正一方面要求任何人不得担任自己案件的法官，另一方面要求法官平等听取控辩双方的意见。正义应当以大家看得见的方式实现，公正的程序要以大家看得见的方式进行。因此，程序公正是有效辩护追求的价值目标，审判也应当以公正的程序进行。程序正义要求与案件有利益关系的任何一方都要参与到庭审中，以便法官充分听取各方意见后对案件作出最终处理。而在缺席审判的场域中，

① 肖沛权：《价值平衡下刑事缺席审判制度的适用》，《法学杂志》2018 年第 8 期。

② 桂梦美、张蕾：《有效辩护理念的本体展开》，《浙江工商大学学报》2018 年第 3 期。

被追诉人无法参与庭审发表意见，此时就要求辩护律师必须参与庭审作实质有效的辩护。积极有效的辩护是衡量程序公正的关键指标，也是维护缺席被追诉人合法权益的有效方式。有效辩护是程序正义的核心要素之一，程序正义在有效辩护中得到实现，实体正义自然而然也会得到保障。

（二）控辩审三方诉讼构造的形塑

在刑事诉讼中，诉讼目的决定诉讼构造，诉讼构造体现在控辩审三方的法律关系之中。控辩双方平等对抗、法官居中裁判是刑事审判基本架构，控辩双方的平等参与是刑事诉讼程序发挥效用的内在要求。在法庭审判的过程中，由各持立场的控辩双方和作为中立裁判者的法官组成了诉讼最基本的“三角形结构”。在对席审判场域中，控辩审三方共同出席法庭，参与法庭的审理，推动诉讼程序开展，这形成了控辩平等、法官居中裁判的三角形结构。而在缺席审判的场域中，被追诉人缺席审判，直接造成三角形结构失去一个重要的顶点，继而使整个诉讼趋于瓦解。[①] 此时如果对被追诉人进行审判，审判机关作出的判决完全基于控诉机关的指控，则公正的诉讼价值无法得到保障。缺席审判的场域中，被追诉人不参与庭审本就无法起到监督庭审程序的作用，为了预防庭审出现控审联手打击被追诉人的形式化诉讼，在缺席审判中引入有效辩护是破解这一痼疾的有效解药。定罪量刑本就属于刑事诉讼的范畴之内，原则上开庭审理的程序必须具备控辩对立的两造格局。对席审判的诉讼构造为被追诉人提供了陈述案情事实的渠道，在犯罪形式多样化、犯罪手段精细化和犯罪行为交叉化的情形下，如何判断罪与非罪、此罪与彼罪成为棘手的难题。[②] 所以，对于犯罪过程中的具体细节，还需被追诉人亲自出庭参与庭审进行说明，在控辩双方充分辩论的基础上，法官居中裁判作出有罪或无罪的认定。而缺席审判的诉讼构造并未为被追诉人提供说明事实的平台，被追诉人在案件伊始就逃至境外，因此在缺席审判场域中，从立案到审判的各个阶段都要加强律师的有效辩护权。允许辩护律师参与刑事缺席审判是被追诉人庭审参与权的有效外延。允许辩护律师在缺席审判场域中进行有效辩护，可以最

---

① 詹建红、许晏铭：《刑事缺席审判中的有效辩护》，《华侨大学学报》（哲学社会科学版）2022年第2期。

② 拜荣静：《刑事缺席审判构造的疏失与程序规制》，《政法学刊》2022年第1期。

大限度保障被追诉人的程序性权利，维系刑事诉讼固有的构造，最终实现公正的价值。

（三）刑事庭审实质化改革的要求

刑事审判是维护司法公正的最后一道防线，应当起到实质性的保障作用。庭审是刑事审判的关键环节，庭审实质化要求审判机关对被追诉人的案件事实的认定与定罪量刑都在法庭完成。长期以来，我国存在一定程度的庭审虚置化现象，尽管前几部《刑事诉讼法》采取了一系列措施对庭审程序和规则进行大量的改革，但是这些改革并没有取得预期的效果，被追诉人的诉讼权利并未得到充分保障。近年来，我国推进以审判为中心的诉讼制度改革，将刑事审判作为诉讼程序的中心。以审判为中心只有在存在律师辩护的刑事案件中才能真正得到实现。[①] 对于刑事庭审实质化的转变，辩护律师发挥了不可或缺的作用。控辩双方在法庭上平等对抗、积极辩论是庭审实质化的基础，是公正裁判的保障。对席审判场域中，被追诉人与辩护律师均出席法庭，能够与控方就案件事实与证据认定进行充分的质证与辩论。而在缺席审判的场域中，被追诉人未出席法庭，这就造成辩护律师无法与被追诉人取得联系，对案件事实并不熟悉，往往难以对抗强大的公权力机关，刑事庭审可能会变成控方“表演”的场所。因此，缺席审判场域中需要辩护律师进行有效辩护。在庭审实质化改革的背景下，法庭应当尽力保障缺席被追诉人的辩护律师的辩护权，发挥辩护律师在缺席审判场域中的积极作用，力求诉讼结构平衡，确保刑事缺席判决中的有关信息经受住反驳与检验。[②] 有效辩护在庭审实质化改革过程中，能够尽可能保障在被追诉人未出庭的情形下法官对案件事实的认定以及定罪量刑的公正性，确保司法程序的有效性。

四　缺席审判场域中有效辩护存在的困境

从目前学界对缺席审判制度的研究来看，大多是对制度问题的分析与

---

① 陈光中、步洋洋：《审判中心与相关诉讼制度改革初探》，《政法论坛》2015 年第 2 期。
② 魏晓娜：《审判中心视角下的有效辩护问题》，《当代法学》2017 年第 3 期。

对完善进路的探讨，鲜少立足于有效辩护的视角对缺席审判制度进行分析。现行《刑事诉讼法》对缺席审判制度的规定短时间内不会变更，缺席审判程序将会逐渐普及，被追诉人不出庭参与庭审，依靠辩护律师行使辩护权也会成为常态。在刑事诉讼中，辩护律师的辩护质量是一直热议的话题，其中有效辩护是重中之重。在缺席审判场域中，辩护律师要实现有效辩护必须立足于目前的司法现状，剖析缺席审判场域中有效辩护的困境。

（一）辩护律师辩护质量不高

我国刑事缺席审判制度规定了强制指派辩护制度，即人民法院通知法律援助机构指派律师为缺席审判案件中未委托辩护人的被追诉人提供辩护。立法仅是规定为缺席被追诉人提供辩护，对于被追诉人能否获得辩护律师的有效辩护、辩护律师是否尽职尽责等则没有进行明确的立法规制。在缺席审判场域中，存在着辩护律师辩护质量不高的可能。

从辩护律师层面观之，有两方面问题。一方面，法律援助机构指派的律师大多是执业年限较短、资历尚浅的新人律师。这些律师初入法律行业，自身业务水平不高，对法条的理解不够透彻，对刑事诉讼程序的把握不到位，尚不能熟练运用各种辩护技巧和策略为缺席被追诉人提供实质有效的辩护。另外，有些律师对包括缺席审判在内的强制指派辩护案件不主动阅卷，庭审形式化现象经常发生。这也是实践中强制指派辩护案件里有效辩护率过低的原因之一。另一方面，法律援助机构具有风险高、补贴低的特点。可以说，法律援助案件中的补贴既是指派辩护律师的基本经济保障，也是基础的参与奖励，同时又与强制指派辩护的质量密切相关。[①] 对于具有丰富刑辩经验的律师来说，其一般不愿意代理法律援助案件，更不用说是缺席审判案件。从实践来看，缺席审判程序主要适用于贪污贿赂犯罪的刑事案件，这类案件具有难度大、专业性强的特征，如果在整个缺席审判的诉讼过程中缺少辩护律师的有效参与，那么缺席被追诉人的合法权益几乎难以得到甚至最低限度的保障。

同时，从法庭重视程度来看，在刑事司法实践中辩护律师在缺席审判场域中的辩护意见大多基于一些法定或酌定的减轻情节，而对缺席被追诉

① 樊崇义：《我国法律援助立法重点和难点问题研究》，《中国法律评论》2019 年第 3 期。

人的个人经历和性格特征的描述极难为法官所采信。由此，实践中缺席审判案件的刑事辩护似乎具有固定的“套路”，抛开案件的具体情况，忽略辩护律师为被追诉人作何种类型的辩护，几乎形成了一个固定的辩护思路，就是将事实不清、证据不足、偶犯、初犯等作为事实认定和量刑辩护的事由。[①] 而法官对于这些辩护意见，只要查证情况属实，便会予以采纳。这也是我国缺席审判案件中有效辩护作用不明显的原因之一。通常情形下，律师辩护质量的高低与自身知识储备和职业素养相关，至于律师是否进行有效辩护，似乎与法院毫不相干，法官只需全面阅卷、归纳焦点、认定事实、采纳证据等即可作出裁判。质言之，这种观念导致法院以及整个社会都对缺席审判场域中辩护律师是否进行有效辩护不重视，也导致刑事辩护模式的单一固化的缺陷。

（二）辩方权利的弱化

控辩地位平等是实现有效辩护的现实前提，辩方诉讼权利在缺席审判场域中正常行使是实现有效辩护的坚实保障。刑事被追诉人参与诉讼程序，是程序公正的外在表现之一。在现代法治国家，法官在未听取控辩双方意见的情况下不能作出不利于被追诉人的判决。在缺席审判的场域中，被追诉人没有出庭参与庭审，无法陈述自己的意见，法官在既有证据的基础上作出判决似乎有悖程序公正的价值。基于这种情况，应当对辩方享有的相关权利予以保障，遗憾的是，现有法律法规并未对此作出具体细致的规定，由此导致辩方权利的弱化，不利于有效辩护。首先，辩方内部缺少沟通交流机制。辩护律师与被追诉人进行实质有效的沟通，是实现有效辩护的前提条件之一，并且双方进行沟通交流的前提是会见权与通信权得到保障。然而，在缺席审判场域的实践中，辩护律师很难与被追诉人取得联系，更不用谈深入的沟通交流。其次，调查取证受到掣肘。调查取证在庭前发挥着重要作用，然而在我国目前的刑事司法模式中，诉讼进程掌握在公权力机关手中，控诉机关自然而然享有绝对的调查取证权，而私人身份的辩护律师的调查取证权受到极大的压制，加之缺席被追诉人身居境外，

---

① 彭江辉：《论我国刑事缺席审判有效辩护的实现路径》，《湘潭大学学报》（哲学社会科学版）2020 年第 3 期。

双方会见通信权未得到保障，辩护律师的调查工作更是难以开展。基于打击犯罪的需要，控诉机关急于进行追诉，辩护律师行使权利会被视为对控诉的对抗，这导致辩护律师调查取证可能会受到阻碍。最后，辩护权发挥不出应有的作用。辩护权是被追诉人享有的基本权利。缺席审判场域中，被追诉人不出庭参与庭审就意味着其无法进行自行辩护。假设缺席被追诉人没有委托辩护律师出庭，那么其辩护权将彻底无法行使。现行法律法规规定了强制指派辩护制度，但是指派的辩护律师与被追诉人缺少有效的沟通，无法就辩护策略和意见进行交流，这导致辩护律师无法进行有效辩护。在缺少有效辩护的情形下，审判中难免会出现向控诉方“一边倒”的现象，可能不利于控辩双方的平等对抗。① 上述多重因素都对辩方行使权利造成限制，导致辩方权利弱化，本就属于辩方的天然权利也无法行使。这些限制导致辩护律师对实际案情了解不足，在这种基础上进行辩护所取得的效果可想而知，律师只能尽职辩护，难以进行有效辩护。②

（三）刑事证明规则受到挑战

通说观点认为，我国刑事诉讼的证明标准为“案件事实清楚，证据确实、充分”。缺席审判程序作为我国现行《刑事诉讼法》增设的制度，也采用了这一标准。③ 尽管立法上缺席审判程序坚持“证据确实、充分”的证明标准，但是实践中缺席审判程序沿用了普通审判程序的规则，并未依据缺席审判程序自身的特殊性减少程序及证明规则可能带来的影响。首先，相关性证据规则会增大证明风险。刑事司法证明规则规定了众多的证据规则，其中相关性规则运用较多。对于相关性规则，我国立法进行了严格的规定。在准入层面，将定罪证据直接限定为与案件事实有关的证据，而辅助性证据④则作为量刑证据被考量；在输出层面，通过证据之间的相互印证将具有相关性的证据作为证明案件事实的依据。实践中，相关性规

① 杨雄：《对外逃贪官的缺席审判研究》，《中国刑事法杂志》2019 年第 1 期。

② 左卫民：《有效辩护还是有效果辩护?》，《法学评论》2019 年第 1 期。

③ 我国《最高人民法院关于适用〈中华人民共和国刑事诉讼法〉的解释》第 604 条、第 606 条、第 607 条对缺席审判程序的证明标准作了详细的规定。

④ 此处所说的辅助性证据是指与品格证据相类似的证据，该类证据不能直接作为定案的依据，但在一定情形下可作为证据可信性审查的依据。参见马贵翔《刑事证据相关性规则探析》，《东方法学》2009 年第 1 期。

则在对席审判场域中有效适用，而在缺席审判的场域中，这种严格的证据规则适用起来较为困难。缺席审判的案件大多是“零口供”的案件，对案件事实的认定依赖于间接证据。运用间接证据证明案件事实涉及经验法则和逻辑推断的问题，这就需要对某些辅助性的证据进行审查，但辅助性证据不能直接作为定案的依据。因此，辩护律师以辅助性证据为突破口进行有效辩护的路径受到掣肘。辅助性证据对缺席被追诉人定罪量刑的影响微乎其微。其次，直接言词证据的缺失会导致庭审虚置化。缺席审判场域中，书面证据被广泛运用，言词证据的缺失会影响“证据确实、充分”的证明标准的实现。检察机关移送法院提起公诉的缺席审判案件卷宗里的证据大多是证明被追诉人有罪的书面证据，几乎不存在证明被追诉人无罪或者罪轻的证据，这就导致法官会通过卷宗提前对被追诉人进行“审判”。而直接言词证据规则可以有效阻断法官的审前预断，动摇法官对有罪证据的印象。由于被追诉人缺席庭审，法官无法通过被追诉人的供述和对证人等的对质审查证据的真实性，也无法通过交叉询问发现证据中存在的问题或矛盾之处。[①] 缺少言词证据，法官直接在审前作出预断，辩护律师在庭审中的辩护难以发挥作用。最后，程序的推动导致证明标准降低。缺席审判程序中，公权力机关对被追诉人案件事实和定罪量刑的认定，应当符合各个诉讼阶段的证明标准。从实践来看，言词证据尤其是被追诉人的供述对于认定案件事实发挥着至关重要的作用。在缺席审判的场域中，被追诉人处于境外，几乎无法获取其口供，此时诉讼程序的推动仅仅依赖于书面证据，证据的确实性难以体现。“案件事实清楚，证据确实、充分”是刑事诉讼必须遵循的证明标准，但是实践中司法者会主动将自由证明作为主要证明方法，从而替换严格证明，进一步导致刑事诉讼各阶段的证明标准被降低。这对辩护律师的有效辩护构成了极大的挑战，仅仅通过举证质证活动难以改变司法者的内心确信。

五　缺席审判场域中有效辩护的完善路径

刑事辩护制度涉及国家权力与公民私人权利的平衡，更与刑事诉讼构

---

① 高通:《论刑事缺席审判程序中的证明标准——以被告人在境外案件为视角》,《法学》2022 年第 9 期。

造和社会公正密切相关。目前在缺席审判场域中引入有效辩护制度已经逐渐成为刑事诉讼领域的时代关切。然而，有效辩护理念在缺席审判场域中面临着一系列的困境，导致有效辩护发挥不出应有的效果。为避免辩护律师在缺席审判场域中的有效辩护成为摆设，有必要解决目前的难题，以期有效辩护理念能够在缺席审判场域中发挥应有的作用，保障缺席被追诉人的合法权益。

（一）制定辩护律师准入规则

制定刑事缺席审判辩护律师准入规则，一方面可以解决辩护律师的资质问题，另一方面也可以提升辩护质量。辩护律师自身的道德素养和业务水准是实现有效辩护的重要保障。缺席审判制度大多适用于贪污贿赂犯罪案件，这类案件案情复杂、难度较大，对辩护律师的要求较高。代理这类案件不仅要求律师具备足够的专业知识，还要求律师掌握一定的辩护策略和技巧，否则很难实现有效辩护。在对席审判的贪污贿赂案件中，被追诉人及其近亲属会委托具有多年刑事辩护经验的资深律师作为辩护人为其辩护，以保障合法权益。对于缺席审判的贪污贿赂案件则更应如此。因此，刑事缺席审判场域中制定辩护律师准入规则是十分有必要的。首先，设置缺席审判辩护律师的准入条件。有学者认为，设置辩护律师的准入条件应当有步骤、分层次地进行，并建立全国统一的辩护律师数据库。[①] 立法规定缺席审判案件的管辖法院最低为中级人民法院。基于这类案件的复杂性，公诉机关会派出具备丰富公诉经验的检察官担任公诉人，合议庭的组成人员也都具有较高的职业水准。为了使控辩审三方力量相对处于同一层次，缺席审判中的辩护律师应当设立较高的标准，以达到比例原则和人权保障的要求。对辩护律师的准入条件，笔者认为可以这样建构：明确刑事缺席审判案件的辩护律师应当具有三年以上基层法院刑事辩护的执业经历，同时具有办理三次以上贪污贿赂犯罪案件的辩护经历。其次，刑事缺席审判辩护律师必须接受过专业培训。律师职业不同于其他职业，成为一名执业律师不仅要通过法律职业资格考试，还要经历实习期通过最终考核。执业律师并不是刑事缺席审判案件辩护律师的最低标准。由于缺席审

① 冀祥德：《刑事辩护准入制度与有效辩护及普遍辩护》，《清华法学》2012 年第 4 期。

判制度对被追诉人权利进行了一定程度的克减，克减的部分权利就需要辩护律师通过有效辩护来弥补，而要成为缺席审判案件的辩护律师，在具备基本的执业和经历条件之后，还需接受专业的培训。在培训结束之后可以通过笔试的方式检验，顺利结业的执业律师才可以代理缺席审判案件。通过专业的培训，缺席被追诉人才能获得更高水平的律师为其辩护，有效辩护理念才能发挥应有的作用。最后，建立刑事缺席审判案件辩护律师数据库。辩护律师在符合前两项条件的基础上，可以列入数据库中，对其代理的刑事案件进行分级、考核，确保不同资质的律师代理不同的缺席审判案件，以此保障缺席审判场域中有效辩护理念的实现。

（二）确保辩护律师诉讼过程全覆盖

相较于对席审判而言，辩护律师介入缺席审判程序的时间较晚。而对于被追诉人在案的案件，辩护律师从立案后就开始介入案件，可以有效发挥律师在刑事诉讼过程中的作用。在保障人权理念的指引下，我国缺席审判制度也应当构建辩护律师诉讼过程全覆盖的机制，力求实现程序公正和实体公正相统一。首先，提供会见通信的条件。会见通信权是辩护律师了解案情，进行有效辩护的前提。而缺席审判程序适用的案件较一般刑事案件而言具有难度高、危害大的特点，同时被追诉人身居境外无疑使此类案件的破案难度进一步加大。这在一定程度上为限制辩方内部的会见通信权提供了正当性，但是，如果缺席审判案件全过程都禁止辩方内部会见通信，辩护无效导致的错案和道德成本必然超出此项禁令实际所得的收益。① 因此，应在明确辩方内部具有会见通信权的前提下，对此一权利予以合理限缩，即辩护律师与缺席被追诉人会见通信要向有关机关进行报备，且双方通话内容不应成为控方指控被追诉人的不利证据。此外，对于强制指派辩护的缺席审判案件，缺席被追诉人仅仅在审判阶段取得律师的帮助，此时的会见通信权形式上已经消灭。当下，可以探索强制指派辩护律师参与缺席审判案件的时间前移的机制。由于目前调查阶段辩护律师无法介入，可以先将辩护律师参与缺席审判案件的时间提前至审查起诉阶段，待后续有立法支

---

① 詹建红、许晏铭：《刑事缺席审判中的有效辩护》，《华侨大学学报》（哲学社会科学版）2022 年第 2 期。

撑或时机成熟时，再提前至调查阶段。其次，保障辩护律师的调查取证权。调查取证对于辩护律师在庭审中的有效辩护至关重要。如果仅仅对控方提供的证据进行反驳，似乎起不到有效辩护应有的作用。由于辩护律师自行调查无强制力，其往往会遭到被调查方的拒绝，因此可以从申请调查的路径入手。对此，可以探索辩护律师向司法机关、公安机关、监察机关等申请调查证据的路径。这样就使律师的调查取证权穿上了强制性的外衣。同时，也应当赋予相应机关拒绝申请调查取证的职权，但是应当说明拒绝的正当理由，以维护法律的公正性。最后，探索缺席被追诉人参与庭审的方式。缺席被追诉人无法参与庭审，这就导致辩护律师无法当庭询问被追诉人，庭审最后陈述环节也不能进行。对于存在的这些程序性问题，应当准许缺席被追诉人提交书面材料，通过辩护律师或者近亲属代为宣读的方式参与庭审。此外，可以探索缺席被追诉人远程参与庭审的方式。如果在缺席审判的场域中允许被追诉人通过远程视频的方式参与庭审，缺席审判将自动转变为对席审判，有助于保障被追诉人的诉讼权利。

（三）完善证明规则体系

从当前缺席审判制度的证明规则体系看，尚未落实证据确实、充分的证明标准。证据规则和证明标准在缺席审判场域中处于虚置化的状态。为贯彻保障人权与司法公正的理念，应当对缺席审判制度的证明规则予以完善。首先，调整相关性规则。相关性规则又可分为准入性规则和输出性规则。在准入层面，证据能力规则决定证据是否具有证明案件事实的资格；在输出层面，证明力规则决定证据能否作为认定案件事实的依据。实践中，存在着将证明力代替证据能力的现象，导致证据能力规则与证明力规则发生混淆。证据只有具备了证据能力才能参与刑事诉讼的进程中。在被追诉人不到案的情形下，证据收集本就十分困难，如果再严格限制证据的资格，辩护律师的有效辩护无的放矢。因此，在缺席审判场域中可以适当放宽证据的资格，只要是与案情有关的证据都可以进入刑事诉讼的场域中。同时，为避免大量相关证据进入缺席审判场域中，应当在审判阶段加大对证据能力的审查力度。为此，裁判者要敢于运用经验法则与逻辑推断对证据能力进行判断，以体现自身的责任与担当。其次，规制证据调查程序。由于刑事缺席审判程序缺少被追诉人的口供，证人证言和被害人陈述等这类可以作为直接证据的证据会成为司法证明的核心。[①] 实践中，证人出庭率较低，无法适用严格的证据调查要求。但是，缺席审判场域本就缺少被追诉人的口供，如果证人不能出庭作证，仅向法庭展示书面证言，显然不利于查明案情，辩方也无法对证人进行询问，辩护律师进行有效辩护存在难度。因此，在缺席审判场域中，应当完善强制证人出庭作证制度，证人在无特殊情形的情况下必须出庭作证，否则其证言不能作为定案的依据。最后，扩大证明标准的适用范围。缺席审判制度的证明标准要求达到确实、充分的程度，这一标准主要是针对证据而言的。证明标准不应当仅针对证据这单一对象而言，被追诉人身处境外这一事实也应当达到确实、充分的程度。由于被追诉人身处境外是缺席审判程序启动的前提条件，因此，辩方可以就这一程序性事实与控方质证，发挥有效辩护的作用。

六　结语

刑事缺席审判制度是惩治腐败案件、追逃追赃的重要方式，也是打击贪污贿赂犯罪案件的有效手段。而有效辩护理念是刑事缺席审判制度中的关键环节，有助于实现缺席审判制度中的公正价值。尽管现阶段的缺席审判制度存在缺陷，但是这并不意味着缺席审判制度没有发挥的空间。适用缺席审判程序，关键在于充分保障辩护律师的有效辩护，解决有效辩护在缺席审判场域中存在的问题，通过制定辩护律师准入规则、确保辩护律师诉讼过程全覆盖和完善证明规则体系来实现有效辩护，以期有效辩护能够在缺席审判场域中发挥应有的作用。

---

① 高通：《论刑事缺席审判程序中的证明标准——以被告人在境外类案件为视角》，《法学》2022 年第 9 期。

刑事涉案财物处置辩护的困境与破解路径探究

黄琼娴*

【内容摘要】人身权益与财产权益的保障是人权保障的共同要求，而在刑事涉案财物处置的司法实践中，受“重自由舍财产”等传统观念的影响，涉案财物辩护在诉讼各阶段均不能发挥良好的辩护实效，这和侦查阶段的证据思维与办案压力、检察阶段的约束不足与救济不畅、审判阶段的保障缺失与规则疏漏等都息息相关。因此，为实现涉案财物处置辩护实效的最大化，应兼顾立法与实践层面的完善，不仅需要从法律层面为财产辩护营造良好的司法环境，辩护律师自身也要利用《刑诉法解释》的改革红利，提升财产辩护能力，正确把握辩护的内容重点。

【关键词】涉案财物　财产权保护　刑事辩护

在传统的诉讼理论中，我国刑事辩护存在5种典型形态，分别为无罪辩护、量刑辩护、罪轻辩护、程序性辩护和证据辩护，[①] 以上辩护手段的目的均在于对抗公诉机关的追诉，以实现对被告人刑事责任的免除或减轻，其强调定罪量刑的公正性，而往往忽视涉案财产处置的合法性，这也是刑事辩护中的通病。近年来，反腐案件、涉黑案件等不断增多，认罪认罚从宽制度、企业刑事合规制度改革等诉讼程序改革也不断推进，刑事涉案财产处置逐渐受到关注，关于该领域的辩护需求自然也随之显现。有学者将其称为刑事辩护的“第六空间”，即针对罚金、没收财产、涉案财物的处置等方面为委托人争取合法权益的空间。[②] 但是，目前学界尚未就刑

---

* 黄琼娴，西南政法大学量刑研究中心研究人员，西南政法大学刑事诉讼法学2021级硕士研究生，研究方向为刑事诉讼法学。

① 陈瑞华:《论刑事辩护的理论分类》,《法学》2016年第7期。

② 陈瑞华:《刑事辩护的第六空间——刑事辩护衍生出来的新型代理业务》,《中国律师》2018年第2期。

事涉案财物处置的辩护形成完整的体系，这也囿于涉案财物处置程序自身的制度缺陷，对此，本文梳理刑事涉案财物处置程序中的辩护困境，探究可行的辩护路径，以期财产辩护成为常态。

一 刑事涉案财物处置之辩的必要性

随着经济案件、反腐案件、涉黑案件等数量攀升和社会财富增加，其中的涉案财物，尤其是巨额的涉案财物，开始引发关注，刑事涉案财物处置程序中的辩护有其独特的意义与价值。

（一）刑事涉案财物处置之辩是贯彻财产权与自由权并重理念的关键手段

首先，于辩护律师而言，财产辩护是刑事辩护的应有之义。在传统的刑事诉讼背景下，“重自由舍财产”“重人轻物”这些错误观念严重影响了刑事辩护的发展，使辩护始终围绕定罪量刑的公正性，关于财物处置的合法性鲜有提及。1996 年《刑事诉讼法》修正时，把保护公民的财产权利确定为刑事诉讼法的任务；2004 年通过的《宪法修正案》中，我国第一次从宪法的高度对公民的私有财产权的保障作出明确规定，财产权正式作为公民的一项基本权利在《宪法》中得到确认；2013 年通过的《中共中央关于全面深化改革若干重大问题的决定》在“完善人权司法保障制度”中要求“进一步规范查封、扣押、冻结、处理涉案财物的司法程序”，这也说明对财产权的保护是人权保障的基本要求；《律师法》第 2 条第 2 款规定“律师应当维护当事人合法权益，维护法律正确实施，维护社会公平和正义”，第 3 条第 1 款规定“律师执业必须遵守宪法和法律，恪守律师职业道德和执业纪律”。从以上条款可以看出，遵守宪法和法律、维护当事人的合法权益是律师的职责所在，其中的合法权益自然少不了财产权益，因此，辩护律师应当兼顾对当事人财产权益的辩护。

其次，于被告人而言，财产权益的重要性不言而喻。在经济社会快速发展和社会财富不断增加的背景下，经济案件、涉黑案件等案件的查封数额不断增加，查封的财产或许会影响企业的正常运行，或许会影响被告人及其近亲属的基本生活等，尤其是在目前涉案财物处置尚未得到完全规制的情形下，更应当重视而非忽视被告人合法的财产权益的保护，任何侵犯财产权的行为都与法律目的背道而驰。

（二）刑事涉案财物处置之辩是坚持财产保护政策指引的重要活动

我国刑事法律法规的修改也体现了对财产保护的逐步重视，《刑事诉讼法》在1996年修改时增加了“保护公民的财产权利”的任务，其后的两次修改又增加了有关涉案财物及其孳息的处理和有关财产权保护的条款。[①] 我国还先后出台多部文件逐步规范刑事诉讼涉案财产的处置，对刑事涉案财产的保护作出回应，比如《中共中央办公厅、国务院办公厅关于进一步规范刑事诉讼涉案财物处置工作的意见》、《最高人民法院、最高人民检察院、公安部、司法部关于办理黑恶势力刑事案件中财产处置若干问题的意见》以及《最高人民法院关于适用〈中华人民共和国刑事诉讼法〉的解释》（2021年发布，以下简称《刑诉法解释》）等。

此外，涉案财物处置之辩的重要性在企业财产保护中体现得尤为明显。在司法实践中，一旦企业家涉案，对企业打击最严重的莫过于对企业财产的查封、扣押、冻结。而毋庸置疑，现金流是企业存续和发展的命脉，企业正常运营离不开对财物的处分和使用。“纵观我国企业发展史，上至上市公司、下至小微企业，无论规模大小、治理水平高低，企业管理人员一旦被牵涉到刑事案件当中，企业就会面临倒闭的风险。”[②] 对此，基于民营经济是社会主义市场经济的重要组成部分，为了确保企业组织稳定、协调和健康发展，国家主动关注企业财产及其保护，2017年，《中共中央、国务院关于营造企业家健康成长环境弘扬优秀企业家精神更好发挥企业家作用的意见》印发，2018年，《最高人民法院关于充分发挥审判职能作用为企业家创新创业营造良好法治环境的通知》发布，两文件共同指出要营造保护企业家合法权益的法治环境，依法保护企业家人身财产权利，对被告单位正常经营活动的保护也从“政策”写入司法文件——

① 闵春雷、张伟：《论相对独立的刑事涉案财物处置程序之建构》，《厦门大学学报》（哲学社会科学版）2022年第4期。

② 赵旭东、李建伟：《财产强制措施中对当事人权益的保护》，《法制日报》2020年9月30日，第9版。

《刑诉法解释》第 343 条，可见国家对企业家和私营企业的保护决心。

（三）刑事涉案财物处置之辩是维系惩罚犯罪与保护权利平衡的有效武器

为提取和保全证据，以准确地认定案情，不难理解诉讼过程中要对涉案财物采取查封、扣押、冻结等强制措施，但是，受“重权力轻权利”“重定罪量刑轻财产保护”观念的影响，刑事涉案财物处置程序中的乱象频发，常见的问题包括涉案财物的认定标准不统一，对物强制性措施的随意性较大，部分规定过于原则化与保守、可操作性不强，处置程序公开透明性不足，涉案财物的保管主体不适格，等等。① 特别是在涉黑案件中，近年来提倡“打财断血”，《最高人民法院、最高人民检察院、公安部、司法部关于办理黑恶势力刑事案件中财产处置若干问题的意见》更是远远超出了《刑事诉讼法》中涉案财物范围相关规定的标准，几乎将范围拓展至所有与被告人相关的财产，这为公安司法机关查封、扣押、冻结所有与被告人相关的财产提供了支撑。因此，面对公安司法机关在刑事涉案财物处置程序中的乱作为，为改善被告人在财产权益保障中处于的不利境地，有必要对被告人的财产权益保障进行进一步的落实。

刑事程序既是国家惩罚犯罪的工具，也是公民个人权利不受侵犯的屏障。② 惩罚犯罪、保障人权的目的需要兼顾，被告人的诉讼权利不应受到侵犯。而辩护律师基于维护犯罪嫌疑人、被告人诉讼权利和其他合法权益的法定立场，拥有专业的法律知识，无疑是对抗公权力的不二人选，能够在公安司法机关涉案财物处置的乱象中为被告人提供有力的法律帮助。

二　刑事涉案财物处置之辩的困境梳理

根据刑法的规定，刑事涉案财物的处置措施具体包括刑事追缴、责令退赔、予以没收和上缴国库，而本文讨论的刑事涉案财物处置之辩的范围较上述有所扩张，除针对财产刑的辩护外，还包括对公检法“查扣冻”财

---

① 杨胜荣、周雪操：《刑事被追诉人涉案财物保障机制探究》，《社会科学家》2022 年第 5 期。

② 韩阳：《刑事诉讼的法哲学反思——从典型制度到基本范畴》，中国人民公安大学出版社，2012，第 203 页。

物的强制措施的辩护，故“所谓财产辩护，是指被追诉人为维护自身财产权益，针对刑事诉讼中‘查扣冻’财物措施的合法性、涉案财物追缴的公正性及财产刑建议的恰当性进行反驳或辩解的诉讼活动”[①]，至于对被害人、利害关系人的财产权益保护在此暂不讨论。综观涉案财物处置之辩的司法实践，辩护效果似乎不容乐观。

（一）侦查阶段：侦查机关的重心偏差压缩了涉案财物的辩护空间

正如上文所述，“重自由舍财产”“重人轻物”“重权力轻权利”“重定罪量刑轻财产保护”的司法理念已经深刻烙印在侦查机关的办案习惯中，也正是这种办案理念的深刻影响，使侦查机关的工作始终围绕定罪量刑，热衷于收集定罪量刑的证据，先不论这一重心偏差是否会对被追诉人的权利保障产生负面影响，但这无疑会导致侦查机关因涉案财物处置并非其核心工作而对此懈怠或随意，即侦查机关不仅缺乏对涉案财物妥善管理与处分的积极性，亦无对与涉案财物处置相关的证据收集的主动性，比如，侦查机关往往不重视对涉案财物权属证据的收集，对被告人违法所得的去向不予侦查，等等。[②] 与此同时，被追诉人作为受涉案财物处置行为影响的直接关系人，与侦查机关的地位悬殊，而对查封、扣押、冻结的涉案财物情况知之甚少，严重的信息不对称与受制于侦查机关的被动地位使其对涉案财物的“查扣冻”不敢发表不同的意见。

侦查机关的“漫不经心”与被追诉人的“一知半解”均在一定程度上挤压了律师对涉案财物处置行为发表辩护意见的空间。具体而言，一方面，辩护律师只有在人民检察院对案件审查起诉之日起方可查阅案卷材料，侦查阶段辩护律师了解案件有关情况的渠道本就有限，被追诉人又对涉案财物的处置情况一知半解，此时辩护律师难以提出有效的辩护意见也情有可原；另一方面，即使辩护律师通过一定渠道了解到涉案财物处置的

---

① 赵旭东、李建伟：《财产强制措施中对当事人权益的保护》，《法制日报》2020 年 9 月 30 日，第 9 版。

② 江西省高级人民法院刑二庭：《关于人民法院刑事诉讼涉案财物处置工作的调查报告》，载最高人民法院刑事审判第一、二、三、四、五庭编《刑事审判参考》（总第 125 辑），人民法院出版社，2020，第 222 页。

相关信息，也提出了辩护意见，但侦查机关因为工作重心偏差，而对辩护意见不予采纳的现象也时有发生，这大大提高了财产辩护的难度。

（二）起诉阶段：检察机关的指控空白弱化了涉案财物的辩护对象

翻阅检察机关的起诉书可知，检察机关的指控往往围绕定罪量刑展开，无论是提交的证据还是结论，均呈现出其怠于行使对涉案财物的追缴请求权，换言之，起诉基本不会涉及对被告人涉案财物的追缴或其他处置措施，因而对涉案财物的追缴、没收等通常由法院依职权作出。以 2008 年轰动全国的吴英案①为例，本色集团的大量房产及固定资产在吴英被逮捕前即被侦查机关控制，车辆及酒店甚至在审前就被低价拍卖处理，针对侦查机关的各种违法处置行为，检察机关对此视若无睹，其起诉书也仅将巨额涉案财物作为量刑标准，指出“被告单位本色控股集团有限公司不具备吸收公众存款业务资格……变相吸收公众存款，扰乱国家金融秩序，数额巨大，达 72079 万元；被告人吴英……系直接负责的主管人员……应当以非法吸收公众存款罪追究刑事责任”。

综上可知，在检察机关提交的指控中，难以发现检察机关对涉案财物处置的相关指控，而有效的辩护意见需要建立在检察机关指控的基础上，即辩护意见应当是针对控方指控而发表的综合性法律意见，具有针对性。换言之，辩护律师发表财产辩护意见要建立在检察机关对涉案财物处置提出指控的基础上，没有具体的指控，辩护律师也就缺乏针对的对象，难以“对症下药”，辩护意见的效果也会因此受到限制，最终结果只会是涉案财物的范围认定、权属等问题没有得到解决，被告人的财产权益无法得到有效保障，涉案财物受到不当处置。

（三）审判阶段：法庭调查的程序虚置侵蚀了涉案财物的辩护空间

《刑诉法解释》第 279 条第 1 款规定“法庭审理过程中，应当对查封、扣押、冻结财物及其孳息的权属、来源等情况，是否属于违法所得或者依

① 吴英案，浙江省金华市中院刑事判决书（2009）浙金刑二初字第 1 号。

法应当追缴的其他涉案财物进行调查，由公诉人说明情况、出示证据、提出处理建议，并听取被告人、辩护人等诉讼参与人的意见"，正式将法庭审理阶段对涉案财物的法庭调查程序与公诉人的举证责任明确化，并且，值得注意的是，相较于2012年《刑诉法解释》中相关内容在"查封、扣押、冻结财物及其处理"章，现行《刑诉法解释》将涉案财物的调查写入"公诉案件第一审普通程序"章"宣布开庭与法庭调查"一节，这意味着涉案财物的调查与定罪量刑相同，均属于独立的法庭调查内容，该条文的修改符合庭审实质化的要求。

反观实践，虽然《刑诉法解释》规定"应当"对涉案财物进行法庭调查，但是，如上文所提及的，公诉机关通常仅就定罪与量刑的事实进行指控，几乎没有对涉案财物处置问题进行指控或出示证据，这是在传统"定罪—量刑"二元审理模式影响下的结果。合议庭也较少组织控辩双方就涉案财物处置进行举证或发表意见，特别是部分涉案财物的处置问题在定罪量刑程序中已经有所涉及，对于余下的与定罪量刑关系不大的涉案财物处置问题，合议庭常常忽视，其自然也不会成为庭审的焦点，笼统判决现象大量存在。有学者研究发现，实践中"囿于对涉案财物的轻视而制定出现有庭审程序规则，现有庭审程序规则又长期影响着控、辩、审三方的思想理念，导致司法实践中对涉案财物漏审漏判现象突出"①，由此可见，现阶段涉案财物问题难以获得实质审理，辩护意见的采纳难题更是可想而知了。

三　刑事涉案财物处置之辩困境的原因剖析

从前文可以看出，无论是侦查阶段的重心偏差、起诉阶段的指控漏洞，还是审判阶段的程序虚置导致的辩护空间受限，都可以归结于"重自由轻财产"等传统办案理念。而"重自由轻财产"等传统司法理念的形成，或许与我国的传统文化有关，而这些理念在司法领域已经呈现出弊端，不利于产权的保护。同时，正是理念僵化引发的涉案财物处置程序自身的缺陷，不仅不利于被告人的财产权益保障，更是加深了人们对这些办

① 葛宪运：《刑事涉案财物审理的庭审实质化路向》，《人民司法》2021年第31期。

案理念的刻板印象。

（一）侦查阶段根深蒂固的证据思维与追赃挽损的办案压力

刑事案件的公正始于侦查，而证据收集又是侦查的关键。历来在“侦查中心主义”的指引下，侦查机关积极主动地收集证据，在涉案财产尚未引发关注的各类案件中，侦查阶段的工作重心也仅在于证据收集。正是在这一程序惯性的驱动下，立法规范与侦查实践无一不呈现出证据收集与有案必侦、有案必破相关的思维倾向。并随着涉众型案件的增多，为保障追赃挽损工作的顺利开展、信访维稳压力的减轻，侦查机关利用涉案财物界定不清的漏洞，最大限度地采用强制措施。

1. 侦查阶段适用的法律规范文件带有浓厚的证据属性

2014 年以来，“两高”、公安部相继下发或修订的《最高人民法院关于刑事裁判涉财产部分执行的若干规定》、《人民检察院刑事诉讼涉案财物管理规定》以及《公安机关涉案财物管理若干规定》（以下简称《公安机关涉财规定》）分别对不同诉讼阶段“涉案财物”的含义作出了界定。在此之前，《公安机关办理刑事案件适用查封、冻结措施有关规定》也给“涉案财物”下了定义，是指“公安机关在办理刑事案件过程中，依法以查封、冻结等方式固定的可用以证明犯罪嫌疑人有罪或者无罪的各种财产和物品”。相较于此，《公安机关涉财规定》第 2 条对“涉案财物”的界定更加具体，是指“公安机关在办理刑事案件和行政案件过程中，依法采取查封、扣押、冻结、扣留、调取、先行登记保存、抽样取证、追缴、收缴等措施提取或者固定，以及从其他单位和个人接受的与案件有关的物品、文件和款项”，该规定还对“非法持有的淫秽物品、毒品等违禁品”进行了列举。

从以上可以看出，侦查机关对“涉案财物”的定义在遵循《刑法》与《刑事诉讼法》关于涉案财物的原则性规定的基础上，更多的是从侦办案件的角度出发，具有浓厚的保全措施和财物的证据属性。同样，在关于涉案财物的保管、处理等章节中，多次出现“需要作为证据”“因办案工作需要”“作为证据使用”等表述，与当事人及利害关系人财产权益保护相关的措辞却鲜有出现。因此可以说，侦查机关着重强调的是“涉案财物”的证据属性。

2. 侦查人员对追赃挽损目标的片面追求

在侦查机关办理的经济犯罪案件中，尤其是在涉众型、涉有组织的经济案件中，信访等社会问题凸显，如何追赃挽损、弥补被害人的损失已经超越如何侦破案件成为侦查机关的新难题。于是，侦查机关在侦办这类案件的过程中，一味追求追赃挽损，“不注意甄别相关财物与犯罪实施之间的客观联系，不重视收集证明相关财物与犯罪实施之间联系的客观证据，以办案需要为由，随意扩大查扣冻范围”[①]，超权限、超范围、超数额、超时限的“查扣冻”行为也就成为侦查阶段对物采取强制措施的常态。这种迫于追赃挽损压力而一揽子“查扣冻”的行为，在保障被害人损失的同时却对当事人及利害关系人的合法权益造成损害，不免有顾此失彼、捉襟见肘之嫌了。

此外，办案机关对涉案财物的查封、扣押、冻结多半是出于制止违法行为、防止证据损毁、保障诉讼进行、挽救被害人损失等目的的考虑，几乎很少考虑对涉案财物的后续处置，但实践中对涉案财物的过程性处置通常决定了其终局性处置结果，前置程序中考虑不足造成的后果会在终局性处置中放大。也就是说，办案机关在对涉案财物采取强制措施的过程中，收集犯罪证据是其主要目的，将其移送也是参照证据的移送考量，至于该强制措施是否对合法产权造成侵犯，办案机关的考虑没有体现。

3. 涉案财物的复杂性与模糊性

在我国，“涉案财物”并非一个严格的法律概念，我国《刑法》《刑事诉讼法》《刑诉法解释》均未对涉案财物的概念作具体规定，但《刑法》第64条对涉案财物的范围与处理作出了原则性规定，其中提到“违法所得的一切财物”与“供犯罪所用的本人财物”，此外，《人民检察院刑事诉讼涉案财物管理规定》与《公安机关涉财规定》还提到涉案财物包括“与案件有关的财物及孳息”，对以上几个关键词的理解学界存在争议。究竟如何认定与案件有关，又如何认定供犯罪所用？涉案财物的范围界定不清，办案机关对涉案财物范围的认定带有较强的主观主义，客观标准难以把握，这为办案机关随意“查扣冻”的行为提供了空间，实践中涉

---

① 毛洪涛：《刑事涉案财物处置程序中的辩护》，北京尚权律师事务所网站，https://baijiahao.baidu.com/s? id=1749965192875790885&wfr=spider&for=pc，最后访问日期：2022年11月28日。

案财物范围被办案机关人为地放大或者滥用，这在涉黑案件中表现得尤为突出。办案机关超范围“查扣冻”的行为在相当程度上对被害人财产权益的保障大有裨益，但违法采取的强制措施，无疑是对被告人财产权益的侵犯。

（二）检察阶段的法定约束不足与救济渠道受阻

为提高诉讼效率，检察阶段本应当成为处理审前程序违法行为的最佳阶段，检察机关作为我国的法律监督机关，也应当成为纠正程序违法行为的最佳主体。相反，实践中，基于检察机关的审查惰性与当事人的救济碰壁的共同作用，对合法产权的侵犯行为的规制久拖不决，直到最终所谓的补救措施可能也无济于事。

1. 检察机关缺少对涉案财物处置审查的法定约束力

有学者提出，我国刑事涉案财物的处置模式是一种“合一型”涉案财物处置模式，即“涉案财物处置活动与定罪量刑程序合一进行，有关涉案财物处置的事项沉潜于定罪量刑事实调查和辩论程序当中”[①]。该处置模式的核心毫无疑问是定罪量刑，而由于部分涉案财物与定罪量刑并没有密切联系，其自然也就不会受到检察机关的关注。而且细看《人民检察院刑事诉讼涉案财物管理规定》的内容可以发现，该文件更多侧重于涉案财物的交接、移送等管理性程序，对于涉案财物的处置和权利救济等内容并无太多涉及。对此，或许可以认为，既然从立法层面对涉案财物处置的重视力度不足，那么强行提高对司法层面涉案财物处置规范的要求未免就有点苛刻了。

另外，根据《人民检察院刑事诉讼规则》第 330 条第 13 款的规定，人民检察院审查移送起诉的案件，应当查明“涉案财物是否查封、扣押、冻结并妥善保管，清单是否齐备；对被害人合法财产的返还和对违禁品或者不宜长期保存的物品的处理是否妥当，移送的证明文件是否完备”。由此可见，立法对涉案财物的要求仅在于其是否符合提起公诉的条件以及对物采取强制措施后的保存与管理，而至于采取强制措施的必要性、合法

① 赵旭东、李建伟：《财产强制措施中对当事人权益的保护》，《法制日报》2020 年 9 月 30 日，第 9 版。

性、相当性等，并不属于检察机关审查起诉的法定职责范围。那么，在“合一型”涉案财物处置模式的广泛影响下，检察机关已经习惯于将涉案财物作为定罪量刑的证据支撑，对于排除在法定职责范围之外的对涉案财物的相关审查也就没有太高的积极性。

2. 法律定位不明，当事人的救济渠道受阻

查封、扣押、冻结是办案机关为保证诉讼程序顺利进行、防止案件当事人处分转移涉案财物而采取的强制措施，是对物的一种强制手段。但其与人身强制措施不同的是，对物的强制措施规定于侦查章节，也缺乏严格的审查批准制度。因此，查封、扣押、冻结等强制措施不过是办案机关侦查过程中的一种手段与措施，其批准手续呈现出浓烈的行政权色彩，尽管办案部门也会有所区分，但总体而言，办案机关集审批、执行、监督权力于一身，这使相关程序完全在办案机关内部封闭运行，对权力的监督与制约难以保证，违法行为缺乏制裁后果。[①] 与此同时，当事人的救济渠道受阻，行政复议和行政诉讼缺位、内部申诉和检察监督虚置。在检察机关缺乏主动审查涉案财物处置合法性的积极性与当事人寻求救济处处碰壁的双重影响下，办案机关的违法行为难以得到纠正，由此只会放纵办案机关滥用权力的现象持续发生。

（三）审判阶段的程序保障缺乏与规则疏漏

在以审判为中心的刑事诉讼制度改革背景下，庭审实质化已经成为刑事诉讼发展的必然趋势，涉案财物处置的专门程序与当事人及利害关系人的实质参与是庭审实质化开展的重要前提，也是促进涉案财物处置公开透明化的主要举措。

1. 缺乏专门的涉案财物处置程序保障

审判阶段涉案财物处置的程序在前文已经有过讨论，此处讨论的专门的涉案财物处置程序可以视为一种升级。前文提到过，《刑诉法解释》第279 条第 1 款正式将涉案财物及其孳息确定为法庭应当审理的事项，但这与涉案财物的专门调查程序还是存在一定差距。专门的涉案财物处置程序要求法庭审理过程中对涉案财物进行专门的法庭调查与法庭辩论以及其在

---

① 李长坤：《刑事涉案财物处理制度研究》，上海交通大学出版社，2012，第 152 页。

判决书中作为独立判项等，这对涉案财物处置的程序设计提出了更高的要求。正因为缺乏与专门的涉案财物处置程序相关的保障机制，既没有单独的审理程序和独立的证明标准，也没有对裁判文书的说理提出明确要求，所以法官在法庭审理过程中对涉案财物显得力不从心。[①]《刑诉法解释》规定的涉案财物调查程序依附于定罪量刑的调查，由法庭依职权启动，依实践现状可知，其运行效果不佳，审理中针对涉案财物展开有效辩论的情况较少，这就造成了法庭认定涉案财物的证据基本来源于公诉机关移送的案卷材料，而由于公安司法机关审前对涉案财物的忽视，其收集的相关证据的完整性令人怀疑，法庭进行事实认定的证据不足，最终造成涉案财物处置随意化、裁判文书处理模糊化，即使存有异议，辩护律师也无法有针对性地展开辩护。

2. 被害人及利害关系人参与诉讼的运行机制不畅

一方面，被害人作为直接遭受犯罪侵害的主体，案件的裁决结果直接影响其损失能否得到完全弥补，一旦错失参与诉讼的机会，被害人的意见就无法有效表达，加之当下司法实践中长期存在的对涉案财物漏审漏判的现象，[②] 被害人不但可能得不到对损失的弥补，反而极有可能丧失司法救济的渠道。因此，为促使被害人的赔偿诉求实现，应当允许被害人对采取强制措施的涉案财物的全面性以及分配的合理性发表意见。另一方面，与被告人的合法产权相同，利害关系人的合法产权也存在遭受不法侵害的风险，遗憾的是，除适用被告人逃匿、死亡没收财产的特别程序外，案外人参与诉讼的权利取决于法庭的必要性判断，这极大程度地限制了案外人的意见表达。实践中，审判机关为保证诉讼的顺利进行，基本上不允许案外人参与诉讼。面对审前公安司法机关违法处置涉案财物的行为，倘若法庭听之任之，放纵该现象的发生，审判阶段将案外人异议推至执行阶段，而执行异议的运行不畅又会将维权延宕至申诉程序，如此只会加剧对利害关系人合法产权的侵害，故应当允许利害关系人发表对拟追缴的财物享有共同权或独立的所有权等意见或者提出单独的诉求以维护其合法的财产权益。

---

① 杨胜荣、周雪操：《刑事被追诉人涉案财物保障机制探究》，《社会科学家》2022 年第 5 期。

② 葛宪运：《刑事涉案财物审理的庭审实质化路向》，《人民司法》2021 年第 31 期。

四 刑事涉案财物处置之辩的破解路径

综合上述辩护律师在涉案财物处置程序辩护中遇到的瓶颈以及隐藏在背后的问题根源，为真正落实对被告人财产权益的保障，法律层面的内容细化与律师层面的技能提升均对涉案财物处置程序中的有效辩护有不可小觑的作用。

（一）立法层面：营造良好的刑事涉案财物处置之辩法治环境

“重自由舍财产”等传统观念已经固化公安司法机关的办案思维，是涉案财物处置程序中的根本难题。办案思维的转变也不可能一蹴而就，要通过涉案财物处置程序的立法完善营造良好的涉案财物处置的司法环境，使公安司法机关在办案过程中形成行为惯性，进而刺激思维模式，实现最终的理念转变。

1. 具化涉案财物的概念界定

“涉案财物”是一个贯穿刑法、刑事诉讼法、民法、行政法等多个法律领域，又兼具实体法和程序法双重法律意义的法律概念，其学科交叉性、疑难复杂性的特征使其在实践中暴露出诸多弊病，当前亟须从立法层面予以完善。立法层面的确立而非司法解释的补充，是基于立法的效力位阶与国家的重视程度等因素的考量。“涉案财物”的概念明晰需要遵循以下几个标准：第一，对“涉案财物”采取强制措施主要是考虑侦破案件与追赃挽损的共同需要，而办案机关的自由裁量权也需要受到规制，故“涉案财物”的概念应当考虑惩治犯罪与财产权利保障的结合，这要求“涉案财物”的范围不宜过窄，需要有可供操作的认定标准；第二，“涉案财物”的概念要具有全面的涵盖性，满足对涉案财物进行全面监管的需要，区别于“涉案财产”，其应包含有财产价值与无财产价值但有证据价值的财物；第三，“涉案财物”要与案件相关联，但具体的关联性需进一步明确，简单的相关性说明只是对“涉案”这一词的同义反复，对办案的指引毫无意义，故需要对相关性的含义进行具体认定，直至明确其应与案件存在何种关联；第四，现有法律规范将“查封、扣押、冻结”作为“涉案财物”的主要特征，这实则是将“涉案财物”的界定权力赋予办案机关，无形中扩大办案机关自由裁量权，故“涉案财物”的概念是实质意义与形式意义的结合，不能颠倒“涉案财物”与办案的因果关系。[①]

2. 明确将对物的强制措施纳入“强制措施”立法体系

在许多国家和地区，比如德国、我国台湾地区等地强制措施的范围比较宽泛，几乎包含所有干预或者限制公民基本权利的行为，即强制措施既包括对人身权利的侵犯，也包括对财产权利的侵犯。强制措施的功能在于诉讼保障和人权保障，这不仅适用于对人的强制措施，也应当适用于对物的强制措施，因其内在属性仍在于对基本人权的强制干预，应当秉持人身权与财产权保障并重的理念，将查封、扣押、冻结等对物的强制措施纳入《刑事诉讼法》“强制措施”这一章，受该章相关规范的约束。[②] 在此之前，也应当“在立法上参照强制措施的规范理念予以严格控制进而保证其能够依法、谦抑进行”[③]。

3. 设置单独的审前听证程序

涉案财物处置程序规范的完善不足给审前违法处置涉案财物留下诸多权力扩张、权力滥用滋生的缝隙，针对审前阶段当事人提出异议四处碰壁，公安司法机关不予受理、相互推诿的现象，可以在侦查、起诉阶段设置单独的审前听证程序，由检察机关掌握听证程序的启动权。[④] 具体而言，当事人对涉案财物的“查扣冻”范围、数额、权限等事项提出异议的，检察机关应当及时启动听证程序，由办案机关说明和出示对涉案财物采取强制措施的依据及证明材料，并听取和接收当事人的意见及证据材料。经过查证，涉案财物确系与案件无关的，或者现有证据无法证实其与案件有关的，应当及时解除强制措施或者要求公安机关及时解除，并将其返还当事人，以实现对当事人合法财产权益的充分保障与及时保障。

4. 建立专门的涉案财物处置程序

《刑诉法解释》进一步强化了庭前和庭审过程中对涉案财物的调查，

① 黄华生、石军英：《批判与重构：刑事涉案财物的概念界定》，《江西社会科学》2022 年第 5 期。

② 温小洁：《我国刑事涉案财物处理之完善——以公民财产权保障为视角》，《法律适用》2017 年第 13 期。

③ 卞建林：《我国刑事强制措施的功能回归与制度完善》，《中国法学》2011 年第 6 期。

④ 毛洪涛：《刑事涉案财物处置程序中的辩护》，北京尚权律师事务所网站，https://baijiahao. baidu. com/s? id = 1749965192875790885&wfr = spider&for = pc，最后访问日期：2022 年 11 月 28 日。

为构建专门的涉案财物处置程序提供了较好的实践启示，证实了专门的涉案财物处置程序的可行性，但根据上文分析，其仍有一定缺陷，专门的涉案财物处置程序应当在消除以上弊端的基础上作进一步改善。比如，增加专门涉案财物处置程序的启动方式，除法庭依职权启动外，当事人也可申请启动；区分重合性涉案财物与独立性涉案财物，避免重复调查；明确涉案财物的证明保准；给予被告人对涉案财物最后陈述的机会；强化裁判文书对涉案财物的说理；规定法院必须对涉案财物的处理作出判决；等等。通过专门涉案财物处置程序的设置，不仅能够促进法庭审理中涉案财物处置的实质化，也能倒逼公诉机关认真履行与涉案财物相关的举证责任。

5. 畅通被害人及利害关系人异议机制

被害人及利害关系人与涉案财物的处理结果有直接的利害关系，其参与涉案财物审判活动的行为，能够在一定程度上帮助对涉案财物的认定，并为涉案财物的分配处理提供参考。一方面，被害人作为犯罪行为的直接侵害者，享有对自身损失的最直接的发言权，应当在法庭审理过程中赋予其充分发表相关意见的权利；另一方面，现有的单方线性结构限制了利害关系人参与诉讼的权利，而利害关系人同样在实体上与涉案财物的处理结果有直接的利害关系，应当具有当事人法律地位，同时享有对涉案财物审判活动的知情权与参与权，不应当受限于法庭的必要性审查。对此，法庭既要严格审查公诉机关对涉案财物处置的意见与举证，也要全面听取与接收被害人及利害关系人的相关意见与证据材料，跳出案卷主义的窠臼，确保涉案财物的公开、公正和透明。

（二）实践层面：把握正确的刑事涉案财物处置之辩内容重点

在立法尚未完善的当下，在辩护方式上，辩护律师要密切与法官沟通交流，充分利用审查起诉阶段与庭前会议，积极争取办案人员对辩护意见的采纳，还要在把握辩护的基本原则的基础上，利用好《刑诉法解释》的改革红利，与办案人员共同促进程序辩护与实体辩护质量的提升。

1. 牢牢把握财产辩护的三大原则

在刑事涉案财物处置程序的辩护过程中，辩护律师要牢牢把握关联原则、比例原则与正当程序原则这三大原则。首先，关于关联原则，要正确理解“供犯罪使用”与“与案件有关”这两个关键词，它们也是办案机关因“涉案财物”的概念模糊性而最容易有意扩张范围之处；其次，关于比例原则，其是在关联原则基础上的一定延伸，应分析办案机关在对涉案财物采取强制措施或者实体处分时，是否超范围“查冻扣”，涉案财物的价值大小是否匹配，对物的强制措施的严厉程度是否超过必要限度，等等；[①] 最后，关于正当程序原则，该原则也是在涉案财物处置程序不完善、可操作性不强的现状下需要特别关注的地方，相关程序包括涉案财物的移送手续、被告人的知情权、涉案财物被采取强制措施的期限等。

2. 程序上，重点关注涉案财物处置的程序正当性

涉案财物处置的程序辩护应当重点关注涉案财物处置的前置程序与处置程序这两个阶段。一方面，就涉案财物处置的前置程序而言，其即对涉案财物采取查封、扣押、冻结等强制措施的过程，前文对因涉案财物处置的前置程序的不完善而容易出现执法乱象已有涉及，这就提醒辩护律师应当着重关注对物采取强制措施应出具的手续与清单。前者包括出具查封决定书、扣押决定书或协助冻结财产通知书以及随案移送的情况等，后者涉及是否出具清单、是否现场出具、清单内容的详细程度、对物采取强制措施的期限、在场见证人以及“查扣冻”的具体数额大小等。另一方面，就涉案财物的处置程序而言，可以从涉案财物的先行处置是否属于法律文件规定的例外情况、涉案财物的处理价格是否与市场价格相符、经审查后与案件无关的财物是否及时返还等角度着手。

3. 实体上，全面分析涉案财物权属、来源的证据完整性

《刑诉法解释》要求公诉人“应当对查封、扣押、冻结财物及其孳息的权属、来源等情况，是否属于违法所得或者依法应当追缴的其他涉案财物”说明情况，因此辩护律师也可以从以下几方面入手。其一，在涉案财物的来源上，重点核实财物取得的时间、取得的主体以及取得的方式等。涉案财产中争议最大的为违法所得部分及违法所得产生的孳息如何处理，其中可能包括违法所得纯粹的资本收益，又可能混杂将违法所得进行合法投资所获取的收益，该部分则具有非法与合法的双重属性，需要具体区分。其二，在涉案财物的权属上，要注意区分财物的所有权人、权属登记

---

① 陈赛、王志：《刑事诉讼涉案财物处置的合理规制》，《检察日报》2021年4月21日，第3版。

与实际占有情况，要弄清个人财产与家庭财产、个人财产与公司财产、经营所得与违法所得等的区别。比如，实务中辩护律师会遇到犯罪嫌疑人借用第三人的物品实施犯罪行为，该物品能否认定为犯罪工具，以及犯罪嫌疑人将犯罪所得与第三人进行合法交易，第三人的善意所得是否需要没收等问题，这些都会涉及对涉案财物权属的确认。此外，辩护律师还可以对涉案财物的价值进行辩护，因其往往是决定罪与非罪、量刑轻重的关键因素。辩护律师在此要注意对财物的价值鉴定，要学会质疑鉴定意见，包括鉴定机构与鉴定人是否具有法定资质、财物价值是否包含孳息价值、财物是否发生损耗折旧等，同时对于不同类型的犯罪，也要注意价值认定的不同方式。

结 语

《刑诉法解释》对涉案财物处置程序的规范，不仅代表了司法机关对涉案财物处置实践的高度关切，也表现了司法机关对保障被告人、案外人合法财产权益的鲜明态度，铲除“重自由舍财产”等观念痼疾的苗头已经不断显现。在涉案财物处置程序逐渐规范、财产权益保障不断向好的大司法环境下，辩护律师在经济案件、涉黑案件等案件中的辩护空间也随之扩大，因此，辩护律师在承办此类案件时，要尽快改变定罪量刑辩护的一元思维，向定罪量刑与涉案财物保护并重的二元思维转变，积极利用《刑诉法解释》带来的改革红利，提升涉案财物辩护技能，为该领域的辩护做好充足准备。

认罪认罚从宽案件中值班律师的权利保障

贺　铭　王译晨*

【内容摘要】随着刑事程序繁简分流的观念逐渐深入人心，以及认罪认罚从宽原则的逐步落实与完善，认罪认罚从宽视域下值班律师制度在见证等方面流于形式、背离立法初衷等问题越来越受到重视。在认罪认罚从宽制度下，我国值班律师制度面临着职责与权利相背离、待遇与责任悬殊的双重现实困境，造成这种困境的主要原因在于法律帮助权仍未超越以“位”赋权的思维樊篱。通过借鉴比较法经验进行本土化研讨，将协同性司法理念纳入值班律师制度，探寻值班律师权利配备体系的完善进路。应通过逐步取消值班律师主动会见审批制度，完善值班律师基于阅卷与证据核实需要而应有的摘抄、复制案卷材料权，提高值班律师待遇等多维并举，系统地将值班律师权利保障问题重塑于实践场域的需要，从而更好地激活法律帮助制度的立法旨趣。

【关键词】认罪认罚从宽　值班律师　权利保障　协同性司法

一　问题的引出

《公民权利与政治权利国际公约》第 14 条规定了被告人有出席受审并自己辩护或由他自己所选择的法律援助律师进行辩护的权利，这体现了被追诉人有权获得辩护与法律帮助的理念。为了更好地贯彻被追诉人在各个阶段都有权获得有效辩护这一刑事司法理念，《刑事诉讼法》在 2018 年修改时于“辩护与代理”一章中增加了值班律师制度。作为此次《刑事诉

---

* 贺铭，中南大学法学院法学 2022 级硕士研究生，研究方向为诉讼法学；王译晨（通讯作者），华东政法大学刑事法学院法学 2022 级硕士研究生，研究方向为刑事诉讼法学。

讼法》修改的亮点之一，值班律师制度不仅对于贯彻刑事辩护全覆盖具有重要意义，而且在认罪认罚从宽制度的视域下更具独特作用。

认罪认罚从宽制度在很大程度上有效实现了刑事诉讼程序的繁简分流，但是认罪认罚从宽案件中程序的简化极易导致被追诉人有效辩护权受到减损。随着“有权获得辩护”的刑事司法理念逐步向“有权获得法律帮助”进行范畴的延伸，[①] 值班律师的独特作用得到充分体现。在认罪认罚从宽案件中，值班律师除了可以为犯罪嫌疑人、被告人提供法律咨询、程序选择建议等法律帮助，其更重要的意义在于在一定程度上保障被追诉人作出认罪认罚决定的自愿性、合法性、真实性。[②] 在实践运行过程中，值班律师制度暴露出职责与权利之背离、待遇与责任之悬殊的问题，认罪认罚从宽制度下值班律师的权利保障仍然有待改善，本文对此进行研讨。

二　我国值班律师的职责定位

明确值班律师的职责定位是构建值班律师制度的前提和基础。值班律师的角色定位不仅是单纯的学理问题，更是关乎值班律师制度后续日臻完善的根本问题。[③]《刑事诉讼法》对值班律师的角色定位语焉不详，在明确将值班律师界定为“法律帮助者”的情况下，由于未能明晰“法律帮助者”的确切含义，值班律师的定位一直处于模糊不清的状态，这使其在认罪认罚从宽案件中的参与深度不及预期。[④]

（一）值班律师与法律援助的角色/功能厘定

有学者认为值班律师提供的法律帮助是较为短暂、临时的，类似于“急诊大夫”多在紧急情况下出现，不必承担太多辩护职能；[⑤] 也有学者认为值班律师在不同阶段有不同的职责，在侦查阶段可将值班律师提供的

① 王迎龙：《刑事诉讼中的“有权获得法律帮助”》，《暨南学报》（哲学社会科学版）2023年第3期。

② 蔡元培：《法律帮助实质化视野下值班律师诉讼权利研究》，《环球法律评论》2021年第2期 。

③ 顾永忠：《追根溯源：再论值班律师的应然定位》，《法学杂志》2018年第9期。

④ 闵春雷：《认罪认罚案件中的有效辩护》，《当代法学》2017年第4期。

⑤ 吴宏耀：《我国值班律师制度的法律定位及其制度构建》，《法学杂志》2018年第9期。

帮助理解为法律帮助，在审查起诉及审判阶段其则是与辩护人享有同等诉讼权利的“准辩护人”；[①] 还有学者主张值班律师辩护人化，或直接将值班律师视为辩护人，以此来保证值班律师充分履行其职能，切实保障被追诉人的合法权益[②]。我们认为，值班律师系法律帮助者的角色定位不仅符合现行法律的规范解释，而且符合国内与域外通行的值班律师法治实践。过分强调值班律师的“准辩护人”或“辩护人”属性，将不当地扩张值班律师的工作范围，甚至会冲击传统刑事辩护的基本范式，影响刑事辩护业务的自由竞争与良性发展。在值班律师为被追诉人提供最低限度法律帮助的范畴中，“急诊大夫”的描述也并不准确。鉴于其兼有提供法律咨询、程序选择建议以及申请相关法律救济的“分诊”职责属性，将其类比为“分诊护士”更能凸显其帮助时效的救急性、帮助内容的基本性。值班律师的职责定位应当符合制度建构的初衷，与责任相匹配的权利保障也应服务于值班律师提供法律帮助的工作需要，而非简单地因其角色定位区别于辩护律师而被束缚。

追根溯源，值班律师制度创建的初衷是更好地保障犯罪嫌疑人、被告人充分了解自身的权利，减少被追诉人因为缺乏相关法律知识而自身实体性、程序性权益遭到侵害的情况发生。特别是在认罪认罚案件中，值班律师及时告知被追诉人认罪认罚带来的程序上的简化以及实体上的从宽处理可能，不仅可以使被追诉人及时认罪服法换取一定的从宽处理，而且可以减少侦控、审判机关办理认罪认罚从宽案件时调查取证等非事务性成本，从而有效缓解法院难以聚焦重大案件的“案多人少”压力。在这一点上，若被追诉人选择适用认罪认罚从宽程序，审理程序将会相应简化，被追诉人诉讼权利的行使亦将因此受到相应的限制。因此，选择何种诉讼程序、如何有效保障被追诉人的程序选择自愿性至关重要，而这与值班律师的职责密不可分。值班律师会为被追诉人提供程序选择建议，同时在其签署认罪认罚具结书时在场见证，律师的有效帮助从赋权性的角度为认罪认罚的自愿性提供了基本的制度保障。[③] 由此可见，值班律师与辩护律师设立的

---

① 肖沛权：《论我国值班律师的法律定位及其权利保障》，《浙江工商大学学报》2021 年第 4 期。

② 顾永忠：《追根溯源：再论值班律师的应然定位》，《法学杂志》2018 年第 9 期。

③ 胡云腾主编《认罪认罚从宽制度的理解与适用》，人民法院出版社，2018，第 45 页。

目的是一致的，但是由于立法定位以及参与案件的方式有一定差异，值班律师与辩护律师在权利范畴上未能保持完全一致。

因此，为了更好地开展法律帮助工作，应当赋予值班律师与辩护律师除出庭提供辩护权外的近乎同等的权利。不能仅仅因为法律规定值班律师的职责为“提供法律帮助”，便判断其应有权利与辩护律师的权利在内涵上差异明显。权利范围与职责范围应为一组对应的范畴。值班律师的法律帮助与辩护律师的辩护职责除在出庭与否方面具有本质差别外，其他领域的责任承担差别并不显著。值班律师的律师帮助权可以概括为值班律师为被追诉人提供程序性帮助和实体性帮助。律师的辩护权基于委托而产生，为被追诉人的辩护同样可以分为程序性辩护和实体性辩护。两者皆是为维护被追诉人合法权益而设立的。虽然现行法律体系并未赋予值班律师与辩护律师同样的辩护权利，然而在认罪认罚从宽案件中值班律师为被追诉人提供的法律帮助的作用以及见证签署认罪认罚具结书的作用并不亚于委托律师所能发挥的作用。当前值班律师见证批量化、“站台效应”明显等问题的背后，其实是权利配备不足致使值班律师难以真正履行工作职责。有学者将值班律师比作“小投入、低标准”的“集体保险”，形象地论证了值班律师在防范冤假错案中的提早介入所能发挥的基础性纠错作用。这种“低保”式的冤案纠错机制同样要求赋予值班律师与辩护律师相同的权利配备，从而充分保障值班律师依法履行《法律援助值班律师工作办法》（以下简称《工作办法》）规定的基本职能，并使值班律师在履行基本职能的基础上根据不同被追诉人的实际情况自主调节值班律师提供法律帮助的层次与深度，从而实现值班律师制度的初衷。

无论是2017年最高人民法院、最高人民检察院、司法部等发布的《关于开展法律援助值班律师工作的意见》（已废止），还是2020年发布的《工作办法》，在标题中都对值班律师属于法律援助进行了明确，由此足以看出值班律师属于法律援助在制度上已经得到承认。从功能上看，法律援助与值班律师提供的法律帮助应为包含与被包含的关系。法律援助是指由国家无偿地为没有律师的被追诉人提供法律服务。[①] 法律援助律师便是承担此项职能的律师，即为因经济困难或者其他情况而难以运用一般的

① 顾永忠：《刑辩律师全覆盖与值班律师制度的定位》，《人民检察》2018年第11期。

法律救济手段保障自身权利的社会弱者提供法律帮助的律师。[①] 而值班律师亦符合这一定义，即为弱者提供法律保障的律师。在被追诉人没有委托辩护律师，又不符合申请狭义法律援助律师（主要是指被追诉人因经济状况低于一定的水平而申请的律师）的条件下，值班律师可谓首选。将值班律师纳入法律援助制度的体系内，用以弥补我国刑事辩护领域的法律援助不足，具有更直观的现实意义。[②]

（二）值班律师与辩护律师的二元格局

从规范层面来看，新设立的值班律师制度与传统的辩护律师制度形成了显著的二元分立[③]、双轨并行的新模式。通过公设与非公设的区分，值班律师与辩护律师得以在两条可能相交的轨道上，依据不同使命提供着近似“平行”的法律服务。由于二者在除庭审辩护之外的法律服务供给上具有平行性，即值班律师与辩护律师的工作职责具有近似性，二者应有的权利配备也应当具有近似性。但根据法律赋予两者的具体诉讼权利可知，值班律师相较而言具有的权限较少。值班律师制度实际上是制度上的一种补充与完善，即在被追诉人没有能力委托辩护律师，且不符合狭义的法律援助条件的情况下所采用的制度，其与辩护律师制度的双轨并行制度安排的目的是保障被追诉人的合法权益。值班律师制度作为我国刑事法律援助体系的完善之举，其存在实际上是一种制度上的创新与补充，具有为被追诉人提供应急性、预防性法律帮助的作用。

值班律师与辩护律师设置的目的都是保障被追诉人合法权益。前者是由公安机关（看守所）、司法机关、司法行政机关派驻的，是为确保犯罪嫌疑人、被告人在获得及时、充分、有效法律帮助的前提下自愿认罪认罚，防止无辜者受到错误追究而设置的。后者则是基于委托或者强制或申请的法律援助而产生的，将为被追诉人提供相应的程序性与实体性辩护、防止无辜者被追究作为目标。二者在防止无辜者受到不当追究的终极范畴

---

① 陈光中、张益南：《推进刑事辩护法律援助全覆盖问题之探讨》，《法学杂志》2018 年第 3 期。

② 樊崇义：《小议法律援助制度与值班律师制度》，《人民法治》2018 年第 7 期。

③ 胡铭：《律师在认罪认罚从宽制度中的定位及其完善——以 Z 省 H 市为例的实证分析》，《中国刑事法杂志》2018 年第 5 期。

上具有同样的职责需要，虽然值班律师仅有《工作办法》第 6 条规定的法定职责，但综合评析这些半封闭列举的职责，不难发现值班律师无论是在履行职责的本质追求上，还是在职责的一般范围上都与辩护律师具有内在一致性。

二元格局的形成有效地实现了两者互相补充、相互完善的良性互动，更好地促进了刑事辩护制度的完善。同时，值班律师由公权力机关进行指定具有很强的保障性，这大大改变了原有辩护率较低的现实状况。值班律师与辩护律师的二元格局构建之目的是推动认罪认罚案件中律师全覆盖，因而不应为立法地位二元分立、立法职责双轨并行的两类刑事律师配备不同的权利保障。

三　认罪认罚案件中值班律师权利行使的现实困境

在认罪认罚从宽制度下，虽然《工作办法》赋予了值班律师查阅案卷材料、了解案情等权利，但与承担职责较为一致的辩护律师的权利相比，更为重要的摘抄、复制案卷等权利缺失。若要实现保障认罪认罚从宽案件中被追诉人合法权益的目标，为每个被追诉人提供更具针对性、更符合被追诉人真实意愿的法律帮助，值班律师应当被赋予相应的权利进行保障，以实现权利与职责的一致性。与此同时，值班律师与辩护律师的待遇差异明显，值班律师所负荷的超量任务、过多责任与“微薄”收入之间形成极大的不匹配，极易造成履职过程中积极性不足、法律帮助的效果不尽如人意的结果。①

（一）值班律师被赋予的职责与权利之背离

根据《工作办法》第 6 条第 3 款的规定，值班律师享有一定的会见权，会见的权利分为两种：一是应犯罪嫌疑人、被告人约见而会见；二是经过办案机关的同意主动会见。综观两种启动方式，可以发现值班律师的会见权带有一定的被动性，虽然第二种名义上是主动会见，但是会见仍需

① 汪海燕：《三重悖离：认罪认罚从宽程序中值班律师制度的困境》，《法学杂志》2019 年第 12 期。

经办案机关的允许，决定权在办案机关手中。根据《工作办法》亦可知，值班律师可以自案件移送审查起诉之日起享有一定的阅卷权。虽然此规范性文件赋予了值班律师有限的会见、阅卷等权利，但由于我国值班律师的权利具有明显的被动属性，实践中权利具体运用情况尚处于缺位状态，并不能满足法律帮助的底线要求。①

值班律师在值班期间的主要职责就是以问答的形式为需要法律帮助的犯罪嫌疑人或被告人提供法律咨询，并帮助其解决诉讼中特别是关于案件证据的疑难问题。② 根据《刑事诉讼法》第 36 条以及《工作办法》第 6 条的规定，值班律师在认罪认罚从宽程序中的职责大致可以分为提供法律帮助、提供程序选择建议、申请变更强制措施等九大类。根据职责的服务目的，可以将职责划分为三大类：第一类为侧重于被追诉人权益的必要保障；第二类为侧重于与检察机关程序以及实体量刑良性协同；第三类为上述二者兼有且兼顾两方面，即在被追诉人签署认罪认罚具结书时在场。

通过以上对于认罪认罚从宽制度下值班律师的权利与职责的描述，可清晰地窥见值班律师所负有的职责与其现有权利之间的鸿沟。值班律师在诉讼活动中的九项职责与辩护律师在审前活动中的辩护职责在内涵上并无二致，而相应的《工作办法》却只规定了有限的阅卷权与会见权，这对满足值班律师提供有效法律帮助的要求是远远不够的。造成这一差距的主要原因之一在于值班律师现有的权利保障制度是以其角色定位，而非提供法律帮助服务的工作需要而确立的。立法只将值班律师定位于提供初步、及时的法律咨询等法律帮助服务的“法律帮助者”，因而忽视了值班律师在提供上述九项法律帮助所依赖的律师权利方面与辩护律师并无二致。现有权利保障无法有效实现认罪认罚从宽案件中律师的有效参与，致使值班律师制度功能与实践需求存在结构性失衡。③ 值班律师与辩护律师履行基本相同的律师职责，则即使二者的角色定位分别为法律帮助者与辩护人，也

---

① 王瑞剑、冀梦琦：《律师帮助权视野下的值班律师权利探析——以认罪认罚案件为视角》，《山西省政法干部管理学院学报》2017 年第 3 期。

② 程衍：《论值班律师制度的价值与完善》，《法学杂志》2017 年第 4 期。

③ 王迎龙：《值班律师制度的结构性分析——以“有权获得法律帮助”为理论线索》，《内蒙古社会科学》2020 年第 5 期。

不应当影响赋予值班律师与其职责相匹配的权利，唯有实现权责匹配才能促进有效法律帮助的实现。虽然《工作办法》对值班律师的阅卷权与会见权作了规定，但相关规定的具体落实仍旧有待推进。只享有查阅权而不享有复制权，能在多大程度上发挥阅卷应有的作用有待商榷。

认罪认罚从宽制度中值班律师的“法律帮助权”更多地体现在庭审前，表现为帮助被追诉人提出羁押必要性审查申请等程序选择的建议权、与检察机关进行量刑协商等过程中的意见权、作为第三方参与被追诉人认罪认罚具结书签署的见证权等等。这些内容更多地表现为程序上的正义，体现出值班律师见证办案机关特定阶段办案程序合法的“站台效应”，与值班律师在认罪认罚从宽程序中充分保障被追诉人合法权益、防范含冤认罪的目的仍有差距。概言之，值班律师的权利与职责之间的鸿沟严重制约了认罪认罚从宽制度下值班律师制度的有效运行以及值班律师有效法律帮助的实现。

虽然认罪认罚从宽程序着重于对庭前程序的关注，而对法庭调查与法庭辩论环节有所简化，但是不能因此忽略值班律师以非出庭辩护方式在庭审中仍能够发挥的重要作用。虽然值班律师作为法律帮助者无须也不应提供出庭辩护的服务，但是其仍应在庭前（特别是认罪认罚具结书签署前）与被追诉人就在案证据进行核实，充分保障被追诉人在知悉案件基本证据情况下作出是否认罪认罚的理性选择。同时，通过值班律师完成证据开示，有助于就证据问题为被追诉人提供法律帮助，[①] 这对于保障被追诉人质证权、尽可能地实现法律真实与客观真实之偏差最小化亦意义重大。对于认罪认罚从宽案件，不能因为被告人自愿以及认罪认罚从宽程序上的简化便忽略其在庭审过程中享有的辩护权。只有更好地发挥值班律师在庭前各阶段的具体法律帮助职责，才能有效减少值班律师职责与权利不能贯通包含庭审在内的刑事诉讼全过程的缺陷。

（二）值班律师所具有的待遇与责任之悬殊

我国认罪认罚从宽程序中值班律师的职责、收益与风险间存在严重

---

① 韩旭：《庭审阶段补充侦查制度合理性省思——以审判中心主义为背景》，《法商研究》2022 年第 1 期。

“失衡”。[①]《工作办法》第30条对值班律师的工作待遇进行了相对明确的规定，根据这一条文可以知悉，值班律师的法律帮助补贴是由预算保障的，同时各地可以根据实际情况确定值班律师的待遇及补贴标准。表面上看，值班律师的工作待遇具有强制性保障，质言之，值班律师补贴的基准仍游离在制度之外，只是将补贴的权力完全下放到各地方。法律帮助制度发展初期，各地用于法援中心等基础设施建设的经费大约只有七成能够直接作为劳动所得发放到法律援助律师与值班律师（或其所属的律所）手中。

与此同时，值班律师承担的职责不仅关涉被追诉人法律帮助权的获得，而且对于认罪认罚从宽制度适用的程序合法性亦发挥着重要作用。目前在代写法律文书、代理案件等刑事法律业务领域，值班律师审前的帮助职责并未显著减轻的情况下，提供法律帮助的劳动所得远低于同级别社会律师，[②] 值班律师的薪资待遇较低、补贴费用不足的问题较为严重。

首先，值班律师的责任体现在对被追诉人认罪认罚自愿性、真实性的审查。认罪认罚从宽程序十分注重被追诉人认罪认罚的自愿性与真实性，而这与值班律师的职责密不可分。法律规定，在认罪认罚从宽制度运行中，值班律师在被追诉人签署认罪认罚具结书时必须在场，同时应当在认罪认罚具结书上签字。在某种程度上，这一签字既是见证，也是一种担保，意味着值班律师对认罪认罚的真实性与合法性负有一定责任。

其次，值班律师沉重的责任负荷还体现在认罪认罚从宽案件数量的日益增多之中。据有关学者在各地进行的实证调查，在审判阶段，被告人认罪的案件在85%左右，不认罪的案件则为15%左右。[③] 被追诉人认罪认罚案件占整个刑事案件的80%以上。[④] 实践中大量的刑事案件适用认罪认罚从宽程序，[⑤] 然而值班律师数量配备与工作负荷之间尚未形成有效的动态

① 汪海燕：《三重悖离：认罪认罚从宽程序中值班律师制度的困境》，《法学杂志》2019年第12期。

② 马平平：《西宁市值班律师制度运行现状考察》，《淮北职业技术学院学报》2019年第1期。

③ 顾永忠：《以审判为中心背景下的刑事辩护突出问题研究》，《中国法学》2016年第2期。

④ 贺小军：《改革开放以来我国被追诉人认罪案件处理之图景》，《中国刑事法杂志》2020年第2期。

⑤ 李本森：《法律中的二八定理——基于被告人认罪案件审理的定量分析》，《中国社会科学》2013年第3期。

调整机制。鉴于值班律师制度的实施更多着眼于刑事诉讼效率,[①] 在案件较多兼顾效率的同时保证认罪认罚的自愿性需要付出巨大的工作量，值班律师受制于工作负荷较大的影响会难以保障个案的时间投入，从而影响法律帮助质量。

最后，值班律师的责任体现在其并不享有主动拒绝提供法律帮助的权利。辩护律师属于受犯罪嫌疑人、被告人等委托进行辩护的，在委托范围内可结合委托人意愿，依托其自身的独立地位进行辩护。值班律师则着重强调以常设岗位的问答方式回答被追诉人的法律问题，需要结合每个被追诉人的权益进行具体的全面考量。不同于委托律师可以选择是否接受委托以及接受何人委托，法律上并未对值班律师的自主选择权进行规定，因此，值班律师并不享有主动拒绝提供法律帮助的权利。相反，在刑事辩护中更具独立地位的辩护律师却享有拒绝接受委托，以及特定情况下拒绝继续辩护的权利。值班律师为被追诉人提供必要的最低限度法律帮助是出于公益目的，具有公设性质，然而作为法律帮助的提供者，其与中立的司法裁判者显著不同，值班律师不应像“法官不得拒绝裁判”一样不得拒绝提供法律帮助。若值班律师不愿为特定被追诉者提供法律帮助而无权拒绝，则可能出现消极敷衍甚至提供不当法律帮助的情况。以上种种，足以窥见值班律师的待遇与责任之悬殊。这一悬殊不利于值班律师的工作积极性，而且对值班律师的队伍建设方面也会造成一定的制约与影响。

四　认罪认罚从宽案件中值班律师权利配备的完善进路

鉴于实践中出现了认罪认罚从宽程序中值班律师权利与职责相背离、待遇与责任悬殊的双重现实困境，下文立足于协同性司法理念的介入、比较法的视角进行宏观上的框架构建，同时落实于对认罪认罚从宽制度下的值班律师权利的具体保障措施进行完善与改进，力图促进我国认罪认罚从宽制度下值班律师权利的有效保障。

---

① 聂友伦：《值班律师的未然与应然——基于比较法与现行规范的考察》，载卞建林主编《诉讼法学研究》（第22卷），中国检察出版社，2018，第299页。

（一）以协同司法理念配置值班律师的权利范畴

作为民事诉讼中的一个理论概念，“协同主义”旨在引导法官和当事人进行互动与协作，以此为基础形成更具公信力的裁判。[①] 近年来，随着诉讼法领域的研究深入，各诉讼法间相互影响，“协同主义”逐渐进入刑事诉讼法学者的视野中。有学者以协同性司法理念为来源，提出了更具针对性的“协同性辩护理论”，旨在重新调整辩护律师与委托人的关系。其中，辩护“协同性”的核心思想在于保证辩护律师与被追诉人的辩护思路是一致的，防止双方之间产生冲突，因而，尊重被追诉人的意愿自然成为辩方内部形成一致思路的重要标志。[②] 基于此，将“协同性司法理念”纳入认罪认罚从宽领域意义重大。同时，出于契合法律规定的目的，在值班律师制度中将“协同性辩护理论”表述为“协同性法律帮助”更为恰当。

首先，在认罪认罚从宽程序中，“协同性法律帮助”有利于保障被追诉人认罪认罚真实性与自愿性。认罪认罚真实性与自愿性的实现离不开值班律师与被追诉人“面对面”充分有效地进行辩护协商，因此赋予值班律师充分的会见权、必要的证据核实权是题中应有之义。鉴于被追诉人与值班律师的沟通主要体现在审前阶段，因此赋予值班律师充分的会见权，强化审前阶段被追诉人与值班律师以证据为基础的交流，从而使被追诉人在对认罪认罚从宽有关规定有充分认知，同时对所犯罪行的证据、罪责情况有基本认识的基础上作出更符合自身权益的决定。

其一，应强化对会见权的有效保障，实现为值班律师会见提供便利的制度要求。第一，公安机关、检察院应尽可能保障犯罪嫌疑人、被告人约见值班律师的请求得到实现。《工作办法》中值班律师系“可以”应犯罪嫌疑人、被告人的约见，此处的“可以”应为非特殊情况不得阻碍。第二，应当在一定程度上降低会见权行使的门槛，增强值班律师无须审批即可主动会见的权利。《工作办法》所阐述的第二种会见方式是经办案机关允许，值班律师可以主动会见被追诉人。但这种方式的决定权归根到底在办案机关，可以仿照辩护律师出示“三证”会见的制度，将值班律师会见

---

① 汤维建：《论民事诉讼法修改的指导理念》，《法律科学（西北政法学院学报）》2007 年第 6 期。

② 陈瑞华：《论协同性辩护理论》，《浙江工商大学学报》2018 年第 3 期。

的流程制度化、便利化。法律援助机构应加快建立值班律师库或值班律师名册，制发值班律师相应证件。在主动会见时办案机关通过识别值班律师工作证件允许会见。此举既能简化流程，也会提高办案机关的效率，更有利于实现值班律师为被追诉人提供法律帮助的初衷。第三，若现场会见的条件有所限制，监所应为“网络视频会面”提供便利，打破时间空间的限制，真正多维度提升值班律师提供法律帮助的能力。

其二，应强化对证据核实权的有效保障，激活值班律师在证据开示与被追诉人质证权保障中的能动作用。应当澄清值班律师证据开示的主体地位。尽管值班律师在认罪认罚从宽案件中仍是区别于一般辩护人的法律帮助提供者，然而正是由于其提供的法律帮助具有应急性、基本性等特点，将带有公设身份的值班律师作为被追诉人应急性证据开示主体具有合目的性。[①] 值班律师作为较早能够为被追诉人提供法律帮助的专业人士，享有在侦查阶段向侦查机关了解犯罪嫌疑人罪名及基本案情的权利，这也是值班律师在侦查阶段为有意认罪认罚的被追诉人提供法律帮助的基础。这种权利基础结合值班律师较早介入的及时性特征，使其在侦讯初期即可为被追诉人提供必要的、更贴合案情的法律知识。这对“从众定罪”与层层把关的严密自我纠错机制下实现较早的纠偏纠错意义重大，可以说值班律师不仅是提供法律帮助的专业人士，而且是被追诉人认罪服法过程中的陪伴者。

其次，就值班律师设置的价值追求而言，法律帮助服务主要是为了帮助法律知识欠缺的单次当事人（one shotter）[②] 获取与侦控机关相对平衡、有助于作出是否认罪认罚等合理法律决定的法律知识而设置的。有理由相信非激情状态下的绝大多数法定犯，是因不知悉其行为构成犯罪而实施犯罪行为的。对于这些对法律没有概念的被追诉人，如果要求其就不解之处向值班律师等法律帮助者提问，实在犹如给尚未掌握加减乘除的幼童配备数学教授答疑，允许幼童就微积分、概率论进行提问一般。提问者由于自身知识的极度匮乏，即使享有较好的帮助资源，也会因缺乏认知能力而不知从何问起。应当允许值班律师在会见被追诉人时携带必要的证据材料，

---

① 蔡元培：《刑事诉讼参与人的教义延展》，《法学》2023 年第 4 期。

② Marc Galanter, “Why the ‘Haves’ Come out Ahead: Speculations on the Limits of Legal Change,” *Law & Society Review* 95 (1974).

值班律师通过阅卷可以快速锁定案件重点，并由其向被追诉人进行简明扼要的释明，这对于被追诉人快速理清法律头绪、认识到自己将陷入何种境地意义重大。这种帮助区别于侦控人员讯问语境下的说教，更易超越被追诉人受等级性权威威慑的司法程序，[①] 使被追诉人在心理上认同并接受值班律师给出的程序选择建议等法律帮助。

再次，在认罪认罚从宽程序中，"协同性法律帮助"的实质性要求值班律师享有基于阅卷权延伸的摘抄、复制案涉证据材料等充分了解案情的权利。这不仅是增强值班律师提供法律帮助过程中权利保障的有力措施，而且有助于落实证据开示制度，甚至是贯彻直接言辞原则，并保障被追诉人的质证权等合法权益不受损害。法律帮助的实质性离不开值班律师对案情的了解，对案情的了解离不开值班律师对证据的了解。仅仅为值班律师提供证据清单或是仅允许其查阅而不能复制卷宗，将使其无法与被追诉人核实证据。如果证据得不到开示或不能进行充分核实，值班律师不仅难以获得被追诉人的质证观点，并站在被追诉人立场提出更有利于被追诉人、更符合被追诉人实际情况的程序选择建议，而且在未与被追诉人核实证据的情况下，仅听侦控一家之言，也难以对人民检察院指控罪名、量刑建议、诉讼程序适用等事项提出更适当的意见，遑论此种情形下值班律师本应当具有的见证认罪认罚具结书签署自愿性的制度目的能实现几何了。

既然已经明确值班律师在与职责所对应的权利范畴上不应区别于"辩护人"，就应当给予其同辩护律师一致的充分了解案情的权利。只享有阅卷权不足以保障值班律师正常开展法律服务活动。有学者指出，值班律师除在其值班的辖区内从事法律帮助工作以外，仍以该辖区为职业范围从事其他法律事务，如果不给予值班律师摘抄、复制等与被追诉人核实证据的必要权利保障，则其发现案件疏漏、提出意见的时间节点也将大幅后移。[②] 值班律师提出区别于侦控机关的意见的时间越早，则案件纠正的阻力越小。只有给予值班律师充分的、等同于辩护律师的权利保障，才能更好地

---

① Mirjan Damaska, *The Faces of Justice and State Authority: A Comparative Approach to the Legal Process*, New Haven and London: Yale University Press, 1986, p. 181.

② 参见郭航、杨馨儿：《值班律师有效法律帮助的理论反思与制度完善——基于 C 市值班律师制度的实证研究》，《新疆大学学报》（哲学社会科学版）2022 年第 6 期。

实现法律帮助制度提供法律帮助、预防冤错案件、追求诉讼质效提升等保障人权的立法旨趣。[①] 一方面，应赋予值班律师复制、摘抄案卷材料的权利，在《刑事诉讼法》第 40 条关于阅卷权的规定中[②]不再区分辩护律师与值班律师权利的不同，赋予值班律师于案件移送审查起诉之日起，对其依法可以查阅的涉案证据材料进行摘抄、复制的权利，以便值班律师充分了解情况。特别是犯罪嫌疑人在侦查阶段已经选择适用认罪认罚从宽制度，在程序简化的条件下，应当进一步在值班律师保证不泄露案件秘密、不会造成串供回证等干扰案件办理的情况下，保障值班律师向侦查机关了解案件有关情况的权利。只有让值班律师能对案件情况做到心中有数，才能切实保障被告人的合法权益不消减。另一方面，应赋予值班律师与辩护律师基本相当的调查取证权来保障被追诉人的合法权益。权利的配齐备足将为值班律师在侦查、审查起诉阶段对侦控机关对于被追诉人无罪或者罪轻的证据材料提交与否、对认罪认罚从宽程序选择与否等特殊情况进行判断提供重要指引。行使调查权有助于促进个案中被追诉人获得实质性法律帮助目标的实现。

最后，认罪认罚从宽案件的“协同性法律帮助”不应局限于审前阶段，应当以法律帮助形式延伸到庭审阶段。一方面，应赋予值班律师出庭的权利，让法律帮助不仅体现在庭审前，同时也在庭审中有所体现。特别是一些确需以实质化庭审进行审判且关涉被追诉人合法权益的重大、疑难、复杂案件[③]以及被追诉人认罪认罚后翻供等认罪不稳定的案件，应当贯彻《工作办法》第 11 条所指出的值班律师法律帮助的延续性与实质化参与，发挥值班律师庭前的法律帮助与心理抚慰功能，健全值班律师出庭就认罪认罚自愿性说明情况的直接言词制度。另一方面，赋予值班律师出庭时与辩护律师同等的举证、质证权，但由于值班律师出庭不以提供辩护为目的的职责限制，值班律师的这种举证、质证权应以其承担的认罪认罚具结书签署自愿性、审前程序中被追诉人认罪服法的稳定性等见证责任的

---

① 〔日〕田口守一：《刑事诉讼的目的》，张凌、于秀峰译，中国政法大学出版社，2011，第 249 ~ 253 页。

② 《刑事诉讼法》第 40 条规定：“辩护律师自人民检察院对案件审查起诉之日起，可以查阅、摘抄、复制本案的案卷材料。其他辩护人经人民法院、人民检察院许可，也可以查阅、摘抄、复制上述材料。”

③ 顾永忠：《刑事辩护制度改革实证研究》，《中国刑事法杂志》2019 年第 5 期。

证明为限。通过探索认罪认罚从宽案件值班律师出庭说明被追诉人认罪认罚具结书签署自愿性以及就调整后的确定性量刑意见发表意见等制度，可以有效实现值班律师法律帮助活动对庭审活动的服务，[①] 切实发挥值班律师见证被追诉人自愿签署认罪认罚具结书的合法权益不受侵害的价值。

（二）值班律师待遇保障与体系化责任评价机制

虽然当前《工作办法》指出各地可以根据实际情况，结合认罪认罚从宽程序中值班律师的工作状况为其发放补贴，但并未对补贴的具体情况作明确规定。放眼域外，早在 1982 年至 1983 年，英国治安法院为被告人免费提供法律帮助的案件所占费用已达 1.15 亿英镑。[②] 近年来，我国的法律援助经费增长较快，值班律师经费多列入法律援助经费一并统计。但作为提供基础性、最低限度的法律帮助的值班律师而言，其在法律援助经费内能获得支持的程度是不及深度参与案件办理的法律援助律师的，由于政策倾斜于法律援助指派的辩护律师，值班律师工作待遇缺乏制度性保障。

为了有效提高认罪认罚从宽制度下值班律师的工作待遇，应从以下两个方面着手。一方面，统一规定补贴的最低限额，特别是需注意人均经费的最低限额。以 2018 年全国法律援助财政拨款为例，青海省约 0.4 亿元的经费在 31 个省、自治区、直辖市中排名第 25，与以约 2.95 亿元经费排名第一的广东省差距较大，但是青海省人均法律援助经费以 6.57 元排名第一，广东省人均经费只有 2.61 元。在设立法律援助经费，特别是值班律师专项经费的过程中，应结合各省（区、市）常住人口与犯罪数量的基本情况，既要考虑"盘子"的总量限度，也应将人均"配额"作为经费管理办法的一部分。另一方面，除加强财政投入外，还可借鉴域外法律援助基金制度实现值班律师的评价引导。可以借鉴日本的法律援助基金制度，即通过向公众募集公益基金为值班律师制度高效运作提供一定的保障。早在 1990 年，日本律师联合会就自发实行"值班律师制度"，并设立

---

① 赵恒：《认罪认罚案件确定刑量刑建议的法理反思》，《当代法学》2023 年第 3 期。

② Peter Binning：《英格兰和威尔士地区的刑事法律援助》，郭旭译，载顾永忠主编《刑事法律援助的中国实践与国际视野——刑事法律援助国际研讨会论文集》，北京大学出版社，2013，第 400～401 页。

了法律援助基金。[1] 日本的法律援助基金是由律师每月义务缴纳的，借鉴这一制度可以从两个方面着手。第一，由于我国值班律师属于法律援助的范畴，国家运用一定的财政补贴来设立值班律师公益基金、为值班律师提供资金保障是应有之义，国家财政补贴应作为基金来源的主要力量。同时，可以建立相应的奖励制度，对为被追诉人提供有效且及时法律帮助的值班律师提供一定的绩效奖励，调动值班律师的积极性。第二，因不擅长刑事案件等情况不愿担任值班律师的律师，应按月缴纳少量的资金为值班律师公益基金提供保障；对于某些因自身情况逃避从事值班律师业务的律师，可以让其缴纳略多于其他律师但仍处于合理范围的资金，这样也有助于提高值班律师的工作积极性，同时更有利于在值班律师制度领域塑造法律职业共同体，进而为律师全心全意维护被追诉人利益解除后顾之忧。

同时，值班律师的责任承担应有一定的约束与规制，应当建立通过法律援助机构对值班律师提供法律帮助进行评价、培训的机制。首先，应当通过客观真实论引导值班律师明晰在认罪认罚具结书签署自愿性见证中的责任。值班律师虽然是被追诉人认罪认罚自愿性的见证人，但是在被追诉人存在虚假认罪认罚、对认罪认罚反悔时，应当分情况处理：若值班律师知情且造成再犯等后果，则其应当承担相应责任；若值班律师不知情，则应免除其责任。其次，应当探索值班律师办理案件的限额制度，即根据各地区的具体情况对值班律师经办案件的负荷进行合理限制，防止值班律师因案件数量过多无法对被追诉人认罪认罚自愿性进行有效的评估。美国早在 1973 年便规定，每个公设辩护律师每年经办的轻罪案件不能超过 400 件。[2] 美国公设辩护律师的案件负荷制度对我国具有一定的借鉴意义。一方面，案件负荷制度有助于提高值班律师的工作积极性；另一方面，值班律师办理相关案件亦需承担法律责任，负荷限额可以在一定程度上减轻值班律师的责任。再次，对于值班律师的自主选择权应给予一定程度的保障，即探索值班律师在特定情况下拒绝提供法律帮助并避免因此承担责任的制度。通过为值班律师设定一定的拒绝提供法律帮助指标，引导值班律师结合个人专长在完成公设法律帮助基本任务的情况下，提供更优质法律

① 〔日〕田口守一：《刑事诉讼的目的》，张凌、于秀峰译，中国政法大学出版社，2011，第 20 ~25 页。

② 吴羽：《美国公设辩护人制度运作机制研究》，《北方法学》2014 年第 5 期。

帮助。例如，每个值班律师在有正当理由的情况下，对所处理的认罪认罚从宽案件中一定比例的案件有拒绝提供法律帮助权与拒绝见证权。如此，既可为值班律师避免陷入法律风险提供基本办法，又可以引导值班律师在其选择的案件范围内发挥其提供法律帮助的主观能动性。最后，应根据值班律师与辩护律师的二元分立、双轨并行的格局，探索区别于传统律师的评价管理机构与考评机制。法律援助机构作为与被追诉人联系较为密切的专门机构，区别于传统上对律师进行管理的司法行政机关与律师协会，与法律帮助服务和被帮助对象具有更密切的非官方关系。刑事诉讼活动背后的各项制度、各种程序背后的理念、权利（力）、责任体系错综复杂，[①]由与提供法律帮助关系更为密切的法律援助机构联合被追诉人对值班律师服务质效进行评价，有利于更好地在把握上述精密司法体系的基础上发现值班律师工作中存在的问题，并及时通过法律援助机构的岗前培训等环节改进。同时，根据值班律师工作特点，设立双轨制评价机制或能避免传统律师管理机关的行政化属性与管理僵化，有助于对提供法律帮助的值班律师与提供委托代理服务的社会律师根据提供服务的不同分别评价、差异引导。通过结合值班律师工作特性，积极引入管理科学范畴的关键业绩指标体系辅助值班律师考评工作的科学化，改变以往凭借感觉设立考评指标的粗放化管理，运用更为科学的管理学 KPI（目标式量化管理指标），[②] 在每次提供法律帮助后及时记录以备评估，从而形成符合刑事司法内在逻辑的周期性、长效化评价指引体系，充分激活提供法律帮助的值班律师制度背后的中国智慧。

五　余论

随着值班律师“法律帮助者”的角色定位基本成为主流观点，围绕值班律师提供法律帮助展开的权利配备问题的研究，对于认罪认罚从宽案件中被追诉人的合法权益保障有重要意义。值班律师具有较强的公设岗位属性，在搭建其权利构造时不应为其法律帮助者的定位所束缚，应当突破传

① 刘文轩：《辩护人化抑或转任辩护人：值班律师的身份前瞻》，《中国刑警学院学报》2021 年第 4 期。

② 孟婕：《值班律师制度保障的三重维度》，《中国政法大学学报》2023 年第 1 期。

统以“位”定权的思维樊篱，避免不当限缩或扩大权利范围使值班律师制度异化，以求真正围绕值班律师依法履行法律帮助职责的实际需要构建其权利范畴。因而，应当统筹兼顾多方考虑，运用协同性司法理念将会见权、证据核实权根据值班律师工作的需要来重塑，从而在强化经费保障的基础上构建基于值班律师特性的认罪认罚从宽视域下值班律师的双轨体系化评价机制，真正实现值班律师权利保障与其履行法律帮助工作积极性的正向引导。在进一步通过值班律师等法律帮助制度提高认罪认罚从宽案件中的被追诉人的权益保障能力的同时，应探索将法律援助制度置于审判中心视域下协同优化，① 以期能更好地实现中国式现代化语境下的公平正义。

① 刘文轩：《审判中心视域下刑事法律援助范围再构》，《法律适用》2023 年第 3 期。

论认罪案件场域下的协商性辩护

卢银芳*

【内容摘要】 在认罪案件场域下，被追诉人的先行自愿认罪预示着一种以“协商、合作”为核心要素的合作式司法将拥有广泛的运作空间。在此背景下，辩护方与检察机关的沟通、协商和合作形成了“协商性”的新型辩护样态。不同于单纯为对抗而对抗的辩护方式，协商性辩护在辩护空间、辩护对象、辩护策略以及基于独立辩护人之角度的辩护律师与被追诉人的辩护关系上均呈现出新的特征。但作为一种新型辩护方式，协商性辩护仍面临控方强势、辩方辩护能力不足以及社会观念压力等困境。因此，为最大限度克服协商性辩护的阻力，应从辩护权的保障、辩护律师职责要求、检察官司法官化和法院中立尽责等方面作出努力。

【关键词】 对抗式司法　合作式司法　协商性辩护　控辩协商

引　言

对抗式司法在18世纪末产生于英国，却在美国得到前所未有的发展并形成了现代对抗式司法的形态。随即，多数国家争先恐后地借鉴吸收对抗式司法。我国1979年《刑事诉讼法》借鉴苏联的诉讼模式，实行强压性司法，法官主导审判，1996年《刑事诉讼法》引入对抗性因素，在庭审阶段强化控辩双方的对抗，法官居中裁判。其后，对抗性因素随着辩护权的完善不断加强，以审判为中心的诉讼制度改革更是对抗式司法的显著体现。但对抗会是常态吗？随着和解制度、认罪认罚从宽制度以及企业合规制度的运行，被追诉人一方有了与被害人一方或控方协商合作的基础，

* 卢银芳，西北政法大学刑事诉讼法学2022级硕士研究生，研究方向为刑事诉讼法学。

外加案多人少的现实矛盾以及辩护权的不断完善，合作式司法的适用场域不断扩张，特别是在认罪案件中，协商合作举足轻重。在合作成为主流的背景下，辩护制度也随之改变，不同于旨在削弱或推翻检察机关指控的对抗性辩护，协商性辩护是一种更为理性、平和的辩护形态。控辩双方不再"剑拔弩张""针锋相对"，甚至情绪化地排斥对方，刑事辩护的司法环境趋向平和，刑事诉讼效果反而更有利于委托人的利益。但协商性辩护"初出茅庐"，其运行若想取得理想中的诉讼效果，营造一个控辩双方尽可能平等协商的诉讼环境是大前提，因此注重辩护权的保障、辩护律师履职尽责以及作为控方的检察官的司法官化尤为重要，并应通过法官履行中立审查职责为协商性辩护扫清障碍。从案件的诉讼进程看，辩护律师协商辩护面向侦查人员、检察人员、审判人员以及被害人一方，由于具有广泛协商空间的认罪认罚从宽制度以及企业合规制度都由检察机关作为牵头机关，外加辩护方的诉讼意见是控辩双方协商的必要参考因素，因此本文的协商性辩护之主体主要指检察机关与辩护方。

一 协商性辩护兴起的必然性

环境的变化、权力制约关系的变化会影响一个人对自己角色的理解，进而影响他的思维方式、判断和行为。[①] 在对抗式司法的大环境下，我们将辩护的核心固化为"对抗"，在理解辩护的含义时往往把辩护的对抗性作为主线，辩护基于控方的指控而产生，围绕控诉而进行。然而，在我国刑事司法实践中，对于80%以上的被告人自愿认罪的刑事案件，这种建立在传统犯罪理论和控辩对抗理论上的诉讼模式显然并不具有足够的说服力和解释力。[②] 在被追诉人作出有罪供述并于法庭上放弃无罪辩护的刑事案件中，控辩双方可以放弃对抗，转而寻求部分合作，在合作的大环境下对抗性辩护恰恰适得其反，外加对诉讼效率的追求，为实现双方和谐共赢局面，协商性辩护的适用空间更为广泛。

---

① 苏力：《法律与文学：以中国传统戏剧为材料》，生活·读书·新知三联书店，2017，第157页。

② 陈瑞华：《刑事诉讼的中国模式》，法律出版社，2010，第10页。

（一）刑事诉讼模式的转变：从对抗走向合作

关于转变后的新型刑事诉讼模式在名称上是否以“合作式司法”为统称，学者们见解不一。[①] 有学者称其为“协商式司法”，有学者称其为“合作式司法”，还有学者称其为“合意式诉讼”，也有学者称其为“刑事诉讼‘第四范式’”，但不论其称谓如何，学者们所论述的这种新型诉讼模式都是以被追诉方与控诉一方进行妥协、协商和合作进而形成纠纷解决共识为特征的，此种诉讼模式类型也明显以传统对抗式司法为对照。因此，本文主要基于对抗与合作的状态角度将此新型诉讼模式统称为“合作式司法”，而不细探究竟何种称谓更适合中国司法现状。

对抗式司法模式的形成不是一蹴而就的，是在实践中不断平衡控辩双方利益的过程，其中立法者的参与较少。而合作式司法的形成不仅具有坚实的司法实践基础，也得益于明确的法律规范和制度。合作式司法初露头角是在自诉案件和刑事附带民事案件中，当时的诉讼模式仍以对抗为中心，公诉案件不允许“协商合作”要素的存在。基于“中国辩诉交易第一案”的轰动以及公诉案件刑事和解由未成年人案件延伸至民间纠纷引起的轻微刑事案件的探索，[②] 2012 年《刑事诉讼法》在第五编“特别程序”中规定了“当事人和解的公诉案件诉讼程序”一章，这表明司法机关已认可公诉案件中协商合作的存在。其后认罪认罚从宽制度的“出世”被视为合作式司法时代到来的标志，刑事诉讼已完成由对抗走向合作的转变。控辩平等原则除传统意义上的平等对抗外，还容纳了平等合作的现代内涵。在合作式司法模式下，被追诉人进行有罪答辩是前提条件，只有在被追诉人先行“认罪”的前提下，控辩双方才能展开协商交流，在被追诉人已认罪的情形下，控辩双方间的对抗性明显减弱，律师随之不再将以无罪辩护

---

① 详细内容参见熊秋红《比较法视野下的认罪认罚从宽制度———兼论刑事诉讼“第四范式”》，《比较法研究》2019 年第 5 期；王新清《合意式刑事诉讼论》，《法学研究》2020 年第 6 期；谭世贵《论刑事诉讼模式及其中国转型》，《法制与社会发展》2016 年第 3 期。

② “中国辩诉交易第一案”是 2002 年黑龙江省牡丹江铁路运输法院开庭审理的一起故意伤害案。在该案中，辩护人在征得被告人同意后向公诉机关提出了“辩诉交易”申请，控辩双方进行协商：被告人承认自己的行为构成故意伤害罪，愿意接受法院审判，自愿赔偿被害人遭受的经济损失，请求法院从轻处罚；辩护人放弃无罪辩护的观点，同意公诉机关指控的事实、证据及罪名；公诉机关同意被告人及辩护人的请求，建议法院从轻处罚并适用缓刑。最终法院对控辩双方达成的“辩诉交易”予以确认，依法作出裁判。

为表征的对抗性辩护作为首选策略，而是通过与控方进行协商沟通的方式争取对被追诉人从宽处理的结果。

（二）诉讼价值的追求：公正与效率的兼顾

波斯纳曾言，“寻求真相的法律制度要在精确性和成本之间追求最大兼顾”①。当“精确性”与“成本”之间发生冲突时，一般应当优先考虑真实性，因为远离真实的效率毫无意义可言。我国传统司法理念以“重公正，轻效率”为典型特征，为了确保刑事程序的公正性，在证明标准上要求对指控犯罪事实达到排除合理怀疑的程度，外加无罪推定原则、不得强迫自证其罪原则、证据裁判原则的确立，刑事司法程序的公正性无疑得到保障。但面临快速增加的犯罪案件与有限增长的刑事司法资源之间紧张关系越来越突出的问题，我国对诉讼程序进行了一系列探索，以期在保障公正性的同时提高诉讼效率。如 1996 年简易程序进入刑事诉讼立法，2012 年修改的《刑事诉讼法》扩大了简易程序的适用范围以及添设“当事人和解的公诉案件诉讼程序”一章，2018 年新修的《刑事诉讼法》增加了认罪认罚从宽制度、速裁程序等内容，这些诉讼程序和制度的建立在实践方面极大地提高了诉讼效率。在此背景下，在兼顾公正与效率之间离不开发挥律师的重要作用。一方面，在被追诉人以“认罪”作出先行妥协的条件下，辩护律师不仅可以在为被追诉人提供专业法律帮助的同时审查被追诉人的妥协条件是否真实合理，还能对司法机关起到监督、制约作用，保证刑事诉讼程序的公正性；另一方面，辩护律师与控诉一方就被追诉人“认罪”能获得何种从轻处理结果进行协商交流，达成协议，缓和紧张的“控辩关系”，进而减少诉讼过程中的不必要对抗与冲突，实现提高诉讼效率的目标。

（三）对抗性辩护的局限：被追诉人自愿认罪空间的扩张

对抗性是辩护律师进入诉讼程序的最初功能定位。正是为了对抗日益强大的控方，以及平衡控辩双方的力量，才逐步允许被告人获得辩护律师帮助。可以说，对抗是产生辩护律师的原始力量。基于这种观念，辩护的

① 〔美〕理查德·A. 波斯纳：《法理学问题》，苏力译，中国政法大学出版社，2002，第 235 页。

核心被固化为“对抗”，人们普遍认为一个敢于对抗公检法机关的律师才是合格的辩护人，尤其是“死磕派律师”的诞生以及对无罪辩护目标的推崇更加固化了辩护律师的对抗形象。通过对抗性辩护，案件中的疑点当然可逐一破解，中立裁判者在真相愈辩愈明的过程中形成心证，进而作出正确裁判。但值得关注的是这一理想过程的大前提是存在“对抗”，即控辩双方对案件存在明显的利益冲突。《2022 年全国检察机关主要办案数据》显示，已办理的审查起诉案件中，适用认罪认罚从宽制度审结人数占同期审结人数的 90% 以上。[①] 这意味着有九成以上案件都是以认罪认罚从宽制度审结，而认罪认罚从宽制度的最大特色就是被追诉人认罪，在控辩双方不存在明显冲突特别是自愿认罪的空间中，对抗性辩护便失去了广泛存在的基础，因为对抗性辩护恰恰是以控辩双方存在利益冲突为前提的。辩护律师若仍坚持对抗性辩护策略，不仅是对委托人意志的违背，甚至会被公检法人员视为“麻烦的制造者”,[②] 作为共同利益绑定者的一方，被追诉人难免有利益受损之可能。

二　协商性辩护的基本特征

协商性辩护的适用是在合作式司法这一大背景下开展，以控辩双方不存在激烈冲突为前提的。不同于聚焦在法庭审理阶段的针锋相对，协商性辩护下控辩双方的辩护重心前移至审查起诉阶段，双方寻求一种理性化的合作交谈，辩护策略也不再以“无罪辩护”为指向，而是围绕量刑问题进行“商量”，作为辩护共同体的辩护律师与被追诉人，二者的关系也更趋向亲密一致，呈现出不同于传统辩护方式的新特征。

（一）辩护重心前移至审查起诉阶段

对抗式司法下，控辩双方存在较大利益冲突，外加法院是享有定罪量刑权的唯一主体，为使中立裁判者尽可能采信己方观点，诉讼双方往往选

① 《2022 年全国检察机关主要办案数据》，载微信公众号“最高人民检察院”2023 年 3 月 7 日。

② 李奋飞：《论“表演性辩护”——中国律师法庭辩护功能的异化及其矫正》，《政法论坛》2015 年第 2 期。

择在法庭审理阶段展开充分说理论证，律师的辩护工作重心在审判阶段。同时以审判为中心的诉讼制度改革要求发挥庭审实质功能，证据质证在法庭，案件事实查明在法庭，裁判理由形成在法庭，在刑事诉讼模式以对抗为主的环境下，该制度更加凸显法庭审理阶段辩护工作的重要性。然而，一旦被追诉人一方自愿认罪，控辩双方关于犯罪事实基本没有分歧，此时仍选择在审判阶段展开辩护说理工作不仅难以发挥庭审的实质功能，并造成诉讼资源的浪费，还会因诉讼期限延长而给被追诉人带来伤害。在此情形下，辩护重心由审判阶段前移至审查起诉阶段是对诉讼模式转变的回应。

审查起诉阶段是协商性辩护的黄金阶段。立法上，2018 年《刑事诉讼法》第 201 条对人民法院是否采纳人民检察院指控的罪名与量刑建议作出规定，在不存在被告人的行为不构成犯罪或者不应当追究刑事责任、违背意愿认罪认罚、否认指控的犯罪事实、起诉指控的罪名与审理认定的罪名不一致、其他可能影响公正审判的情形下，人民检察院指控的罪名和量刑建议通常是为法院所接受的。司法实践中，最高人民检察院公开的数据显示，人民检察院确定刑量刑建议提出率从 2019 年的 36.8%上升至 2021 年的 91.6%，量刑建议采纳率从 2019 的 84.9%提高到 2021 年的 97.2%。[①] 一旦确定刑量刑建议被提出，法院的量刑建议采纳率会更高，这意味着辩护律师一旦在审查起诉阶段通过协商性辩护与检察机关达成较为轻缓的量刑建议的合意，实际上就昭示着辩护律师已成功说服审判机关，获得从宽处理的结果已是大势所趋。

（二）辩护策略转变为寻求与控方协商交流，获取较轻的处理结果

辩护策略的选择与辩护对象密切相关。前文提到协商性辩护的契机往往是被追诉人一方先行妥协，而这个妥协一般是自愿认罪，作为被追诉人利益委托者的辩护律师进而会选择放弃以无罪辩护为中心的辩护策略，不再单纯为反驳控方指控而辩护。面对辩方的整体妥协，对于罪名问题双方已无异议，控方便以量刑问题为协商条件与辩方展开交流。从此维度上看，所谓的协商性辩护主要是在审查起诉阶段对量刑问题进行辩护，当然

① 参见陈国庆《新时代中国刑事司法改革的成就与展望》，《中国检察》2022 年第 19 期。

这种针对量刑问题的辩护仍不具有“对抗”色彩，不聚焦于对控方的量刑情节予以驳斥，而体现出一种“商量”态度，即说服控方作出不起诉或较轻量刑建议。我国的认罪认罚从宽制度不同于西方的辩诉交易制度，不允许对罪名进行交易，辩方一旦对罪名提出异议，认罪认罚从宽制度便不能适用，所以从认罪认罚从宽制度的内涵看，在认罪案件中，辩护重点也只能围绕量刑问题。辩护的对象由对抗环境下的犯罪事实转变为协商环境下的量刑问题，辩护律师进而对传统以无罪辩护为导向的辩护策略进行更新，在最大限度维护被追诉人利益的基础上将与控方协商合作的方式作为辩护策略的首要选择。如在传统辩护策略中，即使及时认罪服法对被追诉人有利，辩护律师往往也不会说服被追诉人认罪，而是聚集各种力量寻找被追诉人无罪的证据，在此过程中延长案件诉讼期限也是其策略之一。在协商性辩护下，律师认为认罪服法会给被追诉人带来利益时，一般会说服被追诉人及时认罪认罚以获取从宽处理的结果，延长诉讼期限的策略也因被视为对被追诉人的变相惩罚而不再作为优先选项。

（三）辩护关系上辩护律师与委托人之间更加紧密

常规来看，被追诉人往往是不精通法律知识的群体，即使是法律专业出身的被追诉人，在身陷囹圄的情况下也很难仅凭自己取得良好的辩护效果，所以委托的辩护律师不仅成为被追诉人了解案件事实的帮手，还是其精神的寄托。在被追诉人与辩护律师之间，一种理想的委托关系是双方立场一致，作为辩护共同体共同发出辩护的声音，实现“1 +1 >2”的效果。但实践中双方“各说各话”导致辩护力量相互“抵消”或者辩护“内讧”的情形偶有发生，甚至出现辩护律师在与公诉人的关系上沦为第二公诉人，在与当事人的关系上完全独立于当事人的现象。虽然辩护律师作为独立辩护人无须事事与委托人的意志保持一致，也允许一人辩护下的“骑墙式辩护”，但辩护律师作为被追诉人的受托方，其与检察机关进行协商合作的事项关乎被追诉人的切身利益，若一个说“无罪”、一个说“有罪”，不但缺乏统一的辩护焦点或辩护核心，而且会自乱阵脚，导致逻辑上的混乱。[①] 在合作式司法下，即使双方的辩护方向都是在认罪的前提下，不存在一个说“无罪”、一

① 韩旭：《被告人与律师之间的辩护冲突及其解决机制》，《法学研究》2010 年第 6 期。

个说“有罪”的悖论，但被追诉人的认罪考量依靠与辩护律师进行事前协商交流，双方事前的紧密关系很大程度上决定了后续诉讼的方向。因此，协商性辩护的良好运行需要辩护律师与委托人进行更充分的协商交流。

三　协商性辩护运行的阻力

协商性辩护的前提是一方先行妥协，由于辩护重心前移至由检察机关主导的审查起诉阶段，所以先行妥协的一方往往是被追诉人，也就是被追诉人自愿认罪，外加检察机关在职权配置、量刑建议上的天然优势以及控辩双方协商动力的不足导致检察机关的强势地位对辩方而言是“压制性胜利”。而作为协商一方的辩护律师和值班律师由于权利的不完整和角色定位的不清晰，与检察机关协商时明显处于“手无缚鸡之力”的境地，协商能力受限。社会大众以及直接遭受犯罪侵害的被害方对协商的不理解进一步加剧了协商的困难。因此，协商性辩护在当前至少面临着控方天然强势、辩方协商能力不足以及社会观念不认同三方面的阻力。

（一）控方的天然强势地位

辩护重心前移至审查起诉阶段意味着辩护方面向的不再是中立裁判者，而是天然与其立场相对立的检察机关，而检察机关又天然享有是否作出起诉或不起诉决定、批准或决定逮捕、提出量刑建议等方面的自由裁量权，从职权设置以及诉讼地位来看，作为控诉方的检察机关较辩护方而言有着与生俱来的优势。前文也提到协商性辩护围绕量刑问题展开，即辩护方以说服检察机关提出较轻量刑建议为目标。虽法律明确规定检察机关对认罪认罚的犯罪嫌疑人提出量刑建议时应当听取辩护人的意见，但实践中辩护人的意见能否得到真正的认可是值得推敲的，因为在与犯罪嫌疑人协商沟通前量刑建议就已在认罪认罚具结书中列明，而认罪认罚具结书由检察机关单方制作。甚至在不少检察官看来，量刑建议是检察机关代表国家拟定的，一旦成形就不得调整，被追诉人要么同意，要么不同意。[1] 这反映出辩护方的协商行为并未被视为一项权利，甚至未被当作一种约定俗成

① 周新：《认罪认罚从宽制度试点的实践性反思》，《当代法学》2018 年第 2 期。

的前置程序，控诉方基于其强势地位可任意选择是否接受辩护方的协商申请。同时假若检察机关愿意选择与辩护方进行平等协商，协商的过程也往往不是一轮，这意味着对辩护方提出的每轮意见控方都应认真听取，但面对案多人少的现实境况，多轮次的协商无疑会增加检察机关的工作压力，这自然导致控方积极协商的动力不足。因此，无论是从职权设置还是从量刑建议的提出以及协商的动力来看，控方均具有压制性的强势地位，辩方协商的空间受制于控方的选择，协商性辩护遭遇阻力可以说是毋庸置疑的。

（二）辩方的协商能力有限

由于被追诉人身陷囹圄以及欠缺专业法律知识，与检察机关进行协商的能力极为有限，其面对量刑建议往往成为被动接受方。因此，辩护律师的作用十分重要。被追诉人依靠委托获得辩护律师帮助再好不过，但并非每个人都有聘请律师的财富，为帮助没有能力聘请辩护律师的被追诉人获得法律帮助，法律援助制度应运而生。但目前的法律援助制度只在审判阶段实现律师全覆盖，审查起诉阶段律师仅部分覆盖。在审查起诉阶段若未委托辩护律师也不符合法律援助条件，只能由值班律师提供帮助，而值班律师并不等同于辩护律师，协商能力受限。从立法层面看，法律虽规定值班律师可以阅卷，但该阅卷权不等同于辩护律师的阅卷权，因为前者的阅卷只限于字面意义上的查阅卷宗，不能进行摘抄、复制，同时法律对值班律师的调查取证权也未予规定。从值班律师制度运行的实践看，值班律师一直备受“不会见、不阅卷、不主动调查取证”的诟病，由于缺乏对案件事实、相关证据的了解以及事前与被追诉人未进行充分协商交流，值班律师常沦为“见证人”，值班律师制度的最初定位面临质疑和挑战。即使是享有相对完整辩护权的辩护律师，在面对处于强势地位的检察机关时，其权利的行使也会遭遇“意料之外”的压制。如在调查取证权的规定中，辩护律师向被害人一方收集相关证据必须要经过被害方和人民检察院或人民法院的许可，立法良善的初衷不置可否，[①] 但

---

① 关于辩护律师的调查取证权的规定，见《刑事诉讼法》第 43 条：“辩护律师经证人或者其他有关单位和个人同意，可以向他们收集与本案有关的材料，也可以申请人民检察院、人民法院收集、调取证据，或者申请人民法院通知证人出庭作证。辩护律师经人民检察院或者人民法院许可，并且经被害人或者其近亲属、被害人提供的证人同意，可以向他们收集与本案有关的材料。”

实践落实上难免会出现控方利用该规定限制辩护律师行使调查取证权的情况。因此，无论是权利相对完整的辩护律师还是地位颇具争议的值班律师，其辩护协商能力的有限性都阻碍了协商性辩护的发展。

（三）社会观念层面的不认同

在刑事司法领域，合作式司法往往被误解为对犯罪的纵容，特别是对不明案件事实真相的社会大众而言，他们认为辩护方与检察机关的协商是赤裸裸的司法不公，检察人员在很大程度上有遭“腐蚀”之嫌，甚至在被害方接受控辩之间协商的结果时，一些极端分子可能会借助舆情对协商结果进行炒作。究其原因是协商性辩护的理念违背传统“严惩罪犯”的观念，认为与被追诉人“讨价还价”是玷污司法的公正性、纯洁性。对于直接遭受犯罪侵害的被害方，虽然法律规定在协商的过程中检察机关要听取被害方的意见，但在实践中被害方的意见难免与协商的结果背道而驰，因为他们追求的可能不是理想中的赔偿数额，而是对被追诉人的从重处罚，特别是在一些人身伤害类犯罪案件中，从严、从重制裁犯罪嫌疑人、被告人往往是被害方的第一诉求。退一步讲，即使是对不存在人身伤害的案件而言，被害方接受协商的条件也往往不易实现，因为被追诉人的经济能力并非能满足被害方的所有赔偿要求，外加实践中存在的“漫天要价”，协商目的的实现更加困难。

四　协商性辩护的路径保障

随着认罪认罚从宽制度的广泛适用，协商性辩护作为一种新型辩护方式也将迎来更广阔的发展空间。但面临控辩双方不平等的协商地位以及社会观念层面的不理解，协商性辩护的发展遭遇阻力，难以取得理想的前进结果。因此，要让协商性辩护获得理想中的效果，必然要对协商性辩护予以路径保障。首先是要完善对辩护权的保障，从根本上提高律师的协商地位；其次是要求辩护律师恪守履职尽责的义务，以与被追诉人的充分交流实现自身对外协商能力的提高；再次应敦促作为控方的检察官司法官化，而不是当事人化，履行客观义务；最后应跳出协商主体的范围，要求法官坚守中立裁判者的立场，保障协商的公正。

（一）被追诉方辩护权的保障

了解案件事实是作为当事人的被追诉人所享有的基本权利，但法律并未规定被追诉人享有阅卷权。因此，有人提议法律应赋予被追诉人阅卷权，这样才能保障被追诉人了解案件情况，进而能对控方的指控作出有效辩护。笔者认为，赋予被追诉人阅卷权的初衷值得肯定，但这在现实司法环境下并无必要。从辩护律师与委托人的关系来看，辩护律师拥有完整阅卷权毫无争议，律师阅卷以后往往会在会见当事人时就其知晓的案件情况与被追诉人进行沟通，被追诉人也能间接知晓案件情况，且被追诉人一般并不精通法律知识，阅卷时也只能获得卷宗的表层信息，最终还是要诉诸律师的帮助，所以说与其赋予被追诉人阅卷权不如切实保障值班律师和辩护律师的权利。关于值班律师，可通过合理解释的方式延伸法律帮助的边界，而非单纯追求值班律师的“辩护人化”。在现行的立法文本下直接赋予值班律师辩护人的身份较为困难，因为现行法律将“法律帮助”与“辩护”相区分的目的不是限缩值班律师的权利，而是统筹考虑后的选择，即值班律师的设立初衷是一种补充性的法律帮助，若将二者等同，基于权利享有与义务承担的对等性，值班律师既然享有辩护人的职权，必然要承担等同的辩护职责，该履责义务又显然高于“法律帮助者”的义务。且在值班律师制度尚需要较多人力、物力、财力支持和保障的现状下，值班律师承担等同于辩护人的职责义务不利于该制度的全面适用。因此，值班律师仍应置于法律帮助者的定位中，只是可以通过法律解释的方式扩大帮助的范围。如在认罪认罚案件中面对被追诉人无辩护律师的情形，值班律师的会见权、阅卷权范围应等同于辩护律师，切实保障其法律帮助权的实现，以纠正值班律师作为“见证人”的实践偏差。对于辩护律师，应尽可能提供一个公平协商的环境，保障其在信息获取能力上的平等性，其中最关键的是把调查取证权、会见权、阅卷权的保障落到实处，实现“有效辩护”的目标。

（二）辩护律师恪守履职尽责的义务

协商性辩护的最高原则是充分尊重当事人的意愿，律师在与检察官进行协商的过程中一定要忠实于委托人的利益和意志，与当事人保持充分的沟通，及时同步相关信息，并就案件的辩护方向、协商策略等尽可能达成一致，即使双方观点相异，其也应在理性的协商氛围下努力通过交流调和意见，最终促进彼此间的相互配合，形成辩护合力。例如，在最初接触被追诉人时，律师就可以告知其有关控辩协商的法律内容，并随时提供法律知识；在案件诉讼进程中，以当事人的角度分析案件的具体情况，适时建议当事人进行控辩协商。当然，最终是否作出协商决定应由当事人根据自己的理性决定，律师只是引导者、分析者，万万不能为了追求协商目的的实现而向当事人作出“弄虚作假”式陈述和建议。此外，通过与律师的协商交流，当事人也可判断律师是否履职尽责，在必要时出于保障自身辩护权的考量可申请更换不履职尽责的辩护律师，进而对律师起到一定监督作用。其中律师是否履职尽责的判断标准，可与有效辩护制度相衔接，从过程中而非结果上评价辩护效果，如从辩护律师审前是否主动会见当事人、核实信息、调查取证，是否主动与控方交涉沟通等方面进行考量。对于当事人而言，只要辩护律师尽职尽责地行使各项诉讼权利，最大限度与专门机关进行协商、说服、抗辩等活动，尽力争取当事人应得的程序待遇，即便最终的辩护结果不理想，辩护律师仍做到了有效辩护。在评价主体上，对律师是否尽职尽责最直接的评价主体是当事人。因为案件的最终处理结果与当事人具有法律上的利害关系，他们更希望律师履职尽责、实现有效果的辩护，且其在与律师的接触交流过程中更易了解律师的工作，进而能及时作出评价。但囿于刑事辩护中辩护律师在法庭上的举证、质证、辩论等工作具有一定职业技术性，当事人作为非专业人员很难作出有效评价，因此作为法律职业共同体成员的检察官和法官成为评价主体也是应有之义。基于诉讼立场的不同、职能的差异，检察官和法官在服从型辩护律师与对抗性辩护律师之间不能厚此薄彼，而应从维护法治尊严的角度客观进行评价。总之，律师必须要明确自己在控辩协商中的角色定位以及作用。

（三）检察官司法官化而非当事人化

检察机关在审前程序中是当仁不让的主导者，不仅主导协商的过程，对协商的结果能否被法官采纳也有实质性的影响力，可以说其在很大程度上主导审判程序。因此，只有检察官司法官化，而不是当事人化，才能趋向中立和超然，才能客观对待和认真倾听辩方意见和观点，从而更容易作出妥协和让步，协商性辩护才能获得更广阔的发展空间。[①] 如检察官在正式量刑建议提出前或犯罪嫌疑人签署认罪认罚具结书前先行与辩护律师或值班律师进行协商，将协商作为默认的前置程序，而非在认罪认罚具结书制作完成后再和辩方进行“形式化”的协商。同时，对于辩方的初次协商申请以及多轮次的协商，检察官应理性接受、及时安排时间进行协商交流，听取辩方意见，不能将多轮次的协商视为律师的“对抗”。当然，检察官的非当事人化并不意味着要忽视被害人一方的感受，因为检察官不仅仅是国家、社会利益的维护者，还是每一名被害人对司法公正追求的情感寄托者，检察官在与辩方进行协商的过程中必然要听取被害方的意见，代表被害方的利益。所谓的司法官化是相对于传统控辩双方完全对立的诉讼立场而言的，要求检察官能够超越控方立场，跳出“完全对抗”的诉讼理念窠臼，履行客观义务，以平和、理性心态与辩方进行协商交流。

（四）法官坚守中立立场以保障公正协商

审查起诉阶段协商性辩护的目标是与控方积极协商交流，在被追诉人作出一定妥协的基础上说服控方及时终结诉讼或作出较轻的处理结果。这一目标是否实现最终取决于审判阶段的法官是否认同双方的协商结果。由于法官不参与协商的过程，其只能通过法庭审理来尽可能还原协商场景，为保证案件事实审理的不偏不倚，必须要求法官坚守其中立裁判者的身份。虽然审查起诉阶段达成的协商会缩短审判阶段的审理期限，法官会简化一些审理程序，但对于关乎被追诉人协商是否自愿真实的事项，法院应重点关注。如法官可以通过当庭告知、主动询问等方式了解被告人是否理解相关诉讼权，以确保被告人认罪的真实性、自愿性、合法性；从控辩双方一致达成的量刑建议中审查协商的内容是否合理、协商的程序是否合法，即使被告人自愿认罪，法官也应确保定罪的证据确实、充分；在最终判决作出时应再次确认被告人清楚被指控的犯罪事实、罪名、量刑建议以及认罪认罚后的法律结果。总之，在法庭审理过程中应当充分发挥法官监督协商公正、维护被告人权利方面的积极作用。

---

① 李奋飞：《论“交涉性辩护”——以认罪认罚从宽作为切入镜像》，《法学论坛》2019 年第 4 期。

结 语

对抗式诉讼模式走向合作式诉讼模式是遵循司法规律的一个过程，在诉讼模式转型这一规律下，我国刑事辩护方式由对抗性辩护走向协商性辩护也是刑事司法的大势所趋。协商性辩护在未来会获得广泛适用空间并不意味着对抗性辩护不再重要，尤其是在被追诉人不认罪认罚的案件中，对抗性辩护显然比协商性辩护更易查明案件真相、更符合司法公正的要求。所以，我们不能把这两种辩护方式对立起来，而是要明确二者各自适用的场域，在认罪案件中尽可能以协商为主，在非认罪案件中则以对抗为主，发挥庭审的实质化功能。随着认罪认罚从宽制度的大规模适用，协商性辩护相较对抗性辩护有更广阔的发展空间，而当前的司法实践环境对协商性辩护有较多限制，如控方的强势主导地位、辩方能力的有限性加剧双方之间的协商不平等以及社会观念对协商的接受度较低等导致目前的协商性辩护难以快速发展。尽管我们可以从辩方权利保障、辩护律师履职尽责、检察官司法官化和法官中立裁判等方面“溶解”上述阻力，但协商性辩护要想获得理想效果不可能只依靠这些措施，未来发展之路依旧道阻且长，需要不断攻坚克难！

征稿启事

一　刊物简介

立足于中国式现代化的时代课题，法治现代化离不开刑事辩护的现代化及其高质量发展。从治罪到治理的时代机遇、从逻辑到经验的发展机遇、从形式到实质的改革机遇以及从保护到辩护的政策机遇，刑事辩护的研究视角聚焦于轻罪治理、刑事法律援助的结构优化、庭审实质化的强化路径、有效辩护等场域。这对于实现新时代语义背景下刑事辩护理论与实务的高质量发展，助推人类刑事法治现代化“中国范式”的建构意义深远。

西北政法大学刑事辩护高级研究院是国内首家专门从事刑事辩护业务研究与实践的实体性科研机构，也是国内首家培养刑事辩护方向研究生的实体性研究机构。刑事辩护高级研究院自 2017 年 7 月成立以来，一直致力于培养刑事辩护人才、发展刑事辩护学科、传播刑事辩护文化、培训刑事辩护律师，为推动我国刑事法治的进步提供了一个交流平台。而作为刑事辩护高级研究院出版发行的特色刊物，《中国刑事辩护》是国内首部以“刑事辩护”为研究内容的集刊，由西北政法大学刑事辩护高级研究院、西北政法大学刑事法律科学研究中心，联合出版发行。

二　稿件要求

为全面打造刑事辩护文化传播平台、提升刑事辩护学术研究水平，本刊长期面向国内外专家学者及法律实务界人士征集优秀学术成果。

1. 来稿要求作者本人原创，无任何侵犯他人知识产权、违法、违规、违反学术道德的内容。查重率不得超出 15%，本刊严禁“一稿多投”。

2. 稿件应与刑事辩护理论及实务密切之刑法、刑事诉讼法、证据法等内容相关，包括但不限于实体之辩、程序之辩、证据之辩、理论研讨与比较法研究等。

3. 篇幅为10000～20000字，对特别约稿和特别优秀的稿件，可以有限度突破字数限制，但原则上字数不少于8000字，最长不超过22000字。摘要应能客观反映文章主要内容信息，明确反映出主要观点，一般300字左右，能够独立成文，关键词以3～5个为宜。

4. 文章注释采用页下脚注①……，每页重新编号，参考体例如下：

①张文显：《法哲学范畴研究》，中国政法大学出版社，2001，第x页。

②〔日〕大谷实：《刑法总论》，黎宏译，中国人民大学出版社，2008，第x页。

③杨波：《我国刑事证明标准印证化之批判》，载《法学》2017年第8期。

④陈光中：《古代疑罪处理原则异同反映立法宗旨变迁》，载《检察日报》2018年6月5日，第3版。

⑤张志铭：《法治视野中的法律解释》，载正义网 http://www.jcrb.com/zyw/n31/ca140549.htm，2003年10月16日。

三　投稿方式

1. 请将来稿发送至邮箱：zgxsbh@126.com，来稿请注明“姓名：文章标题”。

2. 稿件正文采用word形式以附件方式发送至前述指定邮箱，文末请注明作者姓名、所在学校/单位、年级/职称、联系方式等必要信息。

3. 如在投稿后一个月内未接到编辑部回函可以邮件形式询问，邮件主题为“【询问审稿进度】姓名：文章标题”。

4. 稿件发表后，我们会在第一时间寄送样刊。

图书在版编目(CIP)数据

中国刑事辩护. 第2辑 / 刘仁琦主编. -- 北京: 社会科学文献出版社, 2024.1
ISBN 978-7-5228-3124-4

Ⅰ.①中… Ⅱ.①刘… Ⅲ.①刑事诉讼-辩护-研究-中国 Ⅳ.①D925.210.4

中国国家版本馆CIP数据核字(2024)第019126号

中国刑事辩护(第2辑)

主　　编 / 刘仁琦
副 主 编 / 步洋洋

出 版 人 / 冀祥德
组稿编辑 / 刘骁军
责任编辑 / 易　卉
文稿编辑 / 齐栾玉
责任印制 / 王京美

出　　版 / 社会科学文献出版社 · 集刊分社 (010) 59367161
地址: 北京市北三环中路甲29号院华龙大厦　邮编: 100029
网址: www.ssap.com.cn
发　　行 / 社会科学文献出版社 (010) 59367028
印　　装 / 三河市尚艺印装有限公司

规　　格 / 开 本: 787mm × 1092mm　1/16
印 张: 17　字 数: 275千字
版　　次 / 2024年1月第1版　2024年1月第1次印刷
书　　号 / ISBN 978-7-5228-3124-4
定　　价 / 128.00元

读者服务电话: 4008918866